La logique du social

Raymond Boudon. Né le 27 janvier 1934 à Paris. Études supérieures à l'École Normale Supérieure et à la Sorbonne. Ford Fellow, Columbia University (1961-1962). Professeur de sociologie à la Sorbonne, et invité dans de nombreuses Universités étrangères, R. Boudon est actuellement Directeur du Groupe d'Étude des Méthodes de l'Analyse sociologique (Équipe de recherche CNRS : Paris-Sorbonne).

DU MÊME AUTEUR

L'analyse mathématique des faits sociaux, Paris, Plon, 1967.

A quoi sert la notion de structure ? Essai sur la signification de la notion de structure dans les sciences humaines, Paris, Gallimard, 1968.

Les méthodes en sociologie, Paris, Presses Universitaires de France, 1968.

La crise de la sociologie, Paris, Droz, 1971.

L'inégalité des chances, la mobilité sociale dans les sociétés industrielles, Paris, Colin, 1973.

Quantitative Sociology, New York, Academic Press, 1975.

Effets pervers et ordre social, Paris, Presses Universitaires de France, 1977.

Dictionnaire critique de la sociologie (avec F. Bourricaud), Paris, Presses Universitaires de France, 1982.

La place du désordre. Critique des théories du changement social, Paris, Presses Universitaires de France, 1983.

L'idéologie ou l'origine des idées reçues, Paris, Fayard, 1986.

Collection *Pluriel* fondée par Georges Liébert
dirigée par Pierre Vallaud

RAYMOND BOUDON

La logique du social

Introduction à l'analyse sociologique

HACHETTE

Sommaire *

* La table des matières détaillée se trouve en fin de volume.

Préface
à
la présente édition

Du sociologisme à la sociologie

La sociologie des années 60 et 70 — en France surtout — a souvent contribué à conférer à des chimères idéologiques l'autorité de la science. Elle a propagé l'idée que les structures sociales ont un pouvoir de détermination assez fort sur l'individu pour que celui-ci puisse être considéré comme le simple jouet de ces structures.

Forts de ce principe, beaucoup de sociologues ont ressassé un certain nombre de propositions fausses, car contradictoires avec les données de l'observation ou de l'enquête. Mais ces propositions ont été largement acceptées parce qu'elles correspondaient à l'air du temps et que le conformisme est souvent, dans le domaine intellectuel, une stratégie payante, surtout lorsqu'il s'accompagne de préciosité dans l'expression.

Il n'est pas difficile de multiplier les exemples montrant le caractère inacceptable des lieux communs produits par une certaine sociologie. La publicité, nous a-t-on expliqué, a un pouvoir de manipulation tel qu'elle est capable de *créer* de toutes pièces des besoins artificiels. A qui profite-t-elle donc ? Au producteur capitaliste et partant au système capitaliste lui-même, dont elle se fait ainsi la complice et l'agent indispensable.

La difficulté, c'est que la proposition principale de cette théorie est radicalement contredite par les données. Ainsi, Assar Lindbeck[1] note qu'une proportion très importante des produits lancés sur le marché à grand renfort de publicité ne se vendent pas. Comment une observation de ce genre peut-elle être conciliée avec la vue selon laquelle le consommateur serait manipulable à merci ? Si tel était le cas, pourquoi faudrait-il d'ailleurs que le lancement d'un produit s'appuie sur des études de motivations ?

Les moyens de communication de masse, nous a-t-on annoncé, et la télévision en particulier renforceront la tendance au conformisme ; ils répandront la culture dominante. Or, comme le remarque J. Cazeneuve[2], dans les pays où le télévision est implantée depuis le plus longtemps, on constate que « au lieu de se conformer aux valeurs respectées, on s'est mis au contraire à vouloir heurter le téléspectateur, à secouer ses préjugés ».

Les goûts et les couleurs, nous a-t-on expliqué, sont le produit de l'appartenance de classe. La classe dominante a ses goûts, la classe dominée les siens. De sorte que les valeurs dans le domaine de l'esthétique sont le simple *reflet*, comme on aurait dit dans les années 50, des structures de classes. En choisissant mon mobilier, je peux avoir l'illusion d'obéir à des goûts qui me sont propres ; en fait, c'est la classe à laquelle j'appartiens qui s'exprime à travers mes « choix ». Mais comment expliquer alors le résultat d'enquête, rapporté par Zeldin[3], selon lequel la moitié des Anglais n'ont

1. A. LINDBECK, *L'Economie selon la nouvelle gauche,* Paris, Mame, 1973. Préface de J. Attali.

2. J. CAZENEUVE, *La Vie dans la société moderne,* Paris, Gallimard, 1982.

3. T. ZELDIN, *Les Passions françaises,* Paris, Le Seuil, 1979.

aucune illusion sur les qualités esthétiques de leur mobilier ?

Les criminels sont — cette proposition a pris valeur d'évidence — les produits de la société. Il est vrai que les statistiques démontrent que, en moyenne, certains crimes ou délits sont plus souvent commis par des personnes appartenant ou ayant appartenu dans leur enfance et leur jeunesse à tel ou tel type de milieu social. Mais les statistiques démontrent de manière tout aussi irrécusable que, parmi les personnes appartenant ou ayant appartenu à ce même milieu, une écrasante majorité ne commet jamais ni crime, ni délit[1].

Je pourrais allonger cette liste presque à l'infini. Selon le sociologisme — cette perversion de la sociologie — l'individu étant le jouet des structures et des institutions, la seule question intéressante et pertinente est celle de savoir *à qui profitent* ces structures et ces institutions ? Plus familièrement, qui tire les ficelles ? Par définition, la classe dominante, bien entendu. La popularité de ce schéma a été si grande dans les années 60 et 70 que beaucoup de livres ont porté ou auraient pu porter un titre de type : A qui profite... ? A qui profite l'École ? A qui profite la Justice ? A qui profite la Culture ? A qui profite la Langue ? Bref, le sociologisme utilise toujours, de façon plus ou moins subtile, le schéma explicatif familier que Popper appelle la « théorie de la conspiration[2] ».

Non seulement le sociologisme n'est pas la sociologie, il en est même l'inverse. Avec le sociologisme, les réponses sont toujours connues d'avance. Il prend la forme d'une glose interminable sur des faits bien connus et qu'il sélectionne, non parce qu'ils sont énigmatiques,

1. M. CUSSON, *Le Contrôle social du crime,* Paris, P.U.F., 1983.
2. K. POPPER, *Misère de l'historicisme,* Paris, Plon, 1955.

mais parce qu'ils éveillent des émotions et des passions collectives. Ce n'est pas la curiosité scientifique qui le guide, mais le souci idéologique de lisser certaines passions dans le sens du poil. Ainsi, dans l'analyse d'un tableau de mobilité sociale, il retiendra le fait qu'on a plus de chances de se retrouver dans la classe supérieure si on en vient (une « énigme » dont l'explication est si évidente qu'on n'a guère besoin de l'aide du sociologue pour la résoudre). Mais il négligera d'observer — alors que cette observation s'appuie sur les *mêmes* données — que, lorsqu'on vient de la classe supérieure, on a beaucoup de chances de ne pas y rester. C'est que le premier fait chatouille les passions égalitaristes, mais non le second.

Lorsqu'on examine les grandes études sociologiques classiques, on constate au contraire que, lorsque des auteurs comme Weber, Sombart, Tocqueville ou Durkheim — et, Dieu merci, beaucoup d'auteurs contemporains — choisissent d'aborder un problème, c'est d'abord parce qu'ils se heurtent à des faits opaques, difficilement intelligibles. Une théorie populaire naguère encore et qui remonte à Comte, voulait que l'industrialisation et la modernisation entraînent une liquidation des religions transcendantes. Or, dans la plus moderne et la plus industrialisée des sociétés, les États-Unis, le protestantisme manifeste une extraordinaire vitalité. Pourquoi ? se demande Weber. L'industrialisation a engendré dans toutes les sociétés « avancées » l'apparition d'importants mouvements socialistes, sauf aux États-Unis. Sombart a écrit un livre pour essayer de résoudre cette énigme. A l'époque où les physiocrates sont très écoutés à Versailles, l'agriculture française demeure stagnante. Pourquoi, se demande Tocqueville ? Pourquoi le suicide paraît-il augmenter lorsque les conditions économiques s'améliorent, se demande

Durkheim. Pourquoi, demande encore Tocqueville, les révolutions se déclenchent-elles souvent dans les phases de libéralisation politique, lorsque les sujets de mécontentement deviennent moins nombreux ? Pourquoi, se sont demandé des sociologues contemporains, telle innovation individuellement ou collectivement avantageuse est-elle rejetée ou met-elle tant de temps à se diffuser ? « Résistance au changement », « traditionalisme », « pesanteurs », intériorisation des valeurs » ? Mais on ne peut démontrer l'existence de cette « résistance » qu'en s'appuyant sur l'observation d'une absence de changement dans les comportements. Comment la notion de « résistance au changement » pourrait-elle alors tenir lieu d'*explication* ? Les explications tautologiques — dont le sociologisme est friand — sont celles que la première règle de la méthode sociologique invite à rejeter catégoriquement.

La seconde consiste à exiger une attitude de respect à l'égard des acteurs individuels. Après tout, déclarer que le paysan qui repousse une innovation avantageuse pour lui, ou que la famille qui refuse de pousser un enfant vers des diplômes élevés sont victimes des mécanismes qu'ils ont intériorisés par l'effet de leur environnement social, n'est qu'une manière polie de traiter ces acteurs sociaux d'imbéciles. Ce mépris aurait quelque fondement s'il était impossible de trouver un autre type d'explication au comportement observé. Or, tel n'est pas le cas. C'est souvent par prudence que le paysan refuse une innovation que l'administration lui propose. Et il met du temps à l'accepter parce parce qu'elle est coûteuse pour lui et qu'il préfère en observer les effets chez son voisin avant de s'engager. L'éthique et la méthodologie se rejoignent donc pour conseiller au sociologue de considérer l'acteur social, ainsi que le recommandait Max Weber, comme *rationnel*. Bien entendu, cette rationalité n'est pas en règle générale de même nature que celle à laquelle obéit l'ingénieur qui construit un pont.

La troisième règle consiste à voir que les phénomènes sociaux sont des effets d'agrégation et que ces effets peuvent ne pas être recherchés par les acteurs. Les épargnants qui se présentent au guichet de leur banque pour retirer leurs dépôts parce qu'ils craignent une faillite de la banque ne souhaitent pas provoquer la faillite, bien qu'ils contribuent à la provoquer.

Dans ce petit livre, j'ai tenté de mettre en évidence, de façon aussi didactique que possible les règles de la méthode sociologique qu'on peut dégager, non de considérations *a priori*, mais de la lecture des auteurs dont les contributions éveillent le sentiment que des observations primitivement opaques pour l'esprit deviennent limpides à la lumière de leurs analyses.

Lorsqu'on se livre à cette enquête, on est amené à relever l'importance de la méthodologie individualiste en sociologie.

J'ai décidé de ne pas retoucher ce texte pour l'édition présente. Mais je souhaiterais préciser que j'ai l'impression aujourd'hui d'avoir, sur un point, poussé le bouchon un peu loin en annexant Durkheim à la perspective méthodologique que je défends ici. Je demeure persuadé que beaucoup des résultats obtenus par Durkheim ne peuvent devenir intelligibles que si on en fait des effets d'agrégation et que si on les analyse à partir d'une perspective individualiste. J'ai essayé de le montrer dans le cas du célèbre paradoxe selon lequel l'insatisfaction collective peut croître lorsque les raisons d'insatisfaction s'estompent. Mais j'aurais dû rappeler plus explicitement que Durkheim lui-même rejetait avec véhémence la perpective individualiste. Sur ce point comme sur d'autres, il reprenait les enseignements d'Auguste Comte, dont l'aversion à l'égard de l'individualisme sous toutes ses formes — méthodologique, morale et politique — était telle qu'elle l'avait conduit à condamner de la manière la plus radicale, non seulement la Révolution française, mais la théorie cellulaire en biologie.

Cette aversion pour l'individualisme, et cette confusion entre ses formes, est un des dogmes principaux du sociologisme.

Je me permettrai d'ajouter enfin que cette question des règles de la méthode sociologique que j'aborde de manière élémentaire dans ce petit livre n'est pas seulement fondamentale pour le sociologue. Elle est fondamentale pour tous ceux dont l'activité implique une réflexion sur les sociétés. Les chimères du sociologisme sont quelquefois prises au sérieux par les hommes politiques. Du moins, ceux-ci font-ils parfois mine de les prendre au sérieux. Et cela n'est pas sans conséquence. L'acharnement avec lequel le pouvoir, en France et ailleurs, s'obstine à contrôler les médias n'est sans doute pas sans relation avec la croyance en leur toute-puissance. À cette *idée reçue* on peut opposer une merveilleuse histoire hongroise : lorsque l'U.R.S.S. lança son premier spoutnik et que la nouvelle fut annoncée à grand son de trompe sur les ondes, elle fut très largement perçue par le public hongrois comme la dernière trouvaille maladroite de la propagande officielle.

Que de fois ne voit-on pas qu'une politique est supposée entraîner tel ou tel type d'effets, alors qu'une analyse de type individualiste démontre qu'elle est susceptible d'engendrer plutôt des effets opposés ? N'est-il pas temps de comprendre qu'une politique égalitariste *peut* augmenter l'injustice, voire les inégalités, et que telle mesure visant à renforcer la démocratisation *peut* avoir pour conséquence et a souvent eu dans la réalité l'effet de consolider des rentes de situation, quand elle ne contribue pas, comme Tocqueville le redoutait, à l'installation d'un despotisme « doux et tutélaire ».

Bien entendu, ces renversements, cette *perversion* des bonnes intentions n'ont rien d'universel, ni de nécessaire. C'est pour cette raison que l'analyse sociologique est une activité intellectuelle fondamentale. Elle apparaît dans toute son utilité lorsque la liaison entre deux phénomènes sociaux (par exemple une décision politique et ses conséquences) n'est pas immédiatement intelligible pour l'esprit. Et l'analyse consiste toujours à étudier l'effet du premier phénomène sur les comportements des acteurs et à déterminer dans la mesure du possible les effets d'agrégation engendrés par ces comportements.

Pour cela, il faut concevoir les acteurs sociaux comme *autonomes*. Durkheim lui-même, malgré son absence de tendresse pour l'individualisme, le reconnaissait. Une de ses thèses essentielles est que l'éducation a pour effet de permettre à l'autonomie de l'individu de s'épanouir. Pour les sociologistes, au contraire, le système d'éducation, comme d'ailleurs toutes les institutions sociales quelles qu'elles soient, visent exclusivement et réussissent merveilleusement à rendre l'acteur social hétéronome.

Lorsque de telles billevesées passent pour des vérités établies, le moment est venu d'un retour aux principes et d'une réflexion sur la méthode. Cette réflexion, qui est présentée ici de manière introductive, est poursuivie de manière plus systématique dans le *Dictionnaire critique de la sociologie* que François Bourricaud et moi-même avons publié en 1982, et dans *La place du désordre*, livre qui s'efforce d'analyser l'importance de la perspective individualiste dans l'analyse du changement social macroscopique. Auparavant, j'avais, dans l'*Inéga-*

lité des chances et dans *Effets pervers et ordre social*, appliqué cette perspective à l'analyse de problèmes relevant de la sociologie de l'éducation, de la stratification sociale et de la mobilité sociale. Cette référence me permet d'avancer un dernier point important, c'est que l'application de la méthodologie individualiste conduit souvent à des problèmes techniques complexes. C'est aussi une des raisons pour lesquelles elle est en position de faiblesse par rapport au sociologisme.

Raymond BOUDON, juin 1983.

Avertissement

Le présent volume veut être une introduction à l'analyse sociologique. Il ne prétend en aucune façon donner une vue d'ensemble de la production sociologique. Celle-ci est très variée, très abondante et touche aux sujets les plus divers. Il était donc impossible et sans doute peu intéressant de prétendre en dresser un panorama. On ne trouvera pas non plus ici une histoire de la sociologie. Ni même une présentation de l'apport des fondateurs.

La tâche que je me suis fixée est davantage de donner une idée aussi exacte, claire et concrète que possible des intentions des sociologues et de la nature de leurs activités, au moins telles que je les perçois.

Certes, l'observateur extérieur peut avoir l'impression que le mot de sociologie recouvre des produits de nature et de finalité variées. Cette impression est en partie justifiée et a d'autant plus de chance d'apparaître qu'on considère la production sociologique avec moins de recul. Mais dès qu'on se donne la distance du temps et de l'espace, cette impression s'estompe, au moins dans une certaine mesure. On découvre alors une définition implicite de la sociologie qui peut être considérée comme commune à la plupart des sociologues. Souhaitant mettre en évidence cette définition commune, par-delà les provincialismes et les modes, j'ai été amené à puiser mes exemples dans des temps et contextes nationaux variés.

Le livre présent porte donc sur les principes, les postulats et les objectifs de l'analyse sociologique plutôt que sur l'histoire ou l'état de la sociologie. D'un autre côté, la limitation de l'espace disponible m'imposait de m'en tenir à un ouvrage de caractère introductif ou, plus exactement, *élémentaire*. Je veux dire que j'ai cherché à présenter les éléments qu'il me paraît indispensable d'assimiler avant d'entreprendre une analyse sociologique. Mais ces éléments indispensables sont en même temps insuffisants.

Ainsi, je n'ai guère cherché à approfondir l'analyse des aspects symboliques de la vie sociale. On ne trouvera donc ici ni présentation ni discussion de la sociologie des croyances, des mythes et des idéologies. En revanche, j'ai cherché à décrire, suivant en cela les indications de Durkheim, Weber et Pareto, les postulats essentiels à partir desquels le sociologue peut espérer expliquer ces phénomènes.

Sans m'engager trop avant sur cette question, je voudrais en dire un mot de manière à concrétiser les limitations que je me suis imposées. J'ai cherché sur ce chapitre à suggérer une proposition essentielle, à savoir que les croyances n'étaient intelligibles qu'à partir d'une analyse de la structure du système d'interaction dans lequel elles apparaissent. Cette proposition abstraite peut être illustrée par l'exemple simple du polichinelle de Spencer-Durkheim : l'enfant traite son polichinelle comme s'il s'agissait d'un être humain ; il lui parle, le punit, le cajole, le flatte, le sermonne ; il prend sa mère à témoin du mauvais caractère du polichinelle. Interprétation évolutionniste banale : l'enfant ne distingue pas encore clairement les différentes catégories d'êtres. Interprétation sociologique (interactionniste) : l'enfant fait *comme si* le polichinelle était un être vivant ; sa mère accepte de jouer le jeu. Les conditions sociales sont donc réunies pour que l'enfant puisse traiter le polichinelle comme un être vivant devant sa mère. Mais que survienne le père, dont l'enfant perçoit en demi-teinte qu'il aimerait que lui, l'enfant, ne prenne pas les polichinelles pour des enfants : le jeu est alors brutalement interrompu et polichinelle se trouve relégué dans un coin comme le vulgaire assemblage de morceaux d'étoffe qu'il *est*. En fait l'enfant n'a jamais *cru* qu'il fût autre chose, car il aurait été bien surpris si le polichinelle qu'il sermonnait, devenu tout à coup réellement vivant, s'était mis à le griffer et à le pincer.

L'enfant au polichinelle est placé dans une situation qui lui permet de prendre du recul par rapport à ses croyances : le système d'interaction enfant-mère, d'une part, le système d'interaction enfant-père de l'autre confèrent au polichinelle des statuts contrastés. L'enfant a donc toute raison de savoir que le polichinelle n'*est* pas un être vivant (quelle ne serait pas sa surprise si sa mère donnait les preuves qu'elle traite le polichinelle comme s'il était *vraiment* de la même essence que l'enfant). Mais il sait aussi (et son père apparaît sur ce point comme singulièrement borné) qu'un polichinelle peut aussi être autre chose qu'un assemblage de morceaux d'étoffe : ne représente-t-il pas aussi pour l'enfant un moyen de déterminer les réactions de la mère au cas où il se comporterait comme le fait le polichinelle ? Ne constitue-t-il pas une technique efficace pour prolonger l'attention que la mère prête à l'enfant, pour faire apparaître un sourire sur son visage ?

L'exemple du polichinelle contient quelques-uns des principes fondamentaux de l'explication de tout phénomène de croyance. Ce n'est pas par hasard qu'il est évoqué dans *Les formes élémentaires* de Durkheim. Il contient en filigrane la théorie parétienne des idéologies : le statut d'être vivant conféré par l'enfant au polichinelle est, pour parler comme Pareto, absurde d'un point de vue logico-expérimental, mais d'une importance considérable du point de vue de son *utilité sociale*. Pour employer un autre langage, le polichinelle joue un rôle important dans le fonctionnement du système d'interaction que composent l'enfant et ses deux parents.

M'inspirant dans une certaine mesure de Pareto, j'ai essayé, en outre, de suggérer l'importance pour l'explication des phénomènes symboliques de l'ambiguïté et de l'incertitude qui caractérisent certaines situations : le fumeur ou le joueur qui doivent arbitrer entre les avantages à court terme et les désavantage à long terme qui résultent de leur manie, l'homme politique qui doit choisir entre les avantages et inconvénients contradictoires de deux politiques sont tous placés dans des situations qui les incitent à la production de système symboliques.

Franchissant un pas de plus, j'ai tenté de montrer, à l'aide de quelques exemples plus complexes, la dépendance des systèmes symboliques par rapport aux structures sociales et institutionnelles. Ainsi, j'ai évoqué en passant certains exemples par lesquels on voit que le « style » de certaines productions intellectuelles est affecté par la structure de l'appareil de production intellectuel.

Au total je me suis borné à dessein, sur ce chapitre de l'analyse des phénomènes symboliques, aux propositions qui me paraissaient les plus élémentaires et les plus essentielles.

Les mêmes remarques pourraient être faites des autres points majeurs abordés dans l'ouvrage y compris de ceux qui font l'objet d'un traitement spécifique. A propos de l'analyse du changement social, je n'ai pas cherché à faire plus qu'à présenter un cadre général assorti de quelques illustrations. Il est évident par exemple, pour me limiter à ce point, que les quelques pages que j'ai consacrées aux processus oscillatoires ne constituent pas un traitement complet du problème. Des remarques analogues pourraient être introduites à propos de la notion de système d'interdépendance. Je me suis à cet égard borné à faire ressortir l'idée simple que, là où l'agent social a tendance à expliquer l'apparition d'états de choses socialement indésirables par la conspiration de groupes sociaux cyniques et tout-puissants, le sociologue découvre souvent (à condition de s'efforcer de prendre du recul par rapport à ses propres passions) le résultat non intentionnel d'actions intentionnelles. Cette idée élémentaire et fondamentale a bien entendu été exprimée par la plupart des sociologues. Par Marx par exemple (« les hommes font l'histoire mais ils ne savent pas qu'ils la font »). Mais il est évident qu'on pourrait pousser l'analyse. Une classification, même sommaire, des effets non intentionnels d'actions intentionnelles serait de la plus grande utilité. Elle n'a guère été tentée à ce jour.

Bien entendu, le lecteur ne trouvera ici aucun effort pour traiter systématiquement des chapitres particuliers qui seraient de mise dans un traité de sociologie : stratification, mobilité, conflits sociaux, types de groupements, etc. Mais il trouvera quelques propositions élémentaires lui permettant de s'orienter dans ces domaines.

L'objectif et les limites de l'ouvrage ainsi marqués, je dirai quelques mots de son ordonnancement.

Les deux premiers chapitres traitent de l'objet implicite de la sociologie. Se donnant les mêmes objectifs que l'historien, le sociologue leur adresse des questions différentes. Pour répondre aux questions qu'il se pose, le sociologue s'est forgé une axiomatique qui n'a ni la rigueur ni la simplicité ni sans doute la fixité de celle de l'économiste, mais dont l'existence paraît peu contestable.

Les chapitres III et IV représentent une introduction à l'analyse statique en sociologie. Deux notions fondamentales y sont proposées, celles de système d'interaction et de système d'interdépendance. Ces deux chapitres sont consacrés à une présentation et à une illustration de ces deux notions.

Les chapitres V et VI sont une introduction à l'analyse du changement social ou, si l'on veut, à la dynamique sociale. Trois types fondamentaux de processus sont distingués et illustrés ici : processus reproductifs, processus cumulatifs et processus de transformation. Chemin faisant, on a été amené à traiter de la réponse de la sociologie moderne aux problèmes classiques de la philosophie de l'histoire.

Les chapitres VII et VIII sont plus généraux. Le premier traite du va-et-vient entre description et explication en sociologie. Le second revient au problème de l'axiomatique implicite de la sociologie et des postulats épistémologiques de l'analyse sociologique.

Il va sans dire que je ne considère pas cette introduction à la sociologie comme la seule possible. J'ai essayé d'y développer un *point de vue*. Je crois ce point de vue fécond. Je crois aussi qu'il a été et peut être partagé par d'autres sociologues. Je crois qu'il n'est pas incompatible avec d'autres points de vue : celui de Peter Berger (*Invitation to sociology*) ou celui de Norbert Elias (*Was ist Soziologie ?)* pour ne mentionner que deux exemples brillants. La pluralité des points de vue me paraît une condition nécessaire du développement de la sociologie, comme sans doute de toute discipline.

Que François Bourricaud, François Chazel, Mohamed Cherkaoui et Jean Padioleau trouvent ici l'expression de ma reconnaissance pour leurs utiles et stimulantes remarques sur le manuscrit. Je remercie Jacqueline Lécuyer et Pierrette Andrès pour leur patience et leur aide précieuse.

Paris, octobre 1978.

I

Qu'est-ce que la sociologie ?

Il est difficile de présenter la sociologie sans citer la boutade de Raymond Aron selon laquelle[1] les sociologues ne sont d'accord entre eux que sur un point : la difficulté de définir la sociologie.

On discerne mal, il est vrai, la classe des phénomènes sociaux dont les sociologues pourraient revendiquer la propriété. Feuilletons, pour nous en rendre compte, n'importe quelle revue professionnelle de sociologie. On y trouvera des articles sur le changement social, le temps libre, le crime, le suicide, les phénomènes révolutionnaires, les hôpitaux psychiatriques, la mobilité sociale, la mode et bien d'autres thèmes. Ainsi, le sommaire d'un numéro récent de *The American Journal of Sociology* (vol. 81, n° 5, mars 1976) annonce des articles sur l'image du moi, l'oligarchie dans l'interaction humaine, les travailleurs immigrés, la ségrégation résidentielle, l'influence du sociologue allemand Simmel sur la sociologie américaine, ainsi que deux notes de recherche traitant l'une des manières de porter la barbe entre 1842

1. Raymond ARON : *Dix-huit leçons sur la société industrielle*, Paris, Gallimard, 1962, p. 13.

et 1972, l'autre des Porto-Ricains à New York entre 1960 et 1970.

Dans un numéro à peu près contemporain de la *Revue française de Sociologie* (vol. 17, n° 1, janvier-mars 1976) on trouve des articles sur le paradoxe de Condorcet, la gestion régionale en Europe de l'Est, les contradictions de l'université de masse, la lutte conjugale pour le pouvoir domestique, l'aliénation politique.

Cette impression d'hétérogénéité serait atténuée si on cherchait à établir une statistique des thèmes sur une période de plusieurs années. On pourrait alors distinguer des thèmes dominants et récurrents de thèmes plus mineurs. Mais le recul donné par la statistique n'éliminerait certainement pas la proposition avancée plus haut, à savoir qu'il est impossible de définir la sociologie par la liste des phénomènes sociaux auxquels elle s'intéresse.

La sociologie, science des actions non logiques ?

Mais on peut faire état de définitions plus subtiles. Sans chercher à passer en revue les définitions données par les fondateurs de la sociologie, nous en considérerons deux, celles de Pareto et Durkheim. Elles nous paraissent importantes dans la mesure où elles décrivent, quoique de façon quelque peu obscure, les intentions et ambitions de nombreux sociologues.

Pareto voyait dans les actions qu'il qualifiait de « non logiques » le terrain d'intervention de la sociologie. Grossièrement, la notion parétienne d'actions non logiques recouvre l'ensemble des actions qui échappent à la logique expérimentale. Considérons d'abord un exemple d'action « logique » : je fais mon marché, je désire acheter des fruits, je suis indifférent entre les pommes et les poires, je constate que les poires sont aussi belles et moins chères que les pommes ; en conséquence, j'achète des poires. Il s'agit pour Pareto d'une action « logique » ou, comme nous dirions plutôt aujourd'hui, « rationnelle » : après avoir recueilli l'information nécessaire (sur le prix et la qualité des produits) j'ai rempli mon panier de manière à obtenir une satisfaction aussi grande que possible à moindres frais. À cette action « logique » s'oppose par exemple l'action « non logique » de l'électeur français du début du siècle qui, ne sachant pas pour quel parti voter, s'en remet à l'autorité d'Anatole France[1]. Action non logique selon Pareto : le prestige littéraire d'Anatole France n'implique pas que ses jugements politiques soient mieux fondés que ceux du plus obscur des citoyens.

Si j'ai illustré la catégorie des actions logiques par un exemple de type économique et celle des actions non logiques par un exemple relevant de la sociologie politique, c'est que Pareto associe à la distinction entre les deux types d'actions deux disciplines : tandis que l'économie était pour lui la science des actions logiques, la sociologie était la science des actions non logiques.

La définition de Pareto me paraît d'une grande importance dans la mesure où elle exprime avec profondeur une des intentions fondamentales des sociologues : analyser et expliquer les actions et, plus généralement, les comportements donnant à l'observateur le sentiment de l'irrationalité.

La principale faiblesse de cette définition est qu'il est difficile de donner une signification dépourvue d'ambiguïté à la notion parétienne d'action non logique.

Sans m'engager dans une discussion de la notion d'*irrationalité* qui déborderait le cadre de cet ouvrage, je voudrais simplement faire toucher du doigt les difficultés de cette notion et, par là même, de la notion

1. Vilfredo PARETO : *Traité de sociologie générale,* Genève, Droz, 1968, (1e édition 1917), art. 1 436.

parétienne d'action non logique qui lui correspond plus ou moins grossièrement.

Rappelons-nous la fable de l'âne de Buridan : situé à égale distance entre deux sacs d'avoine de même volume, contenant un produit de qualité identique et dégageant la même odeur, n'ayant donc aucune *raison* de choisir l'un plutôt que l'autre, il ne parvient à se décider, hésite interminablement et finit par mourir de faim. Le comportement de l'âne de Buridan est irrationnel au sens où il aboutit à un résultat non recherché par son auteur. Ce résultat absurde aurait pu être évité si l'âne avait choisi au hasard, *sans raison*, un des deux sacs. Ou si l'instinct de survie avait été plus fort que ses atermoiements. Ou s'il avait réussi à se persuader de la vérité de la proposition (bien entendu absurde) selon laquelle un sac d'avoine parce qu'il est placé *à droite* est nécessairement de qualité supérieure à un sac d'avoine placé *à gauche*. Ou encore si, ayant incliné d'abord la tête vers la gauche, il s'était souvenu du proverbe selon lequel il faut toujours suivre son premier mouvement. Bref, un brin de superstition lui aurait permis d'éviter la catastrophe[1].

Ou bien considérons le cas du fumeur invétéré. Cinq heures de l'après-midi. Il a déjà fumé dix cigarettes. Va-t-il allumer la onzième ? Sur un point, il n'a aucun doute : la cigarette lui procurera un plaisir, elle répondra à un désir qu'il sait ne pas pouvoir satisfaire autrement ; elle lui donnera un sentiment de détente et de bien-être. Du côté des coûts, elle augmentera, mais de manière infinitésimale, et par conséquent « pratiquement négligeable », la *probabilité* qu'il contracte certaines mala-

1. Claude LÉVI-STRAUSS in « Reflections on liberty », *New Society*, 26 mai 1977, pp. 387-388, reprenant un thème développé notamment par DEMEUNIER, RENAN et MAINE, souligne le rôle crucial des coutumes et « superstitions » pour le maintien et le développement des libertés dans les sociétés modernes.

dies. En un sens, il est donc *rationnel* pour un fumeur d'allumer une onzième, et après la onzième la douzième, puis une treizième cigarette. En un autre sens, il sera *rationnel* pour lui de s'arrêter lorsqu'il aura le sentiment qu'une cigarette supplémentaire ne lui procurera plus de plaisir ou interférera avec un autre désir, celui de s'endormir par exemple. Mais peut-on qualifier de *rationnel* un comportement qui produit des effets *non désirés* sur le long terme ?

La parabole de l'âne de Buridan démontre que la superstition peut, dans certain cas, aider l'agent social à atteindre les objectifs qu'il se donne. L'exemple du fumeur rappelle que certaines situations sont non seulement *structurellement* ambiguës mais constituent de véritables pièges : quelle que soit sa décision, le sujet s'expose à des conséquences qu'il souhaiterait éviter. Mais les conséquences différées de chaque cigarette sont à peu près négligeables. Même s'il est conscient du piège, il y a donc de grandes chances qu'il y tombe.

Pour sortir d'un piège de ce genre, le sujet ne peut guère compter ni sur sa « volonté », ni sur sa « raison ». Une telle situation ne peut être traitée sur le mode des « actions logiques » au sens de Pareto. Un événement « providentiel » exploité avec mauvaise foi par le sujet fera mieux l'affaire, comme le démontre l'historiette suivante. Un fumeur acharné entreprend, seul, un long parcours à bord d'une voiture passablement délabrée. Tout à coup, la voiture tombe en panne en rase campagne. Tant bien que mal, au bout de deux bonnes heures, notre homme parvient à remettre le moteur en marche. Mais il était passé entre-temps par des états émotionnels violents et divers qui avaient provoqué une augmentation brutale de sa consommation de cigarettes. Cette surconsommation lui valut un violent mal de gorge. La crainte de renouveler cette désagréable expérience l'écarta définitivement du tabac.

Ce cas est instructif. Son apparente banalité dissimule un processus complexe. *Sans le vouloir*, notre homme est parvenu à briser le cercle vicieux dans lequel il était enfermé (le plaisir de la cigarette est immédiat, les sanctions sont reléguées dans un lointain futur). La panne de voiture a provoqué une réorganisation des composantes de l'action. En effet, le plaisir immédiat fut désormais associé pour le sujet à la crainte d'une sanction également *immédiate*. De sorte que la contradiction entre rationalité à court terme et rationalité à long terme se trouva brisée. Mais la coïncidence entre les deux rationalités ne pouvait se maintenir qu'aussi longtemps qu'était présente la *peur* d'une sanction immédiate, laquelle n'était assurément pas logique au sens de Pareto. En effet, il aurait suffi à l'ex-fumeur de reprendre ses habitudes pour constater que sa peur était injustifiée. Sans doute le savait-il. Mais peut-être désirait-il, utilisant les précieuses ressources de la mauvaise foi, ne pas se donner cette preuve.

Ces exemples simples, à dessein empruntés à des situations banales, suffisent à montrer que le modèle des « actions logiques » est assurément, dans bien des cas, insuffisant. Mais ils illustrent aussi les difficultés de tracer une frontière nette entre rationalité et irrationalité ou, si l'on préfère, entre « logique » et « non logique » : une action peut être rationnelle dans l'immédiat, mais comporter des effets différés indésirables. Elle peut être rationnelle pour chaque individu mais irrationnelle à partir du moment où chacun se comporte rationnellement. Ainsi, il est assurément irrationnel pour chaque individu pris en particulier de voter dans une consultation nationale (chaque voix n'ayant qu'un poids pratiquement négligeable)[1]. Mais à supposer que chacun

---

1. Voir sur cette question Anthony Downs : *An Economic theory of democracy*, New York, Harper, 1957 et les nombreuses discussions auxquelles elle a donné lieu notamment dans la revue *Public Choice*.

se comporte de manière *rationnelle*, il en résulterait naturellement un effet que chacun trouverait sans aucun doute indésirable. Le calculateur froid qui va pêcher à la ligne sous le prétexte, assurément fondé, que sa voix est impuissante à modifier le résultat du scrutin, est rationnel. Mais si son comportement rationnel n'entraîne pas les effets indésirables qui résulteraient de sa généralisation, c'est parce qu'il existe un nombre suffisant d'électeurs irrationnels croyant plus ou moins obscurément — et assurément à tort — à l'efficacité de leur voix.

Bien entendu, il faut également classer dans la catégorie parétienne des actions non logiques les actions *rituelles* et les comportements *traditionnels* (au sens de Max Weber) qui paraissent à première vue échapper au schéma moyens-fins, ainsi que les comportements *émotionnels*. Enfin il existe peut-être des comportements strictement irrationnels. C'est ce que cherche à démontrer Heinrich von Kleist : Michæl Kolhaas poursuit avec un entêtement exemplaire un objectif qu'il sait ne pouvoir atteindre. Mais il existe des situations où il est plus coûteux d'abondonner un objectif que de le poursuivre, même si sa recherche est désespérée.

L'importance de la distinction faite par Pareto entre actions logiques et actions non logiques tient en résumé à deux raisons. La notion d'actions non logiques a d'abord le mérite de souligner le caractère crucial pour l'analyse de la vie sociale des actions de type *complexe* (je me contente pour le moment de cette expression vague), c'est-à-dire des actions qui donnent à l'observateur l'impression soit que l'acteur s'appuie sur des principes absurdes (l'âne de Buridan qui préfère la droite à la gauche), soit qu'il poursuit des fins qu'il ne désire pas (le suicide différé du fumeur).

D'un autre côté, je crois qu'en faisant des actions non logiques le champ d'action de la sociologie, Pareto exprime bien une intention fondamentale que partagent, sinon tous les sociologues qui l'ont précédé et suivi, au moins une bonne partie d'entre eux.

La principale faiblesse de la distinction de Pareto réside naturellement dans la difficulté de donner une définition satisfaisante de la notion d'actions *non logiques* (ou non rationnelles). Cette difficulté dérive elle-même de ce qu'on ne peut sans doute pas définir la notion de rationalité en général, mais seulement à l'intérieur de contextes d'action (ou d'interaction) particuliers. L'âne de Buridan aurait eu raison de croire au caractère faste de sa droite. Notre automobiliste a eu *raison* de fumer cigarette sur cigarette en remontant son carburateur, bien qu'il n'ait explicitement recherché ni les sanctions immédiates ni les récompenses différées de ce comportement. Il n'en résulte pas qu'il soit toujours rationnel de consommer un paquet de gauloises en deux heures de temps, ni même qu'une surconsommation forcée de cigarettes ou d'alcool entraîne toujours un effet secondaire de désintoxication.

L'analyse de ces actions de type complexe est un des thèmes majeurs de ce livre.

La sociologie, science des déterminismes sociaux ?

Dans une formule célèbre, l'économiste américain Duesenberry reprend une définition largement répandue de la sociologie[1] : l'*économie*, écrit-il à peu près, nous renseigne sur la manière dont le sujet social agit et cherche à réaliser les fins qu'il se donne ; la *sociologie*

1. Cité par Anthony HEATH: *Rational choice and social exchange,* Cambridge, Cambridge University Press, 1976.

nous renseigne sur les raisons qui l'empêchent d'agir et de réaliser les objectifs qu'il souhaiterait atteindre. Traduite en termes moins ironiques, la formule de Duesenberry nous propose de considérer la sociologie comme une discipline ayant pour objectif primordial de mettre en évidence les déterminismes sociaux qui restreignent l'autonomie des individus.

Cette définition correspond sans aucun doute à une des intentions diffuses des sociologues. Ainsi, une partie non négligeable des recherches sociologiques modernes est consacrée à l'analyse des effets des origines sociales ou de la position sociale sur un certain nombre de variables : performances scolaires, niveau scolaire, comportements politiques, culturels ou économiques. Prenant acte de cet état de choses, Daniel Bell suggère même (sans adhérer à cette définition) que la sociologie est aujourd'hui couramment définie comme la science des *effets* des classes sociales ou des systèmes de stratification sociale[1].

Sans suivre Bell jusqu'à ce point, il faut reconnaître que la sociologie est souvent présentée et perçue comme la science des déterminismes sociaux. Parmi les sociologues classiques, celui qui a le plus contribué à la légitimation de cette vision (à travers certaines des interprétations qu'il a suscitées) est sans doute Durkheim.

Considérons par exemple son œuvre classique sur *Le suicide* [2]. Il établit que l'acte d'autodestruction, acte individuel par excellence, apparaît comme affecté dans sa fréquence, sinon par *la société*, du moins par des variables caractérisant la société à laquelle appartient le suicidaire. Il montre par exemple que le suicide est,

1. Daniel BELL : *The cultural contradictions of capitalism*, New York, Basic Books, 1976.

2. Émile DURKHEIM : *Le suicide, étude sociologique*, Paris, Presses Universitaires de France, nouvelle édition 1960 (1e édition, 1897).

toutes choses égales, plus fréquent parmi les protestants que parmi les catholiques, et interprète ce fait à l'aide d'une proposition théorique générale : le développement de l'individualisme (qu'il appelle plutôt l'« égoïsme ») a pour effet de laisser de plus en plus largement à l'individu le soin de déterminer le sens de son existence. Mais cette liberté peut être source d'angoisse. C'est pourquoi on doit s'attendre à observer une fréquence du suicide plus élevée dans une communauté qui laisse à l'individu davantage de latitude pour décider par ses propres moyens du bien et du mal. En d'autres termes, la différence entre les fréquences du suicide des protestants et des catholiques (ainsi que d'autres différences analysées dans *Le suicide*) montre que l'égoïsme est, pour reprendre la formulation de Durkheim, une *cause sociale* du suicide.

Une autre de ces causes sociales est la célèbre anomie : lorsque les normes sociales deviennent incertaines, les attentes, désirs et anticipations des individus, cessant d'être réglés, ont tendance à se porter à un niveau inaccessible. Leurs projets auront donc plus de chances d'échouer, leurs désirs de rester insatisfaits et leurs attentes d'être déçues. C'est pourquoi on doit s'attendre à ce qu'une communauté plus anomique soit caractérisée par une fréquence plus grande du suicide, ou à ce que l'augmentation de l'anomie dans une société donnée entraîne une augmentation de la fréquence du suicide. Durkheim tente de confirmer cette proposition en accumulant les exemples. Lorsque les institutions morales et légales deviennent moins contraignantes, la fréquence du suicide augmente. Dans une même société, le suicide est plus probable chez ceux qui sont soumis à des contraintes normatives moins fortes. En période de boom économique, le suicide augmente. En effet, lorsque les affaires vont bien et que le vent est à l'optimisme, les attentes et exigences des individus ont tendance à augmenter trop rapidement pour pouvoir être effectivement satisfaites[1]. Il en résulte que la croissance rapide du « bien-être » collectif peut entraîner une augmentation corrélative de la frustration individuelle, augmentation qu'on peut indirectement mesurer par l'augmentation de la fréquence du suicide[2].

Ces quelques références suffisent sans doute à illustrer la définition populaire de la sociologie qu'on peut extraire et qu'on n'a pas manqué d'extraire d'un livre comme *Le suicide*. Pour le sociologue, étudier le suicide c'est analyser les causes sociales du suicide. De même, la sociologie du crime est communément définie comme l'étude des causes sociales du crime ; la sociologie politique ou la sociologie de l'éducation comme l'étude des causes sociales expliquant les choix politiques ou les comportements scolaires.

À première vue, une définition comme celle-là apparaît tout à fait différente de celle de Pareto. Pour Pareto, le sociologue s'intéresse aux *actions*. Même s'il abandonne les actions logiques à l'économie et ne s'intéresse qu'aux actions *non logiques*, Pareto se donne un *homo sociologicus* actif. Par contraste, Durkheim *paraît* faire de l'*homo sociologicus* un sujet passif, sorte d'automate dont le comportement serait l'effet de *causes sociales*.

Une vision de ce genre peut effectivement être suggérée non seulement par *Le suicide* mais aussi par de nombreuses autre œuvres de Durkheim. Ainsi, dans *La Division du travail social,* Durkheim s'emploie à réfuter la théorie défendue principalement par Spencer, selon laquelle les progrès constants de la division du travail s'expliqueraient essentiellement par les avantages économiques qui

1. Voir Albert HIRSCHMAN : « The changing tolerance for income inequality in the course of economic development », *Quarterly Journal of Economics,* 87, 1973, pp. 544-556.

2. Émile DURKHEIM : *Op. cit.*

en découlent. Selon cette thèse, les progrès de la division du travail seraient donc le produit de la volonté (plus ou moins claire) des acteurs sociaux. Pour Durkheim, s'il est vrai que les progrès de la division du travail comportent des conséquences économiques désirables, ces conséquences doivent être interprétées plutôt comme des *effets* que comme des *causes*. La division du travail est, selon Durkheim, l'effet de l'augmentation de la densité morale et du « volume » des sociétés.

Comme on le voit, *La division du travail* peut paraître, comme *Le suicide*, charrier l'image d'un *homo sociologicus* passif, siège de causes sociales qui le dépassent ou point d'application de *forces sociales*.

Une discussion sur les différentes interprétations de l'œuvre de Durkheim déborderait naturellement le cadre de cet ouvrage. Certains auteurs, comme Jack Douglas aux États-Unis ou Jean Baechler en France[1] adressent à Durkheim des critiques qui reviennent, de manière plus ou moin nuancée, à lui attribuer la paternité de ce qu'on peut appeler le sociologisme[2], à savoir de la doctrine selon laquelle l'agent social n'aurait qu'une *autonomie* apparente et pourrait en réalité être traité par le sociologue comme un être passif. D'autres, exprimant le même point de vue dans un autre langage, voient dans Durkheim le précurseur en sociologie de ce que les épistémologues appellent le *holisme ou collectivisme*, à savoir le point de vue selon lequel les

1. Jean BAECHLER : *Les suicides*, Paris, Calmann-Lévy, 1975 ; Jack DOUGLAS : *The social meanings of suicide*, Princeton, Princeton University Press, 1967.

2. François BOURRICAUD : « Contre le sociologisme », *Revue française de Sociologie*, 16, 1975, pp. 583-603.

structures seraient premières par rapport aux individus et explicatives par rapport à eux[1].

Personnellement j'incline à préférer, parce qu'elles me paraissent plus proches de ce que Durkheim a voulu dire et capables de s'accorder avec un nombre non négligeable de textes durkheimiens, mais surtout parce qu'elles me semblent plus intéressantes, les interprétations qui, comme celles de Parsons, de Alpert ou de Stark font de Durkheim, pour employer l'expression de Alpert, un relationniste réaliste[2]. Entendons par là que, pour Durkheim, la *réalité* sociale serait constituée par les systèmes de relations ou, comme on peut encore dire, par les systèmes concrets d'interaction que les institutions sociales définissent entre les agents sociaux. Quant aux notions (sans aucun doute équivoques) que Durkheim emploie, de *société*, de *causes sociales*, il faut se garder de leur donner une interprétation réaliste. Elles ne sont, selon Alpert, qu'une manière commode d'exprimer des propriétés des systèmes de relations sociales qui sont seuls *réels*.

Il serait en effet facile de montrer que la plupart des théories et résultats de Durkheim peuvent être aisément retraduits dans le langage des sociologies de l'action, c'est-à-dire des sociologies qui se donnent des acteurs ou

---

1. Peter P. EKEH : *Social exchange theory*, Londres, Heinemann, 1974 ; Joachim ISRAEL : « The principle of methodological individualism and marxian epistemology », *Acta sociologica*, 14, 1971, pp. 145-150.

2. Talcott PARSONS : *The structure of social action*, Glencoe, The Free Press, 1949 (1e édition, 1937) ; Harry ALPERT : *Emile Durkheim and his sociology*, New York, Columbia University, 1939, nouvelle édition 1961, Russel and Russel ; Werner STARK : *The fundamental forms of social thought*, Londres, Routledge and Kegan Paul, 1962 ; Robin HORTON : « Lévy-Bruhl, Durkheim and the scientific revolution », in Robin HORTON and Ruth FINNEGAN (dir.) : *Modes of thought*, Londres, Faber and Faber, 1973, pp. 249-305.

agents sociaux pour atomes et des systèmes d'interaction pour molécules logiques[1].

Montrons-le sur un exemple. L'anomie, dit Durkheim, est une des *causes* principales du suicide. Elle explique par exemple que l'expansion économique, en favorisant le dérèglement des attentes, soit génératrice d'insatisfaction [2]. On constate en effet que les maximums des cycles d'affaires coïncident avec des maximums dans les cycles du suicide[3].

Afin de démontrer que cette *théorie* peut être exprimée dans le langage des sociologies de l'action, nous construirons un modèle simple destiné à simuler les effets que Durkheim a cherchés à mettre en évidence. Ce modèle doit être considéré comme une sorte de maquette reproduisant, dans un contexte pseudo-expérimental extrêmement simplifié par rapport aux situations réelles considérées par Durkheim, certains des mécanismes fondamentaux qu'il a cherchés à mettre en évidence.

La maquette consiste à réaliser une situation de compétition très élémentaire entre un certain nombre de personnes et à étudier les variations dans le comportement des acteurs qui résultent des variations dans les

---

1. Les sociologies de l'action acceptent généralement le postulat de l'individualisme méthodologique. Cette proposition se vérifie à propos de Max Weber, de Marx et de Parsons par exemple. Remarquons à ce propos que, malgré son titre, la « sociologie de l'action » de Alain TOURAINE (*Sociologie de l'action*, Paris, Le Seuil, 1965 ; *Production de la société*, Pariș, Le Seuil, 1973 ; « Huit manières de se débarrasser de la sociologie de l'action », *Information sur les sciences sociales,* 16, 1977, pp. 873-903) constitue à cet égard une exception. Karl-Dieter OPP et Hans HUMMELL : *Soziales Verhalten und soziale Systeme*, Francfort, Athenäum, 1973, t. II, p. 61 sq. discutent les malentendus auxquels l'individualisme méthodologique a donné lieu.

2. François CHAZEL : « Considérations sur la nature de l'anomie », *Revue française de Scociologie*, 8, 1967, pp. 151-168..

3. Sur la relation entre cycles économiques et cycles du suicide voir, outre E. DURKHEIM : *Op. cit.*, Andrew HENRY et James SHORT : *Suicide and homicide*, Glencoe, the Free Press, 1954.

conditions de la compétition. Pour fixer les idées, nous nous donnerons un ensemble de 10 personnes que nous confronterons à une situation de choix très simple : chacune d'entre elles peut décider soit de participer à une loterie à condition de verser une mise de 1 F, soit de ne pas participer à la loterie. Quant à la loterie, elle est fort simple : deux billets seulement seront gagnants et rapporteront chacun un gain brut de 3 F. Les gagnants seront déterminés par tirage au sort parmi ceux qui auront décidé de participer au jeu. Plus précisément, si une seule personne joue, elle est assurée de gagner, si deux personnes jouent, les deux seront assurées de gagner, si trois personnes décident de participer au jeu, chacune a deux chances sur trois de gagner ; si quatre personnes jouent, chacune a deux chances sur quatre de gagner, et ainsi de suite. On suppose en outre que les joueurs éventuels n'ont pas la possibilité de se concerter. Le problème consiste à essayer de deviner leur comportement.

Pour cela, on construit le tableau suivant qui montre les espérances de gain d'un joueur quelconque en fonction du nombre des participants, selon qu'il décide de participer ou non au jeu.

	Nombre d'autres joueurs participant au jeu									
Espérance de gain du joueur	0	1	2	3	4	5	6	7	8	9
Participe	2	2	(1)	(0,50)	(0,20)	(0)	(–0,14)	(–0,25)	(–0,33)	(–0,40)
Ne participe pas	0	0	0	0	0	0	0	0	0	0

Naturellement, lorsque notre acteur quelconque décide de ne pas participer au jeu, il a un gain net de zéro

(2e ligne). Lorsqu'il est le seul à participer au jeu ou qu'une seule autre personne y participe, il a un gain net de 2 (gain brut de 3 amputé de la mise de 1). Lorsque deux personnes autres que lui participent au jeu, il a deux chances sur trois de récolter un gain net de 2 et une chance sur trois de perdre sa mise. Son espérance de gain est donc égale à 2 (2/3 + (— 1) (1/3) = 1[1]. En parcourant les données de la première ligne du tableau qui sont toutes calculées de la manière qui vient d'être indiquée, le joueur constate que si au plus quatre personnes autres que lui participent au jeu, son espérance de gain est positive. Au-delà de quatre, cette espérance devient nulle, puis négative.

Que va faire notre joueur ? Il est difficile de le dire sans hypothèse supplémentaire. Supposons donc, pour les besoins de la cause, que notre population comporte cinq personnes ayant une aversion à l'égard du risque et, plus précisément, répugnant à être placées dans une situation où elles auraient une espérance de gain négative. Les autres, moins timorées, acceptent d'être éventuellement exposées à une espérance de gain négative, pourvu que celle-ci ne soit pas inférieure à — 1.

Ces hypothèses posées, on en déduit le résultat : les cinq premières personnes s'abstiendront ; les cinq autres joueront. Parmi celles-ci, deux gagneront et trois perdront. Le système d'interaction défini par les joueurs et par la distribution de leurs attitudes à l'égard du risque d'une part, par la structure du jeu d'autre part, donne ainsi naissance à une situation où trois personnes essuient une perte. Comme elles ont effectué le même

1. Cela revient à dire que si le jeu était répété dans les mêmes conditions un très grand nombre de fois il aurait en moyenne un gain net de 1 F par partie. La notion d'« espérance de gain » (symbolisée par une parenthèse dans le tableau de ce chapitre) est évidemment abstraite. Mais elle a un fondement psychologique évident.

investissement que les deux gagnants, elles éprouveront sans doute de la frustration, voire du ressentiment.

Rappelons-nous maintenant l'hypothèse proposée par Durkheim selon laquelle des espoirs de gain accrus peuvent provoquer un dérèglement des attentes et par conséquent une frustration croissante[1]. Pour réaliser cette situation au niveau de notre maquette quasi expérimentale, nous supposerons dans un deuxième cas de figure que l'organisateur propose aux mêmes personnes de jouer au même jeu, en annonçant non plus deux, mais *quatre* gagnants. Pour le reste, le système d'interaction est le même. La structure du jeu est donc inchangée sauf en ce qui concerne le nombre des gagnants. Les joueurs éventuels ont les mêmes attitudes par rapport au risque que dans le premier cas. On peut alors établir un tableau analogue au précédent :

	Nombre d'autres joueurs participant au jeu									
Espérance de gain du joueur	0	1	2	3	4	5	6	7	8	9
Participe	2	2	2	2	(1,40)	(1,00)	(0,71)	(0,50)	(0,33)	(0,20)
Ne participe pas	0	0	0	0	0	0	0	0	0	0

Si trois joueurs autres que lui au plus participent au jeu, notre joueur quelconque récolte un gain net de 2. Si quatre joueurs autres que lui participent au jeu, son espérance de gain est égale à 1,40. En effet, il a alors 4 chances sur 5 d'avoir un gain net de 2 et 1 chance sur 5 de perdre sa mise de 1. On a bien : 2 (4/5) + (— 1)

1. Philippe BÉNÉTON présente une discussion d'ensemble de la sociologie de la frustration in *Archives européennes de Sociologie*, 1978, pp. 72-138.

(1/5) = 1,40. Les autres données sont établies de la même façon.

Que va-t-il se passer ? Les attitudes des joueurs à l'égard du risque étant distribuées de la même façon que précédemment, *tout le monde* va cette fois prendre part au jeu. En effet, les cinq personnes les plus timorées constatent qu'elles ne sont plus cette fois exposées au risque d'avoir une espérance de gain inférieure à — 1. En réalité, leur espérance de gain est positive, quel que soit le comportement des autres.

Ainsi, les dix joueurs potentiels participent au jeu. Comme il n'y a que quatre gagnants possibles, six personnes auront investi en vain dans la loterie et verront leurs espoirs déçus.

Bref, la générosité accrue de l'organisateur du jeu a eu pour effet essentiel d'engager un nombre de joueurs supplémentaire en excès par rapport au nombre supplémentaire des gagnants potentiels. Le modèle montre en d'autres termes qu'il est *possible* de construire une situation où l'augmentation des chances de mobilité, de gain ou d'ascension offertes à chacun a pour effet d'augmenter le niveau général de la frustration. Ce modèle de laboratoire permet ainsi de rendre compte de certains des mécanismes auxquels Durkheim accolait l'étiquette d'anomie[1].

Quels enseignements peut-on tirer de cette discussion ? Tout d'abord, qu'il n'est nullement indispensable d'interpréter la notion d'*anomie* comme une force mystérieuse située au niveau de *la Société*, force qui viendrait à leur insu stimuler les appétits des individus, leur insuffler des espoirs inconsidérés et, par là, les exposer à la frustration et, dans le pire des cas, au désespoir. Il est possible qu'un Marcuse ait cru à l'existence de forces

1. Dans ce cas modèle signifie ici : théorie hypothético-déductive formalisée.

dégagées par les « structures sociales » et capables d'agir sur les attentes, désirs et aspirations des individus un peu à la manière dont le magnétisme de l'aimant agit sur la limaille de fer. Il est peu probable que Durkheim ait jamais versé dans un paradigme aussi contestable.

Les mêmes remarques pourraient être appliquées à l'exemple de la *Division du travail*. Spencer faisait de la division du travail le résultat de *desseins* humains. Durkheim refuse cette thèse et voit dans ce phénomène la conséquence *non voulue* de changements complexes provoqués par l'augmentation du volume et de la densité sociaux. Mais cette analyse n'implique pas que Durkheim confère à l'*homo sociologicus* un statut passif. Au contraire, sa théorie conçoit la division du travail comme le résultat non intentionnel d'un ensemble complexe d'*actions* intentionnelles.

Si on accepte avec Alpert de voir en Durkheim un « relationniste réaliste », on peut lire dans son œuvre une des ambitions fondamentales de la sociologie : analyser les relations complexes entre la structure des systèmes d'interaction définis par les institutions sociales et les attentes, sentiments et actions de ces agents. La traduction libre, sous forme de modèle, que nous venons de présenter de la théorie durkheimienne de l'anomie (telle qu'elle apparaît notamment dans *Le suicide*) a l'avantage de faire apparaître avec clarté la nature de la causalité exercée par la structure des systèmes d'interaction sur les agents. Elle montre qu'il n'est nullement nécessaire de conférer à l'agent social le statut d'un être passif, emporté par des forces sociales. En réalité, le modèle fournit une interprétation de certains résultats les plus paradoxaux et intéressants du *Suicide* (la fréquence du suicide augmente non seulement dans les périodes de dépression mais aussi de boom économique, etc.) en faisant de l'agent social un décideur cherchant à tirer parti de la situation dans laquelle il est placé. Lorsque la situation change, la décision change (pour une partie des agents au moins). Mais la relation entre les changements de la situation et les changements dans le comportement des agents ne peut être comprise, expliquée et, éventuellement, anticipée que si ces derniers sont constitués en entités *actives*.

En dépit des interprétations qui projettent sur Durkheim les faiblesses du sociologisme moderne, on peut donc avancer à bon droit que des œuvres comme *Le suicide* et *La division du travail* indiquent avec une grande profondeur une des intentions principales de la sociologie : étudier l'influence complexe de la structure des systèmes d'interaction sur les actions et sentiments des agents qui les composent.

Les intentions diffuses des sociologues et l'objet de la sociologie

Malgré les difficultés qu'elles soulèvent, les définitions proposées par Durkheim et Pareto de la sociologie expriment sans doute mieux que d'autres les intentions diffuses de la plupart des sociologues. Elles peuvent ainsi nous conduire à une description satisfaisante des ambitions de la sociologie. La distinction de Pareto entre actions logiques et actions non logiques indique que certaines actions, bien que pouvant être rendues *intelligibles*, apparaissent à première vue opaques, voire irrationnelles. Le comportement de l'électeur de la IIIe République qui s'en remet à l'autorité d'Anatole France n'est pas compréhensible si on se donne une axiomatique où l'acteur social est supposé voir son intérêt avec clarté, percevoir les moyens qui s'ouvrent à lui pour atteindre ses objectifs et être en mesure d'évaluer le coût et l'efficacité de ces moyens alternatifs. Bref, une des intuitions fondamentales de Pareto a été que le sociologue avait pour vocation d'élaborer une théorie de l'action plus générale que celle qu'utilise l'économiste. On peut dire que cette ambition a été et demeure, peu ou prou, celle de tout sociologue. Par sa distinction entre *Zweckrationalität et Wertrationalität*, Max Weber proposait deux schémas dont l'un (*Zweckrationalität*) recouvre les actions logiques de Pareto, tandis que l'autre (*Wertrationalität*) permet en particulier d'expliquer les actes *apparemment dépourvus de finalité* [1].

Le problème de Pareto, construire une théorie individuelle de l'action qui permette de rendre compte des actions « non logiques » représente sans aucun doute une des dimensions fondamentales de la sociologie. On se contentera pour le moment de noter que la réponse moderne à ce problème s'éloigne de Pareto[2] comme de Weber. La distinction entre actions logiques et actions non logiques, ou entre *Zweckrationalität* et *Wertrationalität*, suggère l'existence d'une sorte de dualisme difficilement concevable des comportements humains. On a tendance aujourd'hui à considérer ce dualisme comme une distinction provisoire qu'il s'agit de dépasser. Bien souvent, la distinction n'existe au demeurant que dans l'esprit de l'observateur. Dans les situations où ce dernier a l'impression qu'il comprend immédiatement

---

1. WEBER distingue les actions orientées vers une fin (*Zweckrational*), les actions déterminées par la croyance en des valeurs posées comme absolues (*Wertrational*), les actions déterminées par des passions et émotions (*affektuell*), les actions déterminées par la coutume (*traditional*), *Économie et société*, Paris, Plon, t. I, p. 22 sq. Voir aussi la distinction classique opposant la dimension expressive à la dimension instrumentale de l'action.

2. W.G. RUNCIMAN : *Sociology and its place*, Cambridge, Cambridge University Press, 1970, souligne justement le caractère incertain du concept de rationalité chez Weber. On peut faire les mêmes réserves à propos des concepts parétiens d'action logique et d'action non logique. Mais Weber comme Pareto ont contribué à poser en termes utiles le problème d'une théorie généralisée de l'action.

le comportement d'autrui, il a tendance à qualifier ce comportement de logique, de *zweckrational* ou simplement de « rationnel » selon le langage qu'il préfère employer. En revanche, dans les cas où le comportement d'autrui lui apparaît comme opaque et inintelligible, il a tendance à l'interpréter comme non logique ou irrationnel. Pourquoi diable faire confiance à l'autorité d'Anatole France ? Mais en supposant que le même citoyen se comporte de façon *logique* quand il fait son marché et *non logique* lorsqu'il choisit son député, on postule un dualisme pour le moins suspect.

En fait, on peut interpréter et on interpréterait sans doute aujourd'hui la confiance que certains électeurs de la IIIe République accordaient à Anatole France à partir de ce qu'on peut appeler une *théorie généralisée de l'action* : en matière politique (et en beaucoup d'autres matières) l'agent se détermine dans des conditions d'incertitude. Deux politiques P1 et P2 sont proposées aux électeurs : P1 engendrera selon ses partisans les conséquences Q1, Q2..., Qk, selon ses adversaires les conséquences indésirables R1, R2..., Rm. Comment l'électeur peut-il déterminer « logiquement » son choix ? S'il prétendait se décider de manière « expérimentale », comme lorsqu'il fait son marché, il se retrouverait sans doute dans la situation comparable à celle de l'âne de Buridan : obligé de constater qu'il ne peut se décider. Encore l'âne de Buridan était-il dans une situation plus enviable. Il savait que les deux sacs d'avoine étaient indistincts. L'électeur quant à lui *sait* seulement que les deux partis ont des jugements opposés sur chacun des deux sacs d'avoine situés respectivement à droite et à gauche. Mais il ne voit pas les sacs de ses propres yeux. Que faire ? Se retirer du jeu ? Mais pourquoi abandonnerait-il le fragment de contrôle que les institutions politiques l'autorisent à exercer sur des choix qui risquent d'influencer son avenir ? Il est assurément *préférable* d'essayer de déterminer la valeur des sacs d'avoine en imaginant des détours plus ou moins subtils. Un de ces détours consiste pour l'électeur à essayer de se convaincre par des moyens « objectifs » que P1 entraîne bien (ou n'entraîne pas) Q1 à Qk, conséquences que, dans le cas de figure le plus simple, il juge toutes désirables (ou indésirables). Un autre détour consiste à analyser les motivations et objectifs de ceux qui proposent P1 et P2 et à comparer ces motivations supposées aux valeurs auxquelles il souscrit. C'est pourquoi un sourire ou un mot de trop devant les caméras de télévision peut avoir un effet désastreux pour un candidat s'il modifie l'interprétation que nombre d'électeurs donnent de ses motivations. Un détour complémentaire consisterait à s'appuyer dans cet examen des motivations sur ces « experts de l'âme humaine » que sont supposés être des littérateurs comme Anatole de France.

Il n'est pas dans mon propos de chercher à formaliser l'axiomatique qui permettrait de rendre compte d'exemples de ce type. Une telle tentative déborderait le cadre de cet ouvrage. Qu'il me suffise donc d'énoncer à nouveau que des propositions que je souhaitais établir, à savoir que la recherche d'une théorie de l'action généralisée par rapport aux schémas permettant de rendre compte des seules actions de type logique me paraît constituer une dimension fondamentale de la sociologie.

L'autre dimension essentielle peut être rattachée, rappelons-le, à l'œuvre de Durkheim. Elle peut être résumée par le postulat selon lequel les actions des individus ne peuvent être comprises que par référence au contexte social à l'intérieur duquel ils se placent, ou, plus exactement que par référence à la structure du système d'interaction auquel ils participent. Revenons à l'exemple de l'anomie. Si je suis exposé à un système de compétition où les gagnants sont peu nombreux, je limiterai avec prudence les investissements économiques, psychologiques et sociaux que les institutions sociales me proposent d'effectuer pour confirmer ma participation au jeu. Si les chances de gain ou de mobilité augmentent, je peux, commme d'autres, être attiré par le jeu. Dans un cas comme dans l'autre, on ne peut comprendre le comportement des acteurs que si on se donne préalablement le système d'interaction auquel ils appartiennent. Cela ne signifie pas que le système d'interaction détermine en aucune manière leur comportement : chacun des acteurs, selon sa personnalité, ses attitudes à l'égard du risque, ses ambitions, son information sur les données de la situation (variables qui dépendant sans doute pour une part du milieu social et de l'histoire sociale de l'acteur), s'efforce de prendre la décision la plus convenable au vu de ses intérêts tels qu'il les conçoit. Aucune programmation préalable ne lui dicte son comportement. Malgré cela, le sociologue peut à bon droit s'interroger sur l'effet des paramètres du système d'interaction sur le comportement des acteurs. Rappelons-nous le modèle simple développé dans la section précédente : il montre que, toutes choses égales d'ailleurs, lorsqu'on augmente les gains offerts aux compétiteurs potentiels, on peu, sous certaines conditions, provoquer une augmentation du nombre des perdants. Bien sûr, on aboutit ainsi à la mise en évidence d'une relation de cause à effet entre les propriétés du système d'interaction (et leur changement) et le comportement des acteurs. Mais cette relation est loin d'être incompatible avec le postulat de l'autonomie de l'acteur social. Au contraire, la relation de causalité ne peut être rendue intelligible que si le comportement du sujet social est interprété comme une *action*, et, plus précisément, comme un mouvement entrepris pour réaliser certaines fins. En d'autres termes, la relation de causalité qu'on observe entre les paramètres du système d'interaction et le comportement des acteurs n'est intelligible que si on en fait la résultante du comportement *téléologique* d'acteurs dotés d'autonomie.

Que l'augmentation de l'« anomie » ou de l'« égoïsme » entraîne, selon Durkheim, une augmentation de la fréquence des suicides n'implique pas que la *Société* ait le pouvoir d'induire, à leur insu, certains sentiments ou comportements chez les sujets sociaux. Mais quand l'anomie augmente (en conséquence, par exemple, de l'augmentation des espoirs de gain), il *peut* se faire que ce changement entraîne *en moyenne* un surinvestissement psychologique, économique et social, lequel augmente à son tour la probabilité pour chaque acteur de se trouver ultérieurement exposé à une déception.

Nous sommes maintenant en mesure, croyons-nous, de proposer une définition, sinon de la sociologie, du moins des intentions diffuses de nombreux sociologues. Malgré les différences évidentes qui distinguent par exemple la « sociologie de Durkheim », la « sociologie de Pareto » ou la « sociologie de Weber », on peut faire apparaître entre ces auteurs et bien d'autres, comme en filigrane, un accord fondamental sur la nature et les principes de la *sociologie* tout court. Je décrirai les bases de cet accord sous la forme d'une suite de trois propositions.

Proposition 1. Malgré la diversité de ses thèmes, la sociologie ne couvre pas pour autant des activités d'une irrémédiable hétérogénéité. Que le sociologue étudie des faits singuliers, des régularités statistiques ou qu'il cherche à mettre en évidence des relations générales, son analyse tend très généralement à mettre en évidence les propriétés du système d'interaction responsable des faits singuliers, régularités ou relations observées. En d'autres termes, les *phénomènes* auxquels le sociologue s'intéresse sont conçus commes explicables par la *struc-*

ture du système d'interaction à l'intérieur duquel ces phénomènes émergent.

Proposition 2. L'atome logique de l'analyse sociologique est donc l'acteur individuel [1]. Bien entendu cet acteur n'agit pas dans un vide institutionnel et social. Mais le fait que son action se déroule dans un contexte de *contraintes*, c'est-à-dire d'éléments qu'il doit accepter comme des *données* qui s'imposent à lui ne signifie pas qu'on puisse faire de son comportement la conséquence exclusive de ces contraintes. Les contraintes ne sont qu'un des éléments permettant de comprendre l'action individuelle. Plusieurs de analyses précédentes suggèrent que la compréhension des relations de causalité que le sociologue décèle entre les propriétés des systèmes d'interaction et le comportement des individus n'est généralement possible que si ces comportements sont conçus comme des *actions* dotées de finalité.

Proposition 3. Comme le suggère la distinction parétienne entre actions logiques et actions non logiques, la sociologie doit, dans de nombreux cas, utiliser des schémas d'analyse de l'action individuelle plus complexe que ceux qu'utilisent par exemple les économistes. Pour l'économiste classique, l'âne de Buridan était condamné à mourir de faim. Pour l'économiste moderne, la maximisation de sa satisfaction inclut la minimisation de ses coûts de décision : il se jettera donc, au hasard, sur un des deux sacs. Pour le sociologue, il cherchera peut-être à distinguer entre les deux sacs en s'appuyant sur des *shadow-motivations* (prééminence de la main droite par exemple) à moins qu'il ne s'en remette à l'autorité du paysan qui a suspendu les deux sacs.

1. Les acteurs individuels peuvent être non seulement des personnes mais toute unité collective pour autant qu'elle se trouve munie d'un pouvoir d'action collective (firme, nation).

II

Sociologie et histoire : l'analyse sociologique du singulier

Admettons donc que l'unité de la sociologie réside bien dans la spécificité de son langage et que ce langage soit défini par les trois postulats fondamentaux qui suivent : l'atome logique de l'analyse est constitué par l'agent social individuel ; la rationalité des agents est généralement de type complexe (on ne peut généralement en rendre compte à l'aide du seul schéma des actions logiques au sens de Pareto) ; les agents sont inclus dans des systèmes d'interaction dont la structure fixe certaines des contraintes de leur action (d'autres contraintes étant par exemple représentées par leurs ressources cognitives ou économiques). Nous aurons amplement l'occasion au long de ce chapitre et des chapitres suivants de préciser ces assertions et d'en vérifier la validité.

Lorsqu'on observe les sociologues à l'œuvre, on constate que leurs recherches sont motivées par des questions ou curiosités de nature variable. Dans certains cas, le *primum mobile* prend la forme d'une interrogation générale : comment expliquer les variations dans la fréquence du suicide dans le temps et dans l'espace ? (Durkheim). Dans d'autres cas, l'attention du sociologue est attirée par un *objet* plutôt que par une question. Ainsi il peut être intrigué par tel ou tel système d'interaction concret sans être en mesure, au moins dans les premiers moments de la recherche, de formuler à son propos des questions ou « hypothèses » précises : la bande d'adolescents observée par Whyte dans *Street Corner Society*[1], le Monopole dans Le *phénomène bureaucratique* de Crozier[2]. Dans d'autres cas, il s'intéresse à ce qu'on peut appeler des systèmes d'interdépendance, comme le marché de l'éducation après la Deuxième Guerre mondiale étudié par Boudon dans *L'inégalité des chances*[3]. Dans d'autres cas encore, il se donne pour objet des *processus* : la division du travail (Durkheim)[4], l'évolution de la famille vers le modèle nucléaire dans les sociétés industrielles (Parsons)[5], les changements dans les types de personnalité accompagnant certains changements institutionnels et sociaux (Riesman, Inkeles, Merton)[6].

Mais bien souvent, le point de départ de la recherche est constitué par un *fait singulier* (événement ou donnée), au sens logique et, éventuellement, au double sens du mot singulier. Par exemple :

---

1. William WHYTE : *Street Corner Society*, Chicago, The University of Chicago Press, 1943.
2. Michel CROZIER : *Le phénomène bureaucratique*, Paris, Le Seuil, 1963.
3. Raymond BOUDON : *L'Inégalité des chances*, Paris, Colin, 1973.
4. Émile DURKHEIM : *La division du travail social*, Paris, Presses Universitaires de France, 7e édition, 1960.
5. Talcott PARSONS : *The social System*, Glencoe, The Free Press, 1951.
6. David RIESMAN : *La foule solitaire*, Arthaud, 1964 (traduit et préfacé par Edgar MORIN) ; Robert MERTON : *Éléments de théorie et de méthode de sociologie*, Paris, Plon, 2e édition, 1965 (traduit par Henri MENDRAS) ; Alex INKELES : « Personality and social structure », in Robert MERTON et al. (dir.) : *Sociology today*, New York, Basic Books, 1959, pp. 249-276.

— « Pourquoi n'y a-t-il pas de socialisme aux États-Unis ? » (Sombart)[1].

— « Pourquoi l'agriculture capitaliste s'est-elle développée au XVIIIe siècle avec beaucoup plus de lenteur en France qu'en Angleterre ? » (Tocqueville)[2].

— « Pourquoi les paysans français ont-ils approuvé la restauration de l'Empire par Louis-Napoléon ? » (Marx)[3].

— « Pourquoi, à population et composition sociale comparables, les villes américaines présentent-elles une criminalité beaucoup plus importante que les villes canadiennes ? » (Lipset)[4].

— « Pourquoi les ouvriers américains étaient-ils racistes à l'égard des Noirs dans les années qui suivirent la Première Guerre mondiale ? » (Merton)[5].

— « Pourquoi à la veille de la Première Guerre mondiale le Cabinet anglais prit-il des mesures qui furent interprétées par l'Allemagne comme des preuves de faiblesse ? » (Snyder)[6].

Ces quelques exemples suffisent à infirmer la thèse quelquefois défendue selon laquelle la sociologie aurait pour objectif principal la recherche de lois et représenterait dans l'ordre du social une science équivalente — au moins au niveau de ses ambitions — à ce qu'est la

---

1. Werner SOMBART : *Warum gibt es in den Vereinigten Staaten keinen Sozialismus ?* Tübingen, J.C.B. Mohr (Paul Siebeck), 1906.

2. Alexis de TOCQUEVILLE : *L'Ancien Régime et la Révolution*, Paris, Gallimard, 1952.

3. Karl MARX : *Le dix-huit Brumaire de Louis Bonaparte*, Paris, Éditions Sociales, 1949.

4. Seymour LIPSET : « Revolution and counter-revolution : the United States and Canada », in *Revolution and Counter-revolution*, Garden City, Doubleday, 1970, pp. 37-75.

5. Robert MERTON : *Op. cit.*, p. 144 sq.

6. Glenn SNYDER : « *Prisoner's dilemma and Chicken* models in international politics », in *International Studies Quarterly*, 15, 1971, pp. 66-103.

physique dans l'ordre naturel[1]. Les exemples précédents, qu'il serait aisé de multiplier, montrent que les questions du sociologue sont bien souvent comparables à celles de l'historien[2]. À la limite, on peut même dire que les six questions précédentes concernent autant l'historien que le sociologue. Dans tous les cas, l'énoncé de la question correspond à une interrogation sur la (ou les) cause(s) d'un état de choses *singulier*, qu'il s'agisse d'un *événement* (vote des paysans français, mouvements du Cabinet anglais), d'un *trait* singulier (le sous-développement du socialisme aux États-Unis), ou d'une *donnée* datée et située (le racisme anti-noir des ouvriers américains dans les années suivant la Première Guerre mondiale).

Examinons quelques-unes des réponses données par les sociologues aux questions précédentes. Cet examen nous offrira l'occasion de saisir la spécificité de l'analyse sociologique lorsque celle-ci s'applique à des objets qui relèvent de la zone d'intérêt de l'historien tout autant que de celle du sociologue.

Pourquoi n'y a-t-il pas de socialisme aux États-Unis ?

La question est la traduction littérale du livre de Sombart : *Warum gibt es in den Vereinigten Staaten keinen Sozialismus* ?

Il est douteux qu'on puisse donner une réponse unique à cette question toujours actuelle, que Sombart se

1. Voir Werner STARK : *The fundamental forms of social thought, op. cit.* 2e partie.

2. La question de la relation entre histoire et sociologie est classique. Voir par exemple, Fernand BRAUDEL : « Hitsoire et sociologie », in Georges GURVITCH (dir.) : *Traité de sociologie*, Paris, Presses Universitaires de France, 1961, t. I, pp. 83-98 ; voir aussi Norbert ELIAS : « Zur Grundlegung einer Theorie sozialer Prozesse », *Zeit schrift für Soziologie*, 6, 1977, pp. 127-149.

posa au début du siècle. Pour y répondre, l'historien s'efforcerait sans doute de mettre le fait examiné, à savoir la faible audience du socialisme aux États-Unis, en relation avec un ensemble de faits ou données singulières pouvant en rendre compte. Il n'y a guère de doute que ce paradigme de l'induction du singulier au singulier, qui tient dans les travaux historiques une part traditionnellement importante, quoique à l'évidence non exclusive, contribuerait, s'il était appliqué de manière pertinente, à apporter une réponse à la question posée. Ainsi, l'histoire du mouvement ouvrier ou l'histoire des institutions politiques américains fourniraient certainement des éléments précieux pour l'explication du phénomène considéré.

La direction prise par l'analyse de Sombart est toute différente. Elle ne suit pas le paradigme de l'induction du singulier au singulier. Si on désire la caractériser en termes généraux, on peut dire qu'elle consiste dans la construction d'une sorte de modèle simplifié dessinant à grands coups de crayon un système d'interaction dont il est supposé qu'il décrit de manière à peu près acceptable certains traits de la société américaine. Dans un second temps, on déduit des propriétés du système certaines conséquences relatives au comportement des individus qui le composent.

On peut résumer la théorie de Sombart de la façon suivante. Je précise qu'il s'agit d'une traduction modernisée quant à la forme et complétée quant au fond. Mais je la crois fidèle dans son esprit à la théorie originellement développée par Sombart.

a. La société américaine est un système stratifié, c'est-à-dire un système offrant des positions sociales inégalement valorisées.

b. Dans un système stratifié, les individus considèrent l'ascension sociale comme un bien désirable.

c. L'ascension sociale suppose de la part des individus des investissements plus ou moins coûteux et dont le rendement est plus ou moins aléatoire.

d. Lorsque les coûts et risques de l'ascension sociale ne dépassent pas, en moyenne, un certain seuil, l'individu, estimant que les coûts de l'ascension sociale sont inférieurs à ses avantages, choisit une stratégie d'ascension sociale individuelle.

e. Lorsque les coûts et risques dépassent ce seuil, ou, plus exactement, *sont perçus* par l'individu comme dépassant ce seuil, la stratégie de l'ascension sociale individuelle cesse d'être attrayante.

f. Dans ce cas, l'individu peut être davantage séduit par une stratégie d'ascension collective, c'est-à-dire par une stratégie visant à améliorer la situation de la strate, de la classe ou du groupe auxquels il appartient.

g. La stratégie de l'ascension collective comporte des coûts et risques.

h. Dans une société où les distinctions entre classes sont plus fortement marquées (par des distinctions vestimentaires, linguistiques, symboliques, etc.), les coûts de l'ascension individuelle sont, sinon plus élevés, du moins perçus comme tels.

i. Toutes choses égales d'ailleurs la stratégie de l'ascension collective doit apparaître en conséquence comme en moyenne plus attrayante dans une société où les distinctions entre les classes sont plus fortement marquées.

j. Les doctrines socialistes contribuent à légitimer la stratégie collective d'ascension des classes défavorisées.

k. Elles ne sont susceptibles d'avior un attrait notable que dans les sociétés réunissant deux conditions : il faut que les stratégies individuelles d'ascension soient, en moyenne, perçues par un nombre important d'individus comme plus coûteuses que les stratégies collectives ; il faut d'autre part que, parmi les stratégies collectives, celles qui visent à promouvoir les classes sociales « défavorisées » soient plus attrayantes que les stratégies collectives concurrentes (stratégies collectives visant la promotion de groupes ethniques ou catégoriels par exemple).

l. Un certain nombre de traits de la société américaine font qu'on doit s'attendre à y observer plus fréquemment que dans les sociétés européennes une préférence des individus pour les stratégies individuelles d'ascension. Parmi ces traits, on peut citer : la plus faible visibilité des barrières entre classes, la croyance générale aux possibilités de mobilité.

m. Le caractère très décentralisé du système politique et économique américain explique d'autre part que, lorsque les stratégies collectives sont perçues comme attrayantes, elles sont souvent définies sur la base de groupes d'appartenance locaux ou catégoriels plutôt que sur la base des groupes nationaux et, comme aurait dit Gurvitch, « suprafonctionnels[1] » que constituent les classes.

n. D'où l'on conclut que les doctrines socialistes ne peuvent avoir aux États-Unis la même audience que dans les pays européens.

Ce schéma théorique peut sans doute être complété et affiné. Mais il demeure probablement valide dans ses grandes lignes, en dépit de son caractère sommaire. En tout cas, il ne paraît avoir été sérieusement remis en cause ni par des théories concurrentes, ni par des événements qui manifesteraient une résistance invincible à s'y intégrer.

Les travaux de Bendix et Lipset sur la mobilité sociale ont largement contribué à ramener à de justes proportions la croyance à la supériorité des États-Unis

1. Georges GURVITCH : *Études sur les classes sociales*, Gonthier, coll. « Médiations », 1966.

en matière de mobilité sociale[1]. Mais la théorie de Sombart ne requiert pas que la mobilité *soit* en réalité plus forte. Il suffit, pour qu'elle puisse s'appliquer, que les individus concluent — même si cette conclusion est une croyance mal fondée — de la faible visibilité des barrières symboliques entre classes à la facilité de les franchir.

Naturellement, une croyance contredite par les faits a tendance à s'éroder. Lorsqu'il devint impossible pour les Noirs de croire à l'efficacité de la stratégie individuelle d'ascension, que cette impossibilité fut démontrée par la statistique et avalisée par une partie non négligeable de l'élite intellectuelle et politique, on vit se développer avec succès — en conformité plutôt qu'en contradiction avec la théorie de Sombart — la stratégie collective du *Pouvoir noir*. De même, lorsque les statistiques en matière d'éducation, la sociologie et l'économie de l'éducation mirent en lumière la corrélation entre niveau scolaire et origines sociales, lorsque l'existence de cet effet de « discrimination » fut à peu près unanimement acceptée, il en résulta un attrait inédit des « doctrines socialistes » auprès des intellectuels et notamment des enseignants et étudiants[2].

D'un point de vue épistémologique, la théorie de Sombart nous fournit une illustration simple et parlante de la spécificité de l'analyse sociologique appliquée à un phénomène singulier (la faible audience des doctrines socialistes aux États-Unis pendant une longue période).

---

1. Seymour LIPSET et Reinhard BENDIX : *Social mobility in industrial societies*, Berkeley, University of California Press, 1959.

2. Selon l'expression de THIBAUDET dans la *République des professeurs*, l'école fut longtemps considérée comme formant à la fois des « héritiers » et des « boursiers ». Comme le suggère le titre du livre de Pierre BOURDIEU et Jean-Claude PASSERON : *Les héritiers*, Paris, Éd. de Minuit, 1964, la stratégie individuelle d'ascension par l'école tend désormais à être considérée comme une illusion.

On remarque qu'on y trouve appliqués les trois postulats du chapitre précédent. Le phénomène à expliquer est déduit de la structure du système d'interaction décrit par le modèle. Les atomes logiques de l'analyse sont constitués par des individus actifs cherchant à atteindre certains objectifs dans le contexte du système d'interaction auquel ils appartiennent. La rationalité des agents sociaux est de type *complexe* : ainsi, leur estimation de la valeur des stratégies alternatives dépend partiellement de *croyances* plus ou moins solidement fondées.

Plus précisément, la théorie de Sombart est un véritable modèle. Sa structure se compose en premier lieu d'un certain nombre de propositions énonçant des relations ente variables : plus la visibilité des barrières sociales est faible, plus la croyance en la possibilité de les franchir est, toutes choses égales d'ailleurs, susceptible d'être observée ; plus le coût d'une stratégie est bas, plus elle a de chances d'être adoptée, etc. D'autre part, la théorie comporte des assertions factuelles : la visibilité des barrières sociales est plus grande en Europe qu'aux États-Unis. L'ensemble des assertions factuelles et des relations générales constituant le modèle permet alors de rendre compte du phénomène à expliquer.

En d'autres termes, le *phénomène singulier* qui fait l'objet de l'analyse est expliqué par une structure *générale* (le modèle) et par un ensemble d'assertions factuelles précisant la *valeur des variables* dans les contextes comparés, en l'occurrence États-Unis d'un côté, les sociétés européennes de l'autre. C'est, à notre sens, le recours à cette structure générale qui donne à l'analyse de Sombart sa spécificité *sociologique*.

On peut d'ailleurs vérifier indirectement le caractère général du modèle de Sombart par le fait qu'il a été récemment redécouvert dans un autre langage et sur un autre terrain par un autre auteur : Hirschman, dans son livre sur la *Réaction au déclin des firmes, des entreprises et de l'État*[1]. Le thème principal du livre est qu'un individu non satisfait du sort qui lui est fait par un groupe social, un « pseudo-groupe » (classe sociale par exemple), ou une institution a le choix entre deux stratégies, la *défection* (*exit*) et la *protestation* (*voice*). Mais les deux stratégies entraînent des coûts et avantages variables selon les caractéristiques du groupe ou de l'institution, l'histoire des relations de l'individu avec le groupe ou l'institution et d'autres variables. Ainsi, un individu en désaccord avec la politique du parti dont il est membre peut choisir soit d'en sortir, soit d'obtenir un infléchissement de cette politique. Son choix dépendra de la valeur relative de chacune des deux stratégies, laquelle dépend à son tour de la structure du système politique. Ainsi, la sortie ou défection tend, toutes choses égales d'ailleurs, à être en moyenne plus coûteuse dans une structure à deux partis que dans une structure à partis multiples. La valeur relative des deux stratégies est également affectée par d'autres variables telles que l'ancienneté des liens avec le parti ou les coûts d'entrée dans un éventuel parti d'accueil.

On déduit de ce schéma théorique général des conséquences intéressantes : par exemple que les systèmes politiques à deux partis ou deux coalitions de partis, en imposant des coûts de sortie plus importants, favorisent l'apparition de la stratégie alternative de *protestation* et limitent le caractère oligarchique de la direction des partis.

Sur le fond, ces exemples de sociologie politique n'ont bien entendu que peu de rapport avec l'objet de l'analyse

---

1. Albert HIRSCHMAN : *La Réaction au déclin des firmes, des entreprises et de l'État*, Paris, Éditions Ouvrières, 1972.

de Sombart. Aussi est-il d'autant plus remarquable que l'analyse de Hirschman mette en évidence des structures analogues à celles de la théorie de Sombart. En effet, la stratégie de défection de Hirschman n'est autre que la stratégie individuelle de l'ascension. Plus précisément, la stratégie d'ascension individuelle est une concrétisation particulière de la stratégie générale de la défection. La stratégie générale de *protestation* se matérialise de son côté dans la théorie de Sombart sous la forme de la stratégie collective consistant pour l'individu à rechercher l'amélioration de sa position par le détour de l'amélioration de la position de son groupe. Comme chez Hirschman, les coûts et avantages comparés des deux types de stratégies sont implicitement posés dans la théorie de Sombart comme affectés par les particularités du contexte ainsi que par l'histoire des relations de l'individu avec son groupe d'origine[1].

On n'aurait aucune peine à raccorder les schémas de Sombart et de Hirschman avec bien d'autres analyses proposées par la tradition sociologique. Contentons-nous sur ce point de mentionner encore l'exemple de la théorie des formes élémentaires du comportement de Homans. Cet auteur y développe une intéressante analyse du *conformisme* : lorsqu'un groupe a la faculté d'infliger à un individu des coûts de sortie importants, ses membres ont tendance à utiliser la stratégie du conformisme (surtout lorsque les coûts de la protestation son élevés). Et l'adoption généralisée de la stratégie du conformisme a l'effet de renforcer encore les coûts de la protestation[2].

La distinction entre histoire et sociologie telle que je la conçois ici ne saurait être interprétée en termes

1. L'exemple de la mobilité sociale comme exemple de stratégie de défection est mentionné en passant par Hirschman lui-même.

2. George HOMANS : *Social behavior : its elementary forms*, Londres, Routledge and Kegan Paul, 1966.

absolus. En réalité, la distinction décrit plutôt les deux pôles idéaux d'un *continuum*. L'existence de ce continuum résulte simplement de ce qu'en présence de tout phénomène, le chercheur dispose toujours d'une marge de liberté quant au degré de généralité ou de singularité auquel il souhaite se placer. Les historiens et les sociologues forment sur ce continuum deux distributions distinctes mais se recoupant.

La guerre de 14, le dilemme du prisonnier et le poulet

Mon deuxième exemple a pour objet d'illustrer à nouveau la spécificité de l'analyse sociologique appliquée à un objet qui relève aussi, à l'évidence, de la compétence nouveau la spécificité de l'analyse sociologique appliquée événement au sens le plus banal du terme. Cet exemple a ainsi l'intérêt d'aborder le difficile problème de la relation entre sociologie et histoire sur le terrain même.

L'analyse porte sur le système d'interaction composé par le Cabinet anglais et le gouvernement impérial allemand, à la veille de la Première Guerre mondiale, avant les premières décisions de mobilisation[1]. Plus précisément, il s'agit de rendre compte des délibérations et décisions du groupe gouvernemental ayant la responsabilité de déterminer les mouvements de la diplomatie britannique. Les faits principaux sont les suivants. Deux tendances s'opposaient dans le groupe de décision. La première, représentée principalement par Sir Eyre Growe et Sir Harold Nicholson souhaitait que la Grande-Bretagne s'engageât dans un mouvement diplomatique destiné à convaincre l'Allemagne que le gouvernement britannique était déterminé à soutenir militairement son allié français en cas d'agression allemande. L'autre

1. L'exemple est emprunté à G. SNYDER : *Art. cit.*

tendance, principalement représentée par Sir Edward Grey pensait au contraire qu'un mouvement de ce type non seulement ne réduisait pas les chances de guerre, mais fermait les portes de la négociation. Finalement, Grey choisit la voie de la négociation.

Tel est, très schématisé, le récit de l'épisode. Naturellement on imagine assez facilement comment ce récit peut être nourri de manière à satisfaire l'historien. Il faudrait pour cela décrire les intérêts en jeu, analyser la perception que les acteurs avaient des enjeux, brosser le portrait des principaux acteurs, éventuellement essayer, en fouillant dans leur biographie, de suggérer une explication ou au moins un éventail d'hypothèses sur les raisons de leurs divergences de vue.

Mais on peut aussi, et c'est la tâche à laquelle s'attéleront plutôt le sociologue ou le politologue[1], analyser la structure du système d'interaction dans lequel se trouvent engagés les acteurs en présence.

Avant de présenter cette analyse, un préliminaire conceptuel est indispensable. On verra en effet que la structure du système est une combinaison complexe de structures d'interactions simples. Ces structures ont été repérées dès les débuts de la sociologie politique. Par la suite, elles ont été baptisées par les théoriciens des jeux sous les noms de structure du *dilemme du prisonnier* et de structure du *poulet*. Un mot d'explication à cet égard. Plaçons-nous dans la situation où deux joueurs, que nous appellerons le joueur I et le joueur II, ont le choix entre deux stratégies A et B (A voulant par exemple dire « être agressif » et B « être bienveillant », ou, plus exactement, « coopératif »). En outre, les joueurs sont considérés comme jouant simultanément.

---

1. Sociologie et politologie ne se distinguent que de façon très floue et incertaine par leur domaine. Elles ne se distinguent pas du tout par leur langage et leurs méthodes.

Le fait que chaque acteur ait deux stratégies à sa disposition détermine quatre situations possibles qu'on peut désigner par AA (le premier joueur joue A, le second A), AB (le premier joueur joue A, le second B), BA (le premier joueur joue B, le second A) et BB (les deux jouent B). Une structure est dite de dilemme du prisonnier lorsque les joueurs ont le système de préférence suivant[1] :

Le premier joueur préfère AB à BB, BB à AA, AA à BA.

Le deuxième joueur préfère BA à BB, BB à AA, AA à AB.

Ainsi chacun des deux acteurs a une préférence pour la situation où lui-même serait agressif, l'autre étant bienveillant. Dans l'ordre des préférences vient ensuite la situation de coopération où les deux seraient bienveillants, puis la situation où les deux seraient agressifs. Enfin, la situation la plus redoutée par chacun des deux acteurs est celle où lui-même serait bienveillant tandis que l'autre serait agressif.

Une manière commode de représenter cette structure de préférence est la suivante : *(voir p. 67)*

Les chiffres indiquent les rangs de préférence. Les chiffres avant la virgule concernent le premier joueur, les chiffres après la virgule le second. On retrouve les données précédentes : le premier joueur donne respectivement les rangs 1, 2, 3 et 4 aux combinaisons BA, BB, AA, et AB.

La perversité de cette structure provient de ce que BB (la situation où les deux acteurs choisiraient la stratégie de bienveillance) n'a le premier rang pour aucun des deux acteurs. De sorte que chacun peut être

1. Cette appellation provient d'une fable maladroite souvent utilisée à titre didactique pour illustrer les structures en question. L'expression de structure du poulet est une traduction littérale de l'américain (*chicken* = poltron).

		Stratégies du joueur II	
		A	B
Stratégies du joueur I	A	3,3	1,4
	B	4,1	2,2

tenté de choisir A (agressivité). Mais s'ils le font tous deux ils obtiennent l'un et l'autre un résultat peu satisfaisant, puisque ce résultat (AA) ne vient qu'au troisième rang dans leur système de préférence. Remarquons en outre que la pire des situations est pour chacun des deux acteurs celle où lui-même serait bienveillant tandis que l'autre serait agressif. Il en résulte que chacun a avantage à choisir la stratégie d'agressivité dans le cas où il a des raisons de craindre que l'autre soit lui-même agressif. L'agressivité a ainsi pour chacun non seulement une valeur *offensive* (il est avantageux pour chacun d'être agressif si l'autre est bienveillant) mais aussi une valeur *défensive* (il est avantageux pour chacun d'être agressif si l'autre est agressif).

Considérons à nouveau le tableau précédent et prenons le point de vue du premier joueur. Il constate que, quel que soit le choix de l'autre, il se retrouve en meilleure situation en jouant A. Si l'autre joue A, notre premier acteur a intérêt à être agressif (à jouer A) (valeur défensive de A). Si l'autre joue B, il a également intérêt à jouer A (valeur offensive A). A est donc, comme on a l'habitude de dire, une stratégie *dominante* pour le premier joueur. Il est facile de voir qu'elle l'est aussi pour le second.

Revenons maintenant à notre épisode historique. L'interprétation du comportement de Sir Edward Grey réside, selon Snyder, dans le fait qu'il était *convaincu* que l'Allemagne se *percevait* par rapport à l'Angleterre dans une situation de dilemme du prisonnier (DP). Grey aurait donc eu une représentation de la structure des préférences allemandes qu'on peut résumer par le tableau ci-dessous :

		Angleterre	
		A	B
Allemagne	A	3	1
	B	4	2

Ce tableau indique que, selon la *perception* de Grey, l'ordre des préférences allemandes était AB, BB, AA, et BA (ordre de préférence caractéristique de la structure de dilemme du prisonnier). À partir du moment où il se représentait les préférences allemandes de cette manière, Grey ne pouvait préconiser une attitude ferme de la part de l'Angleterre. Un mouvement de la diplomatie britannique visant à donner à l'Allemagne l'impression que l'Angleterre se préparait à jouer A ne pouvait que renforcer le choix de A par l'Allemagne. En effet, une indication de ce type (nous nous plaçons toujours dans la logique de l'interprétation que Grey avait des préférences allemandes) aurait fourni à l'Allemagne un bénéfice subsidiaire aux frais de l'Angleterre : un mouvement agressif de la part de la diplomatie britannique aurait permis à l'Allemagne de rendre crédible une interprétation défensive de son choix de A. Il était donc, dans l'esprit de Grey, peu habile pour l'Angleterre de jouer une politique de fermeté. Au contraire, il fallait plutôt essayer de faire comprendre à l'Allemagne que l'Angleterre était prête à se déplacer vers la case BB. En d'autres termes, il s'agissait de convaincre l'Allemagne qu'elle avait la responsabilité d'un choix limité à BB et AA, la Grande-Bretagne étant prête à faciliter la solution BB au cas où l'Allemagne le souhaiterait. Le message ne pouvait qu'intéresser l'Allemagne (qui, selon Grey, préférait BB à AA). Pour le faire passer, il fallait indiquer que l'Angleterre était prête à jouer B (au cas naturellement où l'Allemagne jouerait B). D'où le mouvement diplomatique de Grey et ses efforts pour convaincre l'Allemagne de l'« esprit de conciliation » du gouvernement britannique.

En réalité, l'Allemagne interpréta le mouvement britannique non comme la manifestation d'un esprit de conciliation mais comme une preuve de faiblesse. Pourquoi ce décalage entre les intentions anglaises et leur *perception* par les Allemands ? Le *contresens* provenait, non pas d'on ne sait quelle *morgue* des Allemands, mais de ce que l'Allemagne n'avait pas la structure de préférences que Grey lui supposait. Le gouvernement allemand percevait ses relations avec l'Angleterre comme ayant une structure non de *dilemme du prisonnier* mais de *poulet*. Or la notion de *conciliaton*, qui a un sens dans le cas de la structure du dilemme du prisonnier, n'en a aucun, comme on le verra dans un instant, dans le cas d'une structure du poulet. D'où le « contresens » de l'Allemagne à l'égard du mouvement diplomatique britannique.

Utilisons, pour présenter la structure du jeu du poulet un tableau analogue à celui qui a été utilisé dans le cas de la structure de dilemme du prisonnier *(cf. p. 70)*.

On constate que, par différence avec la structure de dilemme du prisonnier, la case AA est considérée par

		Stratégies du joueur II	
		A	B
Stratégies du joueur I	A	4,4	1,3
	B	3,1	2,2

chacun des joueurs comme la pire des situations. Dans une structure de dilemme du prisonnier, chaque joueur préfère la situation de l'agression réciproque à la situation où lui-même étant bienveillant, il est agressé par l'autre. Dans la structure du poulet, chaque joueur préfère être agressé plutôt que de subir les effets de la catastrophe qui résulterait de l'agression réciproque. Ainsi dans le jeu du poulet (P) le premier joueur préfère BA à AA et le second AB à AA. Ces préférences sont inversées par rapport au jeu du DP.

Cette inversion des préférences, bien que partielle, modifie la structure d'interaction *dans son ensemble*. La structure de DP fournit à chacun de bonnes raisons défensives et offensives de choisir la stratégie agressive. Dans le cas de la structure du poulet, l'agressivité n'est attrayante pour chacun que tant qu'il a des raisons de croire que l'autre ne choisira pas l'agressivité. L'agressivité n'est plus une stratégie dominante. Elle n'est préférable à la bienveillance qui si l'autre est bienveillant.

A Sir Edward Grey s'opposaient ceux qui, tels Sir Eyre Growe et Sir Harold Nicholson, jugeaient que le gouvernement allemand interprétait ses relations avec l'Angleterre comme dotées d'une structure de jeu du poulet. En résumé, pour Growe et Nicholson, le système de préférence allemand correspondait au tableau ci-dessous.

		Angleterre	
		A	B
Allemagne	A	4	1
	B	3	2

Traduite en un autre langage, la divergence entre Grey d'une part, Growe et Nicholson d'autre part était la suivante : le premier jugeait que l'Allemagne préférait la guerre à la soumission ; les seconds pensaient qu'elle estimait la soumission moins coûteuse que la guerre. La divergence renvoie en dernière analyse, on le voit, à l'appréciation que les Britanniques pouvaient se faire des anticipations allemandes relatives au coût d'un affrontement éventuel.

Admettons que Growe et Nicholson aient eu raison. Dans ce cas, la bonne stratégie consistait pour le gouvernement britannique à tenter de convaincre l'Allemagne qu'il était indéfectiblement attaché à la stratégie agressive. Bref, il fallait engager une diplomatie de fermeté. A supposer que celle-ci ait obtenu le résultat escompté, l'Allemagne aurait été effectivement convaincue que, l'Angleterre étant attachée à sa stratégie A, elle-même se trouvait réduite à choisir entre la case catastrophique AA et le moindre mal AB. Elle aurait alors choisi la stratégie B.

Mais Grey jugeait que l'Allemagne redoutait les coûts de la soumission plus que la guerre. Cette fausse perception l'incita à manifester ce qu'il pensait devoir être interprété par l'Allemagne comme une « volonté de conciliation » de sa part. Se jugeant prise avec l'Angleterre non dans un dilemme du prisonnier mais dans un jeu du poulet, l'Allemagne donna au choix de la stratégie B par l'adversaire la signification qu'un tel choix ne peut manquer d'avoir dans une structure de ce genre : elle y vit une preuve de faiblesse de la Grande-Bretagne. De sorte que l'erreur de perception de Grey eut l'effet d'inciter l'Allemagne à choisir la stratégie A alors qu'il souhaitait l'amener à B.

Cet exemple est instructif à plusieurs titres. Il illustre la définition que j'ai proposée plus haut de l'activité du sociologue (ou du socio-politologue). La matière de l'analyse est bien constituée par un système d'interaction *singulier*, daté et situé. Mais le paradigme de l'analyse n'est pas celui de l'induction du singulier au singulier. Et si l'analyse aboutit à proposer une explication des événements singuliers qui composent l'épisode, elle est également inspirée par une autre finalité et comporte d'autres enseignements. L'épisode est en effet interprété comme la matérialisation de ce qu'on peut appeler une structure complexe ou une « structure de structures » : le premier des acteurs (l'Allemagne) se jugeant par rapport à l'autre (l'Angleterre) dans une structure d'interaction de type « poulet », le second croit que le premier s'estime par rapport à lui, le second, dans une structure d'interaction de type « dilemme du prisonnier ». La structure mise en évidence est ainsi composée d'éléments qui sont eux-mêmes des structures classiques. La composition de ces éléments est obtenue en introduisant le facteur clé de la perception par les acteurs des préférences de l'adversaire. L'analyse a bien l'effet, en d'autre termes, de mettre en évidence les structures générales sous-jacentes au système d'interaction *singulier* qu'elle s'est donné pour objet. L'épisode est *daté* et *situé*. Mais les structures complexes qu'on peut y déceler sont *générales*.

L'analyse « historique » et l'analyse « sociologique » sont complémentaires. Mais l'exemple montre également qu'elles sont distinctes par leurs objectifs. Au risque de sacrifier la nuance à la clarté, on peut exprimer cette différence en disant que les objectifs de la sociologie et de l'histoire sont respectivement orientés vers les pôles idéaux du *général* et du *singulier*. A travers le singulier, la sociologie vise (si l'interpétation que je propose ici des intentions implicites des sociologues est exacte) le *général*.

Quant à la complémentarité entre sociologie et histoire, elle est à mettre en rapport avec la multiplicité des significations qu'on peut associer aux notions essentielles et vagues de *compréhension* et d'*explication*. Qu'a-t-on au juste dans l'esprit lorsqu'on parle de *comprendre* (ou d'*expliquer* à autrui) la décision du gouvernement britannique dans l'épisode étudié. L'explication du sociologue réside dans la mise en évidence de deux points fondamentaux : l'incertitude des Anglais sur les préférences des Allemands, d'une part, la distribution inégale du pouvoir de décision au sein du gouvernement britannique entre les deux tendances représentant les deux interprétations possibles des préférences allemandes d'autre part. Il s'agit d'une explication en un sens particulier. Les deux points mentionnés composent un système de propositions d'où il est possible de *déduire* le mouvement diplomatique anglais. Mais il est évident que des éclairages autres et complémentaires peuvent être donnés du même phénomène. L'accent mis par le sociologue sur la *structure du système d'interaction* et son indifférence à d'autres aspects (personnalité des acteurs, influences exercées par leur entourage, etc.) n'implique bien entendu pas que ces aspects soient secondaires pour la compréhension du processus.

Remarquons d'autre part que l'analyse offre un cas intéressant d'action qu'on peut appeler « non logique » ou « irrationnelle ». Grey obtint le contraire du résultat escompté. L'irrationalité de l'action provient dans ce cas de l'incertitude où se trouvaient les Anglais des préférences allemandes. Quant à cette incertitude elle est elle-même au moins en partie le résultat de la structure du système d'interaction. En effet, le gouvernement allemand avait intérêt à faire croire au Cabinet anglais qu'il préférait supporter les coûts de la guerre plutôt que ceux de la soumission (préférence de type DP). De même, la rhétorique apparemment absurde du *Lebensraum* développée entre les deux guerres par Hitler peut être analysée comme une habile invention destinée à convaincre les démocraties que le Reich avait des raisons « objectives » d'avoir un ordre de préférence de type DP. La rhétorique de Hitler n'était absurde qu'en apparence. Elle contribua efficacement à prendre les démocraties dans un piège de structure analogue à celui dans lequel Grey était tombé. Cet exemple confirme l'obligation où se trouve le sociologue de dépasser et d'approfondir le schéma des « actions logiques », s'il souhaite obtenir une analyse satisfaisante des systèmes d'interaction concrets.

Je note enfin pour éviter tout malentendu que si, dans le cas présent, la *structure* du processus étudié s'exprime dans le langage de la théorie des jeux, il n'en va évidemment pas nécessairement ainsi, comme le montrent les exemples précédents et suivants de ce chapitre[1].

1. Certains sociologues reprochent à la théorie des jeux son individualisme. Mais c'est confondre individualisme et atomisme. Remarquons aussi que l'axiomatique égoïste généralement utilisée dans la théorie des jeux peut être remplacée par d'autres axiomatiques.

Le sous-développement de l'agriculture française au XVIIIe siècle ; le racisme des ouvriers américains après la Première Guerre mondiale

Considérons plus rapidement deux autres des exemples évoqués au début de ce chapitre. Derechef, ces deux cas illustrent les caractères fondamentaux de l'analyse sociologique. L'état de choses singulier sur lequel porte l'analyse est conçu comme résultant des propriétés du système d'interaction auquel appartiennent les acteurs.

Dans L'*Ancien Régime et la Révolution*, Tocqueville cherche à expliquer pourquoi, à la fin du XVIIIe siècle, l'agriculture capitaliste et le commerce ne se sont pas développés en France à la même allure qu'en Angleterre. La raison principale en est, argumente-t-il, que dans la France d'Ancien Régime, le haut degré de centralisation administrative faisait que l'État y avait plus de prestige qu'en Angleterre et que les charges de l'État, les « places » y étaient plus nombreuses et plus recherchées. En conséquence, lorsqu'un propriétaire terrien était confronté au choix entre rester sur ses terres et chercher à en accroître le produit d'un côté, acquérir une charge royale en ville de l'autre, il préférait en général la seconde éventualité.

« Les places sous l'Ancien Régime ne ressemblaient pas toujours aux nôtres, mais il y en avait encore plus, je pense ; le nombre des petites n'avait presque pas de fin. De 1693 à 1709 seulement, on calcule qu'il en fut créé quarante mille, presque toutes à la portée des moindres bourgeois. (...) L'ardeur des bourgeois à remplir ces places était réellement sans égale. Dès que l'un deux se sentait possesseur d'un petit

---

Ainsi, il est facile de construire une structure de DP entre deux acteurs *altruistes*. Enfin, il faut voir que la théorie des jeux formalise des structures repérées par les historiens et sociologues depuis fort longtemps (Thucydide, Rousseau, Marx par exemple).

capital, au lieu de l'employer dans le négoce, il s'en servait aussitôt pour acheter une place. Cette misérable ambition a plus nui aux progrès de l'agriculture et du commerce en France que les maîtrises et la taille même [1]. »

Comme le rappelle cette dernière phrase, il ne faut pas en effet négliger l'attrait des exonérations fiscales qu'entraînait l'installation en ville :

« (...) Les bourgeois réunis dans les villes avaient mille moyens d'atténuer le poids de la taille et souvent de s'y soustraire entièrement, qu'aucun d'eux n'eut eus isolément, s'il était resté sur son domaine. (...) Ceci est, pour le dire en passant, l'une des raisons qui firent que la France était plus remplie de villes, et surtout de petites villes, que la plupart des autres pays d'Europe [2]. »

Cette analyse est un bon exemple de la manière dont Tocqueville raisonne en général. Dans ses analyses, le comportement des individus est toujours conçu comme intentionnel. Les agents sociaux sont en d'autres termes décrits comme cherchant à servir au mieux leur intérêt, en tenant compte des contraintes résultant du contexte ou système d'interaction auquel ils appartiennent. La multiplicité des « places » offertes, les avantages fiscaux et l'anoblissement éventuel qui leur sont attachés ont l'effet d'assurer à la stratégie de mobilité une *visibilité*, une *accessibilité* et un *attrait* plus grands dans le cas français que dans le cas anglais. En moyenne, le propriétaire foncier choisira donc plus souvent de quitter sa terre en France qu'en Angleterre. La combinaison de ces choix individuels produit ainsi un effet *macrosociologique* émergent, à savoir le sous-développement du commerce et de l'agriculture.

---

1. Alexis de TOCQUEVILLE : *L'Ancien Régime et la Révolution*, p. 171.
2. *Ibid.*

Il serait aisé, répétons-le, de montrer que les analyses de Tocqueville ont toujours une structure analogue. Je veux dire que les phénomènes singuliers dont Tocqueville cherche à rendre compte sont toujours expliqués, exactement comme dans le cas des exemples précédents, à l'aide d'un modèle décrivant le plus souvent de manière quasi formalisée le système d'interaction dans lequel le phénomène étudié apparaît. Dans tous les cas, on relève la présence implicite du postulat de l'individualisme méthodologique. L'analyste suppose que les acteurs cherchent à *optimiser* leurs décisions eu égard aux *contraintes* définies par le système. Pour vérifier ce point, le lecteur peut se référer à d'autres analyses célèbres de Tocqueville. Cette analyse de *L'Ancien Régime* par exemple où il tente d'expliquer pourquoi, à la fin du XVIIIe siècle, la noblesse française soulève dans le public un sentiment d'animosité beaucoup plus fort que la noblesse anglaise[1]. Ou encore les analyses de la *Démocratie en Amérique* où Tocqueville explique que les « légistes » ont tendance à être révolutionnaires ou conformistes selon qu'ils sont écartés ou non du pouvoir. Ou les analyses où il cherche à rendre compte du développement de l'individualisme dans les sociétés modernes[2].

La même structure de l'explication est présente dans la réponse donnée par Merton à la question posée au début de ce chapitre : pourquoi les ouvriers américains firent-ils preuve de racisme anti-noir dans les années qui suivirent la Première Guerre mondiale. Écoutons la réponse de Merton :

« Parce qu'ils ne comprennent pas le fonctionnement de la prophétie créatrice, de nombreux Américains de bonne volonté

---

1. Alexis de TOCQUEVILLE : *De la démocratie en Amérique*, Paris, Gallimard, (édition abrégée), pp. 164-168.
2. *Ibid.*, pp. 162 sq., 342 sq.

sont amenés (souvent à contrecœur) à perpétuer les préjugés ethniques et raciaux. Ils considèrent les croyances, non comme des préjugés ou des préventions, mais comme les fruits certains de leur propre expérience. "Les faits eux-mêmes" leur interdisent toute autre conclusion.

« Ainsi, notre honnête citoyen blanc soutient vigoureusement la politique qui exclut les Noirs des syndicats. Apparemment, ses vues sont basées non sur une prévention, mais sur les faits "durs et froids". Et les faits semblent suffisamment clairs. Les Noirs "arrivés récemment d'un Sud non encore industrialisé, ignorent la discipline traditionnelle des syndicats, aussi bien que l'usage des conventions collectives". Le Noir est un briseur de grève. Le Noir "avec son niveau de vie inférieur", accepte sans discussions de très bas salaires. En un mot, le Noir est un "traître à la classe ouvrière" et l'on doit donc l'exclure des syndicats. Voilà comment notre syndicaliste tolérant mais entêté voit les faits, et ce, parce qu'il ne comprend pas que la prédiction créatrice est l'un des processus de base de la société.

« Notre syndicaliste ne se rend évidemment pas compte que lui et les siens ont créé les "faits" qu'il observe. Car définissant la situation (les Noirs en opposition irréductible au principe du syndicalisme) et excluant les Noirs des syndicats, il provoque une série de conséquences rendant difficile, sinon impossible, à nombre de Noirs de n'être pas des "jaunes". Sans travail après la Première Guerre mondiale et rejetés des syndicats, des milliers de Noirs n'ont pu résister aux patrons, qui, gênés par la grève, insistaient pour leur ouvrir la porte de ce monde du travail dont ils étaient exclus. (...) Les faits ont montré que les Noirs étaient des briseurs de grève parce qu'ils étaient exclus des syndicats (et de toute une série de travaux), et non le contraire : en effet ils n'ont jamais joué le rôle de "jaunes" dans les industries qui, ces derniers temps, les ont admis dans leurs syndicats[1]. »

La structure du système d'interaction est donc la suivante : les « Blancs » constatent que les Noirs sont

1. Robert MERTON : *Op. cit.*, pp. 144-145.

des briseurs de grève et ont tendance en toute bonne foi à les exclure des syndicats. Cela résulte des conditions économiques créées par la Première Guerre mondiale. Les Noirs en provenance du Sud ont de la peine à trouver un emploi. Ils constituent donc une armée de réserve pour les employeurs qui sont souvent heureux de pouvoir faire appel à des briseurs de grève. D'autre part, les syndicats, en excluant les Noirs, réduisent la probabilité pour ces derniers de trouver des emplois autres que ceux que « créent » les grévistes. Ainsi les *contraintes* auxquelles les expose le système d'interaction conduisent beaucoup de Noirs à se comporter en briseurs de grève et à renforcer les Blancs dans leur opinion que les Noirs *sont* de mauvais syndicalistes. A la suite du *New Deal*, des modifications institutionnelles auront pour effet de provoquer un changement brutal dans la structure du système d'interaction. Les employeurs n'ayant plus la latitude de remplacer les grévistes à leur guise, les Noirs se trouvent désormais en position de démontrer qu'ils n'ont pas une propension plus marquée que les ouvriers blancs à se comporter en briseurs de grève.

Le racisme des ouvriers blancs est analysé par Merton comme résultant d'une structure que les cybernéticiens connaissent bien : les systèmes avec amplificateur de déviation[1]. Il existe des exemples naturels simples de ce type de système : une roche comporte sur sa face supérieure une fissure verticale ; l'eau de pluie s'y dépose et, en gelant, élargit la fissure. De la même manière, les préjugés de certains Blancs conduisent les

1. Magorah MARUYAMA : « The second cybernetics : deviation-amplifying causal processes », *American Scientist*, 51,1963, pp. 164-179. Traduit in P. BIRNBAUM et F. CHAZEL (dir.) : *Théorie sociologique*, Paris, Presses Universitaires de France, 1975, pp. 386-397. Voir le commentaire de Paul LAZARSFELD : *Qu'est-ce que la sociologie*, Paris, Gallimard, 1971.

Noirs à prendre des décisions qui viennent alimenter les préjugés des Blancs et leur donner un « fondement » réel.

L'analyse sociologique du singulier

Les exemples précédents permettent de dégager un certain nombre de points importants.

Tout d'abord, ils confirment que le sociologue se place souvent par les questions qu'il se pose dans une relation à la fois de concurrence et de complémentarité par rapport à l'historien. En effet, ces questions peuvent viser et visent fréquemment des états de choses *singuliers* ou même (comme le montre le cas de l'analyse de Snyder) des événements au sens le plus littéral du terme.

Mais la spécificité de l'analyse sociologique réside dans le fait qu'elle tente d'expliquer ces états de choses singuliers non à partir du paradigme de l'induction du singulier au singulier, mais à partir d'un modèle ou d'un quasi-modèle représentant la structure du système d'interaction au sein duquel se développe l'état de choses à expliquer. On peut parler de *modèle* dans le cas où, comme celui de l'analyse de Snyder, la formalisation est explicite ; de *quasi-modèle* dans les autres cas.

C'est pourquoi le sociologue est souvent conduit à découvrir ou à retrouver des structures générales sous-jacentes aux phénomènes singuliers qu'il étudie. Le racisme anti-noir des ouvriers américains dans les années qui suivent la Première Guerre mondiale est le résultat d'un type de système repéré dans l'ordre de la nature et dont on peut citer de nombreuses matérialisations dans l'ordre social, à savoir les systèmes avec amplification des déviations. L'épisode historique étudié par Snyder met en jeu deux structures bien connues des théoriciens des jeux et dont les matérialisations dans la vie sociale sont innombrables. La structure du *dilemme du prisonnier* explique par exemple les queues à la porte des boulangeries ou des cinémas, la course aux armements et la dévaluation des diplômes. Elle se matérialise dans la célèbre loi (vraie ou fausse, peu importe) énoncée par Marx de la baisse tendancielle du taux de profit[1]. Elle est le fondement logique du *Contrat social* de Rousseau[2]. Nous aurons d'ailleurs l'occasion dans des exemples ultérieurs de repérer d'autres matérialisations de cette structure[3]. La structure du *poulet* caractérise de nombreuses situations de duel. Jean Baechler a pour sa part montré que des structures complexes (composées d'éléments structurels de type DP ou P) pouvaient être décelées derrière de nombreux cas de suicides ou de tentatives de suicide[4]. Derrière les délibérations du Cabinet britannique, Snyder découvre une structure complexe composée par la représentation que chacun des deux acteurs a, d'une part de la situation dans laquelle il s'estime être par rapport à l'autre, d'autre part de la situation dans laquelle il estime que l'autre se perçoit. De même, l'analyse de Sombart fait apparaître une structure de choix entre deux stratégies, défection et protestation, dont les travaux de Hirschman devaient montrer qu'il s'agit d'une structure d'application très générale.

Ces quelques exemples illustrent enfin un point d'importance crucial sur lequel j'aurai l'occasion de revenir

---

1. Voir chapitre IV. En investissant, le capitaliste réduit la base sur laquelle le profit est constitué (le rapport capital variable (travail)/capital physique diminue). Ainsi, il agit contre les intérêts *du capitalisme*, résultat qu'il ne désire pas.

2. L'état de nature engendre des effets de type DP. Pour les éviter, les contractants de Rousseau acceptent de troquer leur liberté *naturelle* contre la liberté civile.

3. Voir chapitres IV et VI.

4. Jean BAECHLER : *Les suicides, op. cit.*

de manière plus systématique. Dans tous les cas, l'analyse obéit au principe qu'on qualifie quelquefois de l'*individualisme méthodologique*. Ce principe signifie (au sens large où je le prends ici) que le sociologue doit se faire une règle de méthode de considérer les *individus* ou acteurs individuels inclus dans un système d'interaction comme les atomes logiques de son analyse. Pour exprimer le même principe de manière négative, le sociologue ne peut se satisfaire d'une théorie qui considérerait des agrégats (classes, groupes, nations) comme les unités les plus élémentaires auxquelles il soit nécessaire de descendre. Plus précisément, l'assimilation d'un groupe à un individu n'est légitime que dans le cas où un groupe est organisé et explicitement muni d'institutions lui permettant d'émettre des décisions collectives. L'individualisme méthodologique admet fort bien qu'on puisse énoncer une proposition telle que « l'Allemagne préfère les coûts de la guerre à ceux de la soumission », car le sujet de la proposition désigne un acteur polycéphale muni d'un mécanisme de décision collective : le gouvernement allemand. En revanche, il serait contraire au principe de l'individualisme méthodologique d'affirmer par exemple sans autre précision que « la classe ouvrière allemande était favorable à la guerre ». Plus simplement encore, ce principe implique que toute analyse comporte obligatoirement un moment où le sociologue s'interroge sur les actions (ou réactions) des individus (c'est-à-dire des personnes ou groupes dotés d'institutions de décision collective) appartenant au système d'interaction qu'il s'est donné pour objet. Considérons les exemples de Sombart, de Merton ou de Tocqueville (en laissant de côté l'exemple de Snyder non pertinent du point de vue qui nous occupe, car trivial). Dans tous les cas, on observe un effort de la part du sociologue pour analyser les réactions des acteurs individuels aux contraintes définies par le système. Il faut ajouter que ces réactions sont souvent établies par une méthode de type *introspectif*. Ainsi, Merton invite implicitement son lecteur à imaginer les réactions qu'il aurait manifestées s'il avait été placé dans la situation du chômeur noir en quête d'emploi, qui voit se fermer devant lui les portes des entreprises faute de pouvoir se faire admettre dans le syndicat qui contrôle l'embauche. De même, Tocqueville nous suggère de nous substituer au négociant à qui s'offre une charge royale. En d'autres termes, les effets de contrainte du système sont analysés à travers la psychologie, généralement reconstituée par la méthode introspective, des acteurs individuels.

Le fait que de nombreux exemples d'analyse sociologique recourent implicitement à une méthode de type introspectif pour décrire le comportement des acteurs comporte une importante conséquence. Il indique que le sociologue se donne le droit de recourir à une psychologie universaliste. L'applicabilité de la méthode introspective suppose en effet que l'observateur puisse légitimement se substituer à l'observé. Elle implique donc que la particularité de la situation et du contexte où est placé l'observé ne peuvent affecter la psychologie de ce dernier au point que son comportement devienne inintelligible à l'observateur. Si le comportement de l'observé apparaît à l'observateur comme difficilement compréhensible, ce n'est pas dû au fait que leurs « psychologies » soient différentes mais, par exemple, à ce que certains éléments du système d'interaction auquel appartient l'observé échappent à l'observateur.

Le postulat de l'*individualisme méthodologique* n'a, comme tout principe de méthode, d'autre fondement que son efficacité. Je crois qu'il ne serait pas difficile de montrer que les analyses sociologiques qui ont fait la preuve de leur aptitude à résister à l'usure du temps ont toutes, que ce soit explicitement comme dans le cas de Tocqueville, Merton ou Marx, ou implicitement comme dans celui de Durkheim, souscrit à ce principe (si du moins on accepte de lui donner la formulation large que je lui donne ici)[1].

Mentionnons pour conclure que nous retrouverons le problème de la relation entre sociologie et histoire aux chapitres V et VI qui traitent de l'analyse sociologique du changement social.

1. Au sens où je prend l'expression, elle signifie seulement que, dans l'idéal, l'explication d'un phénomène social quelconque, qu'il soit situé au niveau macroscopique ou au niveau microscopique, suppose l'analyse des comportements des acteurs individuels composant le système dont le phénomène est le siège. Le Marx du *18-Brumaire* lui-même ne me paraît pas contrevenir à ce principe dans la mesure où il analyse plus ou moins explicitement le degré de développement dę la conscience de classe manifesté par telle ou telle catégorie sociale à partir d'une analyse de la situation sociale typique des individus appartenant à cette catégorie. Voir sur ce point chapitre IV, p. 127. Après T. PARSONS : « Social classes and class conflict in the light of recent sociological theory », in *Essays in sociological theory*, New York, The Free Press, 1964 (1e édition 1949), pp. 323-335, le sociologue marxiste Joachim ISRAEL : « The principle of methodological individualism and marxian epistemology », *art. cit.*, pp. 145-150 a bien montré l'importance du principe de l'individualisme méthodologique dans l'œuvre de Marx. Voir aussi Jon ELSTER : *Logic and Society*, New York, Wiley, 1978.

III

Sociologie et systèmes fonctionnels

Un des modes d'intervention les plus fréquents de l'analyse sociologique réside donc dans l'explication d'états de choses singuliers, datés et situés.

Dans ce cas, on l'a vu, l'explication passe généralement par la construction d'un modèle ou quasi-modèle exprimant les propriétés du système d'interaction sous-jacent au phénomène à expliquer.

Bien souvent, il arrive que le sociologue se donne pour objet, non un fait, mais un système d'interaction particulier, ou un ensemble de systèmes d'interaction. Ainsi, dans *Street Corner Society*, W.F. Whyte s'est donné pour objet une bande d'adolescents[1]. Il a cherché à comprendre les raisons de l'affiliation des adolescents à la bande, les mécanismes expliquant les différences de prestige entre ses membres, la stabilité de cette « hiérarchie ». Dans *Les cols blancs*[2], C.W. Mills a étudié les employés de grandes organisations : dans ce cas, le sociologue a choisi de privilégier une catégorie particulière d'acteurs dans les systèmes d'interaction auxquels il s'intéresse. Dans *Conflits du travail et*

1. *Op. cit.*
2. C. W. MILLS : *Les cols blancs*, Paris, Maspero.

changement social[1], Adam et Reynaud étudient les systèmes d'interaction formés par les protagonistes d'un ensemble de conflits du travail. Dans *Le phénomène bureaucratique*[2], Crozier étudie le système des relations de rôles entre les acteurs et catégories d'acteurs composant les entreprises du *Monopole* et de l'*Agence Comptable*.

Cette brève énumération a l'avantage de faire apparaître que les systèmes d'interaction étudiés par les sociologues peuvent avoir des caractéristiques variables. Ainsi, les acteurs sont dans certains cas liés entre eux par des *rôles* définis (au moins partiellement) de l'extérieur et considérés par eux comme des données. Dans le *Monopole* de Crozier, le directeur, le directeur-adjoint ou l'ingénieur technique acceptent la définition plus ou moins précise que comporte leur rôle. Dans d'autres cas les rôles peuvent être définis de l'*intérieur* : aucune instruction en provenance de l'extérieur du système ne fixe les *normes* attachées au rôle de Doc dans *Street Corner Society*. La définition des rôles peut, en d'autres termes, être plus ou moins complètement *exogène* ou plus ou moins complètement *endogène* par rapport au système. Mais dans tous les cas qui viennent d'être mentionnés la notion de *rôle* est indispensable à l'analyse. On le voit immédiatement si on considère les unités de l'analyse : le directeur, le directeur-adjoint, le chef de bande. Ces mots suggèrent immédiatement que les individus qui constituent les éléments de l'analyse occupent des positions dans un système de division du travail ou, si l'on préfère cette expression, dans un système *fonctionnel*.

---

1. Gérard ADAM et Jean-Daniel REYNAUD : *Conflits du travail et changement social*, Paris, Presses Universitaires de France, 1978.

2. *Op. cit.*

Nous opposerons à la notion de système *fonctionnel*, celle de système d'interdépendance. Pour illustrer la distinction, rappelons-nous notamment l'exemple analysé au chapitre précédent, des relations entre la Grande-Bretagne et l'Allemagne à la veille de la Première Guerre mondiale. Dans ce cas les unités de l'analyse, à savoir la Grande-Bretagne et l'Allemagne, appartiennent bien à un système d'interaction. Mais il est évident qu'on n'a pas affaire dans ce cas à un système de division du travail, à l'intérieur duquel les protagonistes pourraient être considérés comme jouant un rôle. Ou bien considérons le marché des diplômes. Les individus qui recherchent un diplôme sont en situation d'interdépendance : ils se gênent les uns les autres, ils contribuent par leur demande aux fluctuations dans la valeur de ces diplômes. Mais ici encore les relations entre les individus n'ont pas la forme de relations de *rôles*. Il ne s'agit pas d'un système fonctionnel, mais d'un système d'*interdépendance*. Nous réserverons le chapitre suivant au cas des systèmes d'interdépendance.

Dans certains cas, il est difficile de déterminer sans ambiguïté si un système d'interaction doit être considéré comme un système fonctionnel ou comme un système d'interdépendance (voir par exemple le cas des relations entre « partenaires sociaux » dans le cas de conflits du travail fortement institutionnalisés). Il faut donc considérer l'opposition entre les deux catégories de système d'interaction comme *idéal-typique* au sens de Max Weber. Bien entendu, la notion de système fonctionnel n'implique en aucune façon l'absence de conflits entre les éléments du système.

Dans le cas des systèmes fonctionnels auxquels nous revenons maintenant, la notion de *rôle* revêt, on l'a compris, une importance majeure. Elle peut être définie comme caractérisant l'ensemble des normes auxquelles le tenant d'un rôle est censé souscrire.

Chez les sociologues qu'on qualifie de « fonctionnalistes », les systèmes de rôles sont fréquemment présentés comme imposant aux individus des contraintes normatives strictes ne leur laissant qu'une autonomie limitée. Beaucoup plus féconde me paraît l'analyse fonctionnelle de type parsonien (dans l'interprétation qu'en donne Bourricaud) et mertonien. C'est cette variante qui me guidera ici[1].

Si les rôles étaient toujours définis de manière si univoque que le comportement des titulaires de rôles ou, comme on dit plus fréquemment dans le jargon sociologique, des *acteurs* sociaux puisse en être immédiatement déduit, l'activité du sociologue analysant un système de rôles serait de même nature que celle de l'historien du droit. Il lui suffirait de repérer les normes (écrites et non écrites, explicites ou implicites) observées par les acteurs sociaux dans l'exécution de leur rôle. En réalité l'activité du sociologue n'a pas grand-chose de commun avec celle de l'historien du droit. Cela résulte de ce que les rôles ne sont jamais dans la réalité définis avec un degré de précision tel qu'aucune place ne soit laissée à l'interprétation. Cette latitude d'interprétation ou, pour employer le langage de Parsons, cette *variance* des rôles est une première source de l'autonomie de l'acteur social. Elle suffit à donner une dimension stratégique à tout système de relations des rôles. Si l'on suppose que chacun des acteurs cherche à tirer parti de la marge d'autonomie que lui laisse le système des rôles, ce système définit un champ d'interaction stratégique.

En second lieu, les normes attachés aux rôles sont, comme l'a montré Merton, fréquemment contradictoi-

1. François BOURRICAUD : *L'individualisme institutionnel, essai sur la sociologie de Talcott Parsons*, Paris, Presses Universitaires de France, 1977.

res[1]. Ainsi, le rôle de *chercheur* implique que le titulaire de ce rôle soit prêt à mettre ses résultats à la disposition de ses pairs aussitôt que possible, mais il implique aussi qu'il ne doit pas marquer trop de précipitation pour publier un article. De même, le chercheur doit être imperméable aux modes intellectuelles ; mais il doit aussi être réceptif aux idées nouvelles et ne pas être obsédé par la responsabilité qui lui est pourtant confiée par ailleurs de maintenir les traditions intellectuelles. Il doit laisser aux autres le soin d'apprécier la valeur des résultats qu'il pense avoir obtenus. Mais il doit aussi défendre ses hypothèses et ses résultats. Il ne doit pas rechercher l'estime d'autrui ; mais aucun travail n'a de valeur s'il n'a pas obtenu l'approbation d'autrui. Il doit connaître exactement et exhaustivement les travaux antérieurs qui ont pu être menés sur le même sujet que le sien ; mais il doit aussi éviter l'érudition. Il doit n'accorder de valeur qu'à l'opinion des spécialistes ; mais il doit aussi reconnaître que les non-spécialistes sont capables de jouer un rôle positif dans l'orientation d'une discipline. Dans l'exécution de son travail, il doit accorder une grande attention au détail ; mais il est entendu qu'il lui faut aussi éviter le pédantisme. Cette *ambiguïté* généralement observable des normes définissant les rôles constitue une seconde source fondamentale de l'autonomie des acteurs.

En troisième lieu, les rôles sont le plus souvent des ensembles complexes composés de ce qu'on peut appeler des *sous-rôles* plus élémentaires[2]. Ainsi, un professeur d'université est censé être, en même temps, enseignant et chercheur.

---

1. Robert MERTON : *Sociological ambivalence and other essays*, New York, Londres, The Free Press, 1976.

2. Voir sur ces notions Lewis COSER (dir.) : *The idea of social structure*, New York, Harcourt Brace, 1975.

En quatrième lieu, les individus jouent également des rôles multiples. Ainsi cette mère de famille est en même temps épouse, employée de banque, militante syndicale et électrice. Bien entendu, des phénomènes d'interférence peuvent se produire entre ces rôles : la militante syndicale peut gêner l'électrice ; la mère de famille peut rencontrer des situations qui mettent l'épouse en difficulté.

Variance des rôles, *ambivalence* des normes qui « définissent » les rôles, caractère *composite* de certains rôles, et *interférences* entre rôles constituent quatre phénomènes essentiels pour le sociologue. Leur existence introduit dans les systèmes de rôles un jeu (au sens mécanique du terme) suffisant pour que l'existence d'une dimension stratégique soit toujours garantie. Quel que soit le degré de minutie avec lequel les institutions définissent les éléments d'un système de rôles, cette minutie n'est jamais suffisante pour priver l'acteur social de toute marge d'autonomie[1]. L'existence même d'interférences entre rôles démontre *a posteriori* l'existence de cette marge d'autonomie : des normes contradictoires ne peuvent être simultanément observées.

Ajoutons encore que les rôles ne peuvent être considérés, même à titre d'approximation, comme des modes d'emploi qui seraient rédigés sous une forme immédiatement intelligible. Les normes attachées aux rôles sont généralement découvertes par l'acteur à la suite d'un processus d'apprentissage qui peut être plus ou moins long et laborieux, au cours duquel il doit se fonder sur une information souvent tronquée et ambiguë. Ainsi, aux incertitudes « objectives » des rôles (caractère ambivalent des normes, interférences entre rôles, etc.) s'ajoute l'incertitude résultant de ce que l'information

1. Cela est vrai même des « institutions totales ». Voir par exemple Erving GOFFMAN : *Asiles*, Paris, Éd. de minuit, 1968.

relative aux normes définissant les rôles (le sien et celui de ses partenaires) est souvent d'un accès difficile pour l'acteur.

Dans la suite de ce chapitre, nous étudierons quelques exemples d'analyses de systèmes fonctionnels illustrant ces notions fondamentales. Dans toutes ces analyses, on retrouvera les principes généraux de l'analyse sociologique que nous avons mis en évidence dans les précédents chapitres : individualisme méthodologique, caractère *complexe* de la représentation de l'action, hypothèse selon laquelle les acteurs cherchent à pousser leur avantage dans les limites que leur imposent les *contraintes* (telles qu'ils les perçoivent) du système d'interaction auquel ils appartiennent.

Rôles composites et rôles ambivalents : les universitaires et les intellectuels

Certains systèmes d'interaction fonctionnels sont caractérisés par un fort degré de *composition* des rôles : certains des rôles compris dans ces systèmes sont des ensembles de sous-rôles très imparfaitement compatibles entre eux.

Un cas qui vient immédiatement à l'esprit est celui des rôles universitaires. Une analyse minutieuse des liaisons complexes entre le jeu des acteurs (et particulièrement la manière dont ils arbitrent entre les sous-rôles qu'ils sont censés assumer) d'une part, la structure du système d'interaction, d'autre part, est indispensable à la compréhension des phénomènes qui apparaissent à la surface du système.

Ainsi, les observateurs de la crise du système universitaire américain au cours des années 1960 avaient été frappés par une constatation à première vue surprenante[1] : la rébellion des étudiants contre le système universitaire était plutôt le fait des étudiants appartenant aux meilleures universités. Plus généralement, il paraissait y avoir une corrélation négative entre la qualité des universités, fort variable aux États-Unis comme on sait, et les critiques formulées à l'endroit du système universitaire : plus les universités étaient réputées, plus elles étaient en butte à la vindicte des étudiants. Il est, bien entendu, facile de donner des interprétations *ad hoc* de ce phénomène[2]. Les étudiants sont d'autant meilleurs dans leurs performances scolaires et proviennent de milieux sociaux d'autant plus élevés que les universités sont plus prestigieuses ; les étudiants sont d'autant plus « conscients » qu'ils sont meilleurs. La difficulté de cette interprétation est que, si le premier point paraît assuré, le second est plus contestable et exige en tout cas une confirmation empirique. Une analyse en termes de classes sociales ne serait pas plus satisfaisante : à supposer que les étudiants provenant des couches favorisées soient les plus conscients des insuffisances et injustices du système universitaire, comment expliquer qu'ils aient été les plus prompts à s'opposer à un système dont ils tiraient profit ?

L'inversion surprenante de la corrélation entre la qualité du service universitaire et le degré de protestation qu'il suscita ne peut donc être expliqué facilement à l'aide de l'hypothèse selon laquelle les utilisateurs auraient été d'autant moins exigeants que le service était moins bon. En réalité elle s'explique, au moins en partie, comme une conséquence indirecte des choix de

1. Voir à cet égard les remarques incidentes de Peter BLAU dans son article : « Structural constraints and status complements », in Lewis COSER : *Op. cit.*, pp. 117-138.

2. Sur les théories *ad hoc* ou *post-factum*, voir R. MERTON : *Éléments de théorie et de méthode de sociologie*, pp. 36-38.

rôle effectués par les acteurs et de la liaison entre choix de rôle et structure du système.

Le rôle d'enseignant d'université comporte au moins deux sous-rôles : rôle d'enseignant et rôle de chercheur. C'est pourquoi on parle en France d'enseignants-chercheurs. Oublions pour le moment qu'il comporte aussi éventuellement d'autres sous-rôles facultatifs : ceux d'*intellectuel* ou d'*expert* par exemple. L'existence de ces deux sous-rôles est une conséquence de la fonction de l'université telle qu'elle est plus ou moins confusément définie : *produire* (chercheur) et *transmettre* (enseignant) des connaissances. Bien entendu, il faut ajouter à cette « définition » de l'université le postulat selon lequel les fonctions de production et de transmission du savoir ne peuvent sans inconvénient être trop brutalement dissociées au niveau des individus. Ce postulat est considéré comme une évidence aux États-Unis et dans tous les pays ayant, au XIXe siècle, adopté le modèle universitaire allemand.

Cette *dualité* du rôle d'enseignant-chercheur crédite les individus qui occupent un tel rôle de ce qu'on peut appeler un *degré de liberté* : ils ont, dans certaines limites, la *liberté* de réaliser le dosage qui leur convient le mieux entre les deux sous-rôles qu'ils sont censés jouer.

Considérons maintenant les coûts et avantages associés aux deux sous-rôles. *Par nature*, le système de rémunérations sociales de l'*enseignant* est local[1]. Le « bon » *enseignant* est apprécié par *ses* étudiants. Il est bien vu par l'administration de l'établissement auquel il appartient. Mais il est exceptionnel que la notoriété d'un enseignant puisse s'étendre au-delà des murs de

1. Gérard LEMAINE et Benjamin MATALON : « La lutte pour la vie dans la cité scientifique », *Revue française de Sociologie*, 10, 1969, pp. 139-165.

cet établissement. *Par nature*, le système de rémunérations du chercheur est au contraire, pour reprendre le vocabulaire de Merton, *cosmopolite*. Les résultats d'une découverte sont, en théorie au moins, destinés à être mis à la disposition de l'ensemble de la communauté scientifique internationale. En pratique, le processus est plus complexe. La notion de découverte est plus ou moins claire selon les disciplines. Une « découverte » peut avoir un intérêt local et être dénuée de portée générale. Il n'en demeure pas moins qu'un travail scientifique est, par principe, évalué et rémunéré (la monnaie la plus fréquemment mise en circulation ici étant le *prestige*) par une série d'instances débordant le niveau local. Ces instances sont constituées par exemple par l'*opinion* exprimée en public ou en privé par des spécialistes reconnus, par la fréquence et l'extension géographique plus ou moins grande de l'utilisation du travail en question par d'autres membres de la communauté scientifique appartenant à la même discipline ou encore par l'importance des comptes rendus dans les revues professionnelles.

Ainsi, de par la *nature* des rôles, les rémunérations de l'enseignant sont le fait d'une agence locale, l'établissement ; celles du chercheur, d'une agence centrale. En principe, la seconde de ces agences dispose de ressources plus importantes. Mais la « nature » des rôles n'est pas la seule variable à considérer. Il faut aussi que l'agence centrale ne soit pas en état de faillite : la capacité d'une communauté scientifique à distribuer des rémunérations dépend de son crédit. Ce crédit se trouve par exemple atteint lorsque ses instances de jugement donnent à une partie de la communauté scientifique le sentiment de ne pas pouvoir faire abstraction de critères extra-scientifiques dans leur évaluation des travaux et de la personnalité des chercheurs.

Sauf dans le cas de faillite des agences centrales, il faut donc s'attendre à ce qu'un système excluant la séparation au niveau individuel des rôles d'enseignant et de chercheur accorde un fort *attrait* au second sous-rôle. Ce système incite les titulaires du rôle d'enseignant-chercheur à investir dans toute la mesure compatible avec leurs obligations dans des activités de recherche. Naturellement cet investissement représente une dépense dont la rémunération est aléatoire et de niveau variable.

Nous sommes maintenant en mesure de répondre à notre question initiale : pourquoi a-t-on observé une inversion de la corrélation à laquelle on se serait normalement attendu entre qualité des institutions universitaires et intensité de la contestation ? Pourquoi (question corollaire) les protestations apparurent-elles comme étant plus fréquemment le fait des étudiants les plus favorisés par le système ?

Le système universitaire américain se caractérise, si on le compare par exemple au système français, par une forte mobilité de ses acteurs. Les établissements universitaires étant très inégalement prestigieux sont inégalement recherchés. Il en résulte qu'un individu dont la notoriété est en hausse cherchera « normalement » à passer dans une institution plus prestigieuse. De leur côté, les institutions prestigieuses cherchent à conserver et si possible à augmenter leur prestige en s'attachant le concours des candidats dont la notoriété est la plus grande. Mais, de par la « nature » des sous-rôles, la notoriété s'établit sur la base bien plus de la qualité des travaux de recherche (dont la valorisation est le fait d'instances générales) que de la qualité de l'enseignement (dont la valorisation est par essence locale). Il en résulte que les meilleures universités sont aussi celles où les enseignants, étant plus souvent des chercheurs notoires, ont plus souvent tendance à interpréter leur rôle d'*enseignant* de la façon la plus restrictive possible, cherchant à minimiser le temps consacré à ce sous-rôle et à dépenser leur énergie exclusivement dans le cadre d'enseignements directement liés à la recherche. On aboutit ainsi à une première contradiction qui explique en partie l'inversion de la corrélation entre qualité et protestation : les « meilleures » universités sont celles qui ont les « meilleurs » professeurs et les « meilleurs » étudiants. Mais ce sont aussi celles où les professeurs s'occupent le moins des étudiants, ou, plus exactement, s'occupent le moins de la catégorie des étudiants la plus nombreuse, à savoir les étudiants en début de *cursus*. Nombreux, conscients de leur qualité, puisque recrutés sur la base d'un processus de sélection sévère, ces étudiants avaient aussi plus fréquemment que ceux des institutions de moindre prestige le sentiment d'être délaissés par le corps enseignant.

Mais une autre conséquence de la structure du système des rôles vient renforcer cette « contradiction ». Les individus ayant « choisi » de privilégier leur sous-rôle d' « enseignant » ont tendance à être plus fortement engagés dans la vie de l'établissement auquel ils appartiennent. Le système de rémunération dont ils dépendent coïncide avec les limites de l'établissement. En conséquence, ils ont un intérêt évident à maximiser leur contrôle sur les décisions prises dans l'établissement. C'est pourquoi ils ont tendance à apparaître comme fortement impliqués dans la vie de l'établissement. À l'inverse, les enseignants qui ont réussi à se donner une image de chercheur dépendent par là même d'un système de rémunération dont les frontières sont beaucoup plus larges que celles de l'établissement. En conséquence, ils n'ont guère intérêt à dépenser beaucoup d'énergie pour développer le niveau de leur contrôle sur le système local. En d'autres termes, le degré d'implication des enseignants-chercheurs par rapport à l'établissement auquel ils appartiennent a tendance à être en moyenne d'autant plus faible que l'établissement est meilleur. D'autre part, dans un établissement donné, l'implication des acteurs est d'autant plus faible que leur notoriété est moins locale et plus cosmopolite.

Cet exemple est intéressant à plus d'un titre. Bien que simple, il est très illustratif de l'analyse sociologique des systèmes fonctionnels. Il montre en particulier l'importance de la stratégie de l'individualisme méthodologique. Pour démêler la signification de l'inversion de la corrélation entre protestation et qualité, il a été nécessaire de décrire la structure du champ stratégique dans lequel sont situés les acteurs individuels. Le phénomène global, émergeant au niveau du système dans son ensemble (la révolte des privilégiés), n'est explicable que si l'unité de l'analyse est représentée par des acteurs individuels cherchant à servir au mieux leur intérêt en fonction de contraintes (situées au niveau de l'individu lui-même en même temps que du système) définissant un champ stratégique.

Ajoutons incidemment que les « contradictions » qui viennent d'être décrites sont endémiques dans le système universitaire américain. On peut dire qu'il s'agit de contradictions *structurelles*. Naturellement, ces contradictions *structurelles* ne suffisent pas à expliquer l'explosion des années 60. L'explosion a provoqué des réformes institutionnelles visant à réduire ces contradictions. Mais une analyse plus complète devrait également tenir compte de données *conjoncturelles*. Pour nous contenter de mentionner un point important, les tensions sur le marché de l'emploi favorisent le recours à des stratégies de type individualiste de la part des étudiants. Lorsque la concurrence est grande, il est recommandé de tenter de dépasser le voisin. Dans un contexte de détente sur le marché de l'emploi, les stratégies de protestation ont au contraire davantage de chances d'apparaître. Or, la révolte des étudiants privilégiés qui secoua l'Amérique au milieu des années 60 eut précisément lieu en une période de « haute conjoncture »[1].

Montrons maintenant sur un second exemple comment l'analyse de systèmes de rôles, avec l'inspiration individualiste et stratégique qui la caractérise, peut contribuer à expliquer les phénomènes *culturels* à première vue peu perméables à ce type d'analyse.

Dans L'*Ancien Régime*, Tocqueville remarque que les intellectuels français font preuve d'une tournure d'esprit plus abstraite que les intellectuels anglais[2]. Au pragmatisme dont ces derniers faisaient preuve, notamment en matière politique, s'opposent les plans de réforme généraux et abstraits des seconds. Tocqueville explique cette différence par la distance plus grande à laquelle les intellectuels français étaient tenus des affaires. Cette distance avait pour conséquence, selon Tocqueville, d'une part que les philosophes français portaient une plus faible attention aux difficultés pratiques de la mise en œuvre des plans de réforme sociale ; d'autre part qu'il leur était plus facile de prendre de la distance par rapport à l'état de choses existant et de soumettre les institutions à une critique sévère et globale. Dans une autre analyse, Tocqueville[3] remarque que les juristes ont tendance à se ressentir comme conservateurs ou au contraire comme opposants au régime établi selon qu'ils sont admis à participer aux affaires publiques ou non. Bref, Tocqueville esquisse, dans plusieurs textes de *L'Ancien Régime* et de la *Démocratie*, un modèle où la production des intellectuels ou du moins certaines caractéristiques de leur production sont traitées comme une résultante des choix effectués par une multitude d'individus quant à l'interprétation de leur rôle. Pour

1. Ces remarques n'épuisent naturellement pas le sujet des mouvements étudiants des années 60.
2. *L'Ancien Régime..., op. cit.*, livre III, chap. I, p. 229 sq.
3. *De la démocratie..., op. cit.*, p. 160 sq.

employer un langage moderne qui n'est clairement pas celui de Tocqueville : lorsque l'intellectuel est placé dans un champ où il a peine à se faire passer pour *expert*, il y a plus de chance qu'il se fasse *idéologue*. L'analyse de Tocqueville revient en résumé à décrire le champ d'action des intellectuels comme doté d'un degré de liberté fondamental qu'on peut décrire par l'opposition idéologue/expert. Sa thèse, que nous ne pouvons discuter en détail, revient à affirmer que certains caractères propres aux sociétés anglaise et française faisaient que le second de ces rôles se trouvait être à la fois plus accessible et plus rémunérateur en Angleterre qu'en France.

Les exemples précédents illustrent l'importance cruciale de la notion de rôle. Ils montrent en même temps que l'analyse sociologique ne peut commencer qu'à partir du moment où on prend conscience de l'ambivalence des normes prescrites par les rôles, ainsi que des conséquences du caractère composite de certains *rôles*. Le caractère composite du rôle d'enseignant-chercheur explique bien certaines dysfonctions ou contradictions des systèmes universitaires. Comme le suggèrent les analyses de Tocqueville, l'ambivalence du rôle de producteur de connaissance a pour effet, au moins dans certains domaines, que la manière dont le rôle est le plus fréquemment exécuté dépend des ressources dont disposent les marchés auxquels le producteur a la faculté de s'adresser. Les prétendus traits culturels nationaux, goût pour la « profondeur » et pour l'« abstraction » ici, « prosaïsme » et « pragmatisme » là, ne sont souvent que les projections au niveau du système d'interaction des effets de différences institutionnelles sur les choix individuels.

Sans le développer, je mentionne pour finir un exemple de recherche intéressant où l'on voit qu'un changement dans les rémunérations attachées à un rôle peut entraîner une réinterprétation de ce rôle par les acteurs qu'il concerne. Dans son étude sur les contradictions de l'université de masse, Levy-Garboua[1] a montré que la dévaluation des espérances attachées aux diplômes universitaires a entraîné une réinterprétation par les étudiants des *normes* attachées à leur rôle : pour équilibrer ce manque à gagner, les *étudiants* français ont tendance à réduire le temps qu'ils consacrent au travail scolaire et à employer ce temps ainsi récupéré au travail rémunéré. Le déficit au niveau des gains *à venir* est ainsi comblé par une augmentation des rémunérations *présentes*. Comme chacun a tendance à opérer le même équilibrage, cette *réinterprétation* ne nuit pas aux chances de succès scolaire des acteurs.

La variance des rôles : l'exemple du « Monopole industriel »

Les rôles peuvent être *composites* et inclure un ensemble de sous-rôles. Ils peuvent être *ambivalents*. En aucun cas ils ne sont définis avec une précision telle qu'aucune marge ne soit laissée à l'interprétation. « On n'interprète pas ma musique, on la joue ! » déclarait, paraît-il, Maurice Ravel. Une telle rigueur ne se rencontre jamais dans le domaine social : pour employer le vocabulaire de Parsons, les rôles ont toujours une *variance*.

Dans les exemples précédents nous avons évoqué des systèmes de rôles qu'on peut qualifier de complexes et ouverts : le rôle de l'universitaire ou de l'intellectuel se déploie (ou du moins peut se déployer) dans un espace

1. Louis LEVY-GARBOUA : « Les demandes de l'étudiant ou les contradictions de l'université de masse », *Revue francaise de Sociologie*, 17, 1976, pp. 53-80.

institutionnel complexe composé par les établissements universitaires, les organisations professionnelles, les moyens d'information (magazines intellectuels, télévision, etc.). Dans un cas comme celui-là, les rôles revêtent plus facilement un caractère fortement *composite* et *ambivalent*. Lorsque l'espace institutionnel est simple et fermé, les rôles sont aussi moins complexes. Mais cela ne signifie pas que leur variance (au sens de Parsons) soit nulle. On peut illustrer ce point à partir de l'analyse que Crozier présente de l'entreprise à laquelle il donne le nom de code de « Monopole industriel[1]. »

Le « Monopole industriel » est constitué par un ensemble d'entreprises comprenant dans tous les cas le même ensemble de « rôles » : directeur, directeurs-adjoints, contrôleur financier, ingénieur technique, ouvriers de production, ouvriers d'entretien, chefs d'atelier. À la suite d'une observation minutieuse, Crozier a pu mettre en évidence l'existence de certaines régularités dans les conflits et tensions entre les participants du système. Ainsi, ces tensions avaient tendance à apparaître entre des sous-ensembles déterminés d'acteurs. Le système semble par exemple impliquer un inévitable duel qui dans certains cas prend la forme d'un conflit ouvert, dans d'autres celui d'une tension persistante, entre le directeur et le contrôleur budgétaire. Le système paraît aussi engendrer un état de tensions endémique entre le directeur, le directeur-adjoint et l'ingénieur technique. Ainsi qu'une tension permanente entre chef d'atelier et ouvriers de production d'une part, ouvriers d'entretien de l'autre.

Ayant ainsi observé les points de tension, les comportements, attitudes et sentiments des acteurs les uns à l'égard des autres, Crozier a cherché à en inférer la

1. Michel CROZIER : *Le phénomène bureaucratique, op. cit.*, p. 154.

structure du *système d'interaction latent* déterminée par l'*organisation officielle* de l'entreprise. Cette inférence repose sur le postulat selon lequel l'existence même de tensions ou de zones de conflit implique l'existence d'un enjeu. Deux acteurs n'entrent pas en conflit *pour rien*. Mais il n'y a enjeu que si les jeux ne sont pas faits. En d'autres termes, tensions et conflits indiquent que les acteurs en interaction cherchent à profiter de la variance de leur rôle pour interpréter celui-ci de la manière la plus convenable à leurs intérêts.

Considérons par exemple la tension endémique entre directeur et contrôleur : « Le contrôleur est sous les ordres du directeur, mais du fait de la responsabilité financière qu'il encourt, il doit contresigner toutes les opérations importantes décidées par le directeur[1]. » Mais la définition du rôle des deux protagonistes n'est pas suffisamment précise pour les dépouiller de toute marge de manœuvre. En schématisant beaucoup, chacun peu se comporter à l'égard de l'autre de manière coopérative ou de manière agressive. Le directeur peut faire mine de considérer l'intervention du contrôleur comme relevant normalement de la formalité (attitude agressive) ou au contraire le consulter, lui demander des conseils ; bref, s'efforcer de l'associer aux décisions qu'il est amené à prendre (attitude coopérative). Le contrôleur peut de son côté se montrer tatillon et interventionniste ou au contraire interpréter son rôle comme celui d'un subalterne docile. Bien entendu, cette dichotomisation simplifie à l'excès la réalité, mais elle indique bien les deux pôles définissant la marge de liberté des deux acteurs[2].

---

1. *Ibid.*

2. La monographie de Crozier décrit un système particulier d'échanges entre acteurs. Voir aussi Michel CROZIER et Ehrard FRIEDBERG : *L'acteur et le système*, Paris, Le Seuil, 1977, qui dessine une introduction générale à la sociologie des organisations. Certains auteurs ont cherché à donner une formulation générale à cette

On peut, avec Peaucelle, formaliser cette situation d'interaction dans le langage de la théorie des jeux[2]. Lorsque les deux acteurs sont coopératifs (situation qu'on peut désigner par le symbole CC), le directeur dispose du pouvoir et bénéficie d'une situation dépourvue de tension tout en regrettant de ne pouvoir disposer de l'assistance éventuelle que pourrait lui apporter le contrôleur dans certains cas. Lorsque le directeur est agressif et le contrôleur coopératif (situation AC), le directeur a un pouvoir maximum et n'a pas à supporter de tensions ; le contrôleur sacrifie son pouvoir à sa tranquillité. Lorsque le directeur est coopératif et le contrôleur agressif (situation CA), le directeur doit abandonner une partie de son pouvoir ; le contrôleur dispose dans ce cas pour sa part d'un pouvoir réel. Lorsque les deux acteurs sont agressifs (situation AA), le directeur dispose du pouvoir, mais l'utilise dans des conditions de tension ; le contrôleur peut se flatter d'avoir une *nuisance value*, donc un certain pouvoir, mais il exerce ce pouvoir dans un climat désagréable et risque d'être désavoué par la direction générale.

Il est alors possible d'émettre un certain nombre de propositions sur les préférences des acteurs. Si l'on se réfère à la description des quatre situations, on voit que le directeur préfère certainement AC à AA, CC à CA, AA à CA. Il en résulte que la situation la plus mauvaise pour lui est CA. S'il ne veut pas prendre le risque de la voir se produire, il sera tenté d'interpréter son rôle de manière autoritaire. Ainsi, la prudence lui conseille

---

notion d'échange et ont proposé ce qu'on peut appeler des théories élémentaires de l'échange social. Voir George HOMANS : « Social behavior as exchange », *American Journal of Sociology,* 63, 1958 pp. 597-606 et Peter BLAU : *Exchange and power in social life*, New York, Wiley, 1974.

2. Jean-Louis PEAUCELLE : « Théorie des jeux et sociologie des organisations », *Sociologie du travail*, 11, 1969, pp. 22-43.

l'autorité[1]. Mais supposons qu'il n'attache pas une valeur inconditionnelle à la prudence. Explicitement, admettons qu'il soit désireux, non pas de minimiser les risques qu'il encourrait (au cas où le contrôleur serait tenté d'être agressif), mais plutôt de ne pas courir le risque de passer à côté de la situation qu'il considère la meilleure. Comme nous le savons, il préfère AC à AA et CC à CA. De surcroît, il préfère certainement AC à CC. Il en résulte que, s'il ne veut pas prendre le risque de passer à côté du gain maximum, il a encore intérêt à se montrer *autoritaire*. En résumé, qu'il soit *prudent* (c'est-à-dire surtout soucieux d'éviter la situation qu'il considère comme la pire, à savoir la situation CA), *ou* qu'il soit *entreprenant* (et surtout soucieux de ne pas rater la situation qu'il considère comme la meilleure, à savoir AC), il a intérêt à interpréter son rôle sur un mode autoritaire. Cette « déduction » de la théorie correspond à la « solution » généralement observée par Crozier sur le terrain.

Tournons-nous maintenant du côté de l'autre acteur, le contrôleur. On peut avancer qu'il préfère CA à AA, CC à AC et AC à AA. S'il est prudent et surtout soucieux d'éviter la situation qui lui paraît la pire, à savoir AA, il faut donc qu'il choisisse la stratégie de retrait, c'est-à-dire qu'il prenne une attitude de coopération soumise. Supposons maintenant qu'étant de tempérament entreprenant plutôt que prudent, il soit soucieux de ne pas abandonner ses chances d'aboutir à la situation de son point de vue la plus désirable. Nous

1. Un joueur peut avoir le souci de minimiser soit ses pertes éventuelles, soit son manque à gagner. Il peut aussi apprécier les probabilités d'apparition des événements possibles et en tenir compte dans ses décisions. Ces trois types de « rationalité » sont habituellement associés aux noms de WALD, de SAVAGE et de LAPLACE. Leur apparition dépend non seulement de la personnalité des décideurs, mais aussi de la structure de la situation de décision.

savons qu'il préfère CA à AA et CC à AC. Il n'est pas difficile de voir qu'il préfère CA à CC. En conséquence, s'il est entreprenant, il choisira la stratégie d'agressivité plutôt que la stratégie de la coopération soumise.

Malgré sa simplicité apparente, cette structure d'interaction présente un intérêt certain. Le règlement officiel, par ce qu'il dit et en même temps par ce qu'il ne dit pas (les deux aspect étant essentiels et complémentaires), détermine une structure d'interaction caractérisée par une asymétrie cruciale. Cette structure est telle que l'un des acteurs a intérêt à choisir l'une des interprétations de son rôle, quelle que soit sa « psychologie » et, partant, son critère de choix. Plus précisément, la stratégie la *meilleure* pour le directeur est la même (autorité) quelle que soit la signification qu'il entend donner au qualificatif *meilleur* (minimiser ses risques *ou* maximiser ses gains). En revanche, pour l'autre acteur, à savoir le contrôleur, la stratégie de soumission est la meilleure, s'il entend éviter la situation qu'il considérerait comme la pire, mais non plus dans le cas où il chercherait à ne pas se priver de ses chances d'aboutir à la situation qui lui conviendrait le mieux. Mais s'il est réaliste, le second acteur (le contrôleur) doit d'autre part se rendre compte que le premier acteur (le directeur) a intérêt à interpréter son rôle de manière *autoritaire*, quel que soit son tempérament, ou, plus précisément, ses critères de choix. Il est donc probable que le contrôleur, jugeant la situation CA utopique effectuera son choix essentiellement à partir d'une comparaison entre AA et AC. Même s'il a tendance à ne pas accorder à la prudence une valeur inconditionnelle, le *réalisme* — à défaut de la prudence — lui conseillera de se comporter comme un subalterne. C'est effectivement cette « solution » que Crozier a généralement observée sur le terrain.

La formalisation de l'analyse à l'aide de la théorie des jeux a peut-être l'inconvénient d'estomper les nuances. Elle a certainement l'avantage d'en rendre les termes plus rigoureux et, surtout, de mettre en évidence le caractère complexe des relations entre la structure du système d'interaction, d'une part, la marge d'autonomie des acteurs de l'autre. Dans la situation (difficilement concevable) où le règlement serait suffisamment précis et le contrôle institutionnel suffisamment efficace pour assurer l'application de ce règlement, les acteurs seraient privés de toute marge d'autonomie. Il n'y aurait alors ni conflit ni même tension entre les acteurs. Réciproquement, la présence de conflits et de tensions démontre l'autonomie des acteurs. Mais d'un autre côté, la structure d'interaction est telle que, quel que soit le critère que son tempérament le porte à adopter, l'un des acteurs (le directeur) dispose d'une stratégie inconditionnellement et incontestablement meilleure. Cette donnée structurelle a pour effet que le deuxième acteur (le contrôleur) n'a d'autre issue que de chercher à limiter ses pertes. Ce faisant, il *accepte* (mais peut-il faire autre chose qu'accepter ?) une situation qui n'est pas celle qu'il préfère. En d'autres termes, la structure d'interaction est telle qu'elle avantage l'un des acteurs aux dépens de l'autre tout en leur laissant une marge d'autonomie suffisamment réelle pour que chacun et notamment le joueur que la structure place dans la situation du *dominé* garde le sentiment que la « solution » du jeu n'est pas inéluctable. Tout se passe comme si l'autonomie était accordée aux acteurs pour leur être dans le même temps reprise.

Il n'en va pas toujours ainsi. La structure d'interaction définie par les institutions entre le contrôleur et le directeur est en fait une structure très particulière. Elle est *simple* dans la mesure où plaçant l'un des acteurs dans une situation de domination elle rend son choix, et, par suite, celui de son antagoniste, particulièrement aisés. La simplicité de la structure a pour effet de gommer l'incidence de la psychologie des acteurs. Naturellement, il existe des structures plus complexes correspondant à une « solution » moins prévisible. C'est le cas par exemple dans l'analyse du *Monopole industriel* du combat triangulaire entre le directeur, le directeur-adjoint et l'ingénieur de production.

Malgré sa simplicité, l'analyse du duel entre le directeur et le contrôleur financier illustre l'importance de la notion parsonienne de la *variance* des rôles. La formalisation à l'aide de la théorie des jeux fait d'autre part apparaître un point très important : les possibilités d'utilisation effective par l'acteur de la variance de son rôle dépendent des propriétés de la structure d'interaction entre les acteurs.

L'apprentissage des rôles et la structure des situations

Un point important dans l'analyse des systèmes fonctionnels est souvent celui de l'apprentissage des rôles. Ce point est illustré, de façon brillante, dans les travaux de Goffman, lorsqu'il étudie par exemple les processus de l'entrée dans l'univers psychiatrique[1].

Arrêtons-nous un bref instant sur un des épisodes de ce processus tel qu'il est présenté dans *Asiles* : un « proche parent » ayant convaincu le sujet d'accepter de consulter un psychiatre, celui-ci se rend à la la consultation avec confiance. Le « proche parent » est la dernière personne à avoir accepté de mettre en doute les facultés mentales du malade. Ce dernier sait que dans les moments difficiles il peut compter sur « le proche parent ». Le « proche parent » de son côté agit

1. Erving GOFFMAN : *Op. cit*, p. 185 sq.

bien entendu « dans l'intérêt du sujet ». En toute sincérité. Tout au long du processus à l'issue duquel il a finalement — après de longues hésitations — décidé qu'il fallait convaincre le sujet d'accepter la consultation, le « proche parent » n'a eu de considération que pour l'intérêt du sujet. Le sujet ne court d'ailleurs aucun risque. Il s'agit d'une simple consultation. La décision, si décision il y a, sera prise par le sujet placé sous la protection du « proche parent ».

Mais, les « attentes de rôles » sont rapidement bousculées dès que les deux personnes se retrouvent en face du médecin. Sans que le « proche parent » le veuille, la structure de la situation tend à lui imposer de participer à une coalition tacite. La position d'extériorité qui caractérise à la fois le médecin et le « proche parent » leur permet un regard « objectif » et, par là, complice qui s'oppose à la vision trouble que le malade a de son propre cas. Sans le vouloir, le parent change de rôle et, de protecteur du malade, devient le collaborateur du médecin. La coalition transforme le malade en tiers exclu.

Les analyses de Goffman illustrent de façon dramatique un point crucial : les anticipations de *rôle* du sujet qui pénètre dans un système d'interaction sont souvent (pour ne pas dire généralement) partielles, incomplètes, lorsqu'elles ne sont pas fausses ou déformées. Dans certains cas, l'entrée dans un système d'interaction est réversible. Mais parfois aussi, elle peut être irréversible. Dans d'autres cas, les coûts de sortie sont lourds. C'est le cas de l'étudiant qui, après avoir passé plusieurs années sur les bancs de l'université, comprend que les études dans lesquelles il s'est engagé le conduisent à des rôles sociaux qu'il se juge incapable de remplir convenablement ou qui ne l'attirent pas. Souvent le processus de découverte du rôle est *graduel*. Comme dans une grille de mots croisée ou un puzzle, l'information sur le rôle ne peut être découverte que de manière séquentielle, pièce après pièce. Les apprentis contrôleurs du *Monopole* ne découvrent probablement la structure du jeu qui les associe au directeur que par un processus plus ou moins long.

Les analyses d'*Asiles* portent sur des institutions *totales (total institutions)*, c'est-à-dire des institutions qui limitent à l'extrême la sphère privée de l'individu[1]. Ces institutions sont bien sûr très particulières. Mais le caractère graduel de la découverte des rôles que les travaux de Goffman mettent en évidence est une donnée de portée générale. Ce caractère graduel a très généralement la conséquence d'enfler les coûts de sortie (qui peuvent aussi, bien entendu, être affectés par d'autres facteurs). C'est pourquoi, même dans le cas des institutions non totales, les acteurs sociaux peuvent avoir le sentiment d'être *pris à un piège*. Cette situation est souvent caractéristique des processus de scolarisation : Mlle X, bachelière, issue d'une famille d'employés, décide d'entreprendre des études. Elle a eu l'occasion de rencontrer des médecins, d'observer des enseignants. Ayant peu de « goût » pour l'enseignement, elle recherche un équivalent aussi approché que possible de la médecine (les études de médecine lui paraissant trop longues et difficiles) et se décide pour la psychologie. Le *rôle* du psychologue lui paraît, par ses aspects fondamentaux, de même essence que celui du médecin. Mais elle découvre progressivement et toujours « trop tard » que les études de psychologie comportent des aspects qui n'ont que peu de rapport apparent avec l'approfondissement de la connaissance du moi et de l'autre, ensuite que les rôles professionnels auxquels

1. Il faut naturellement distinguer entre institutions totales et institutions totalitaires. Il est regrettable que le traducteur de Goffman en français ait choisi de rendre l'anglais *total* par le français « totalitaire » : *totalitarian* existe en anglais.

elle peut prétendre (rôles dont elle ne peut connaître l'existence et comprendre le contenu que lorsque ses études sont avancées) sont très décalés par rapport à ses anticipations initiales. D'où l'impression du piège qui se referme et éventuellement l'impression que les institutions ont la fonction latente d'être des machines à manipuler les individus [1].

Naturellement, le cas de Mlle X n'est pas singulier. De manière très générale, les anticipations de rôle sont pour une fraction croissante des acteurs beaucoup plus difficiles et incertaines aujourd'hui qu'il y a vingt ans : le système de division du travail s'est compliqué, le niveau du recrutement social des étudiants s'est affaibli et avec lui l'efficacité du pilotage de l'étudiant par sa famille ; en conséquence, l'étudiant a en moyenne une vision plus partielle de l'univers des rôles socioprofessionnels. En même temps, il « faut » faire des études. D'où peut-être ce profond sentiment de désenchantement et de désillusion et cette impression que des institutions qui proclament leur vocation à produire et transmettre les connaissances ont en fait une *fonction latente* de manipulation.

Analyse fonctionnelle et fonctionnalisme

On peut, sans s'écarter d'une tradition bien établie, donner à l'analyse des systèmes d'interaction qui prennent la forme de systèmes de rôles le nom d'*analyse fonctionnelle*[2]. En ce sens, les différents exemples qui

1. Raymond BOUDON : « La crise universitaire française, essai de diagnostic sociologique » *Annales E.S.C.*, 24, 1969, pp. 738-764 ; S.M. EISENSTADT : *From generation to generation*, New York, Londres, The Free Press, 1956.

2. Je m'écarte ici de la définition de Paul LAZARSFELD : *Qu'est-ce que la sociologie ?, op. cit.*, qui assimile pratiquement analyse fonctionnelle et cybernétique.

viennent d'être présentés appartiennent à l'analyse fonctionnelle et fournissent une illustration de ses principes.

Il importe pour conclure ce chapitre de bien marquer les distinctions entre analyse fonctionnelle d'une part, et fonctionnalisme, voire, pour employer une expression de Bourricaud[1], hyperfonctionnalisme d'autre part.

On passe de l'analyse fonctionnelle au *fonctionnalisme* lorsqu'on introduit le postulat selon lequel tout système d'interaction est un système de rôles. Ce postulat constitue une généralisation indésirable, car il existe des systèmes de relations entre individus qui ne peuvent être assimilés à des systèmes de rôles. Nous avons déjà cité le cas du système d'interaction entre l'Angleterre et l'Allemagne avant la guerre de 1914. Dans ce système deux agents sont non seulement en présence, mais en relation. Chacun est capable de prendre des décisions ou de se livrer à des actions susceptibles d'affecter le « bien-être » de l'autre. Mais les actions ne sont pas des interprétations de *rôles*.

En fait on ne peut parler de rôles que dans un contexte où existe une *organisation* minimale des relations entre les acteurs. Le règlement du *Monopole organise* les relations entre les titulaires des rôles. Les règlements et règles diffus des établissements universitaires, des moyens d'information *organisent* — quoique en un sens plus complexe — les rôles de l'universitaire ou de l'intellectuel.

Faute de reconnaître explicitement cette distinction, les théoriciens de l'analyse fonctionnelle se sont parfois exposés au reproche de colporter une image générale contestable des sociétés. Il est vrai que, si on ne prend pas le soin de marquer ce que Arrow appelle les limites

1. François BOURRICAUD : « Contre le sociologisme », *art. cit.*

de l'organisation[1], on risque d'induire une représentation à la fois contestable et dangereuse des sociétés. Si tous les systèmes d'interaction sont conçus comme des systèmes de rôles, alors la société prend la consistance d'un tissu d'organisations. Quant aux *actions* des individus, elles deviennent dans tous les cas des interprétations de *rôles*. Or, s'il est légitime par exemple de dire que l'enseignant qui se consacre presque exclusivement à la recherche donne une *interprétation* de son rôle, on ne voit pas quel rôle peut bien interpréter l'étudiant qui choisit de faire de la physique plutôt que de la géologie, le consommateur qui se décide pour telle marque de pâte dentifrice ou le gouvernement qui décrète une mobilisation partielle.

Certains fonctionnalistes ou sociologues réputés tels, paraissent effectivement s'être désintéressés des systèmes infra-organisationnels de relations. Dès qu'on prend conscience de l'existence et de l'importance de ce niveau infra-organisationnel, il devient impossible de se représenter les systèmes sociaux comme des systèmes de rôles ou comme des systèmes d'organisations, *a fortiori* comme des systèmes totalement organisés, voire organiques[2]. Il est sans doute inutile d'insister sur l'aisance et par conséquent sur le danger de ce glissement : à partir du moment où tous les comportements sont ramenés à l'exécution de rôles et remplissent des fonctions, la

---

1. Kenneth ARROW : *Les limites de l'organisation*, Paris, Presses Universitaires de France, 1976.

2. Pour une histoire de la tentation organiciste en sociologie, voir W. STARK : *The fundamental forms of social thought, op. cit.* ; consulter sur la relation biologie-sociologie, Jon ELSTER : « Analogies socio-biologiques et autonomie des sciences », *Revue française de Sociologie*, 18, 1977, pp.369-395, ainsi que la stimulante méditation d'Edgar MORIN : *La Méthode, I. La nature de la nature*, Paris, Le Seuil, 1977.

société se réduit aisément au modèle simplificateur d'une *totalité* non seulement *organisée*, mais *organique*.

En réalité, les sociétés doivent être considérées comme des enchevêtrements complexes de systèmes d'interaction. Certains de ses systèmes doivent être classés sous l'étiquette idéal-typique des « systèmes fonctionnels », d'autres sous l'étiquette des « systèmes d'interdépendance ».

Les meilleurs promoteurs de l'analyse fonctionnelle, Merton par exemple, ont toujours insisté avec vigueur, on l'a vu, sur le caractère *ouvert* des rôles : les rôles sont souvent composites ; ils ont une *variance* ; en se superposant sur les mêmes têtes, ils entraînent des *incompatibilités*. Cette ouverture assure au sujet social une marge d'autonomie si réelle que le sociologue qui la néglige est assuré de tomber dans la caricature.

Certains *fonctionnalistes* se sont exposés à la pertinente critique que Wrong[1] leur a adressée lorsqu'il leur reproche de présenter une image *ultra-socialisée* de l'homme. Mais, si je comprends bien Wrong, le reproche qu'il leur adresse est double : d'une part ils paraissent parfois défendre le postulat selon lequel le sujet social manifesterait une compulsion à interpréter le rôle qui lui incombe de manière exagérément *conformiste*. D'autre part, ils paraissent parfois oublier que, dans de nombreuses situations de choix, de décision ou d'action, la question même du *conformisme* est peu pertinente. Ce qui revient à dire que de nombreuses situations de choix échappent au contexte des rôles et que, par conséquent, la notion de rôle n'a guère d'utilité en la circonstance. Lorsque j'effectue tel ou tel choix politique ou scolaire,

---

1. Dennis WRONG : « The oversocialized conception of man in modern society », *American Sociological Review,* 26, 1961, pp. 183-193. Voir aussi John HARSANYI : « Rational choice models of political behavior vs. functionalist and conformist theories », *World Politics*, 21, 1969, pp. 513-538.

ou que je prends telle ou telle décision de consommation ou d'investissement, je n'agis pas en titulaire d'on ne sait quel rôle qui m'imposerait on ne sait quelles normes. Ces choix, décisions ou actions sont *privés* et par conséquent en principe soustraits, de par l'organisation sociale même, à l'influence de normes. Ce qui ne veut naturellement pas dire qu'ils n'aient pas d'effets collectifs, comme on aura amplement l'occasion de le constater au chapitre suivant sur les systèmes d'interdépendance.

Si on veut résumer les distinctions précédentes on pourrait dire que l'on passe de l'analyse fonctionnelle aux formes contestables du fonctionnalisme en commettant l'une ou l'autre de deux imprudences. La première consiste à oublier que les rôles sont généralement composites, ambigus, contradictoires, dotés de variance, assurant par là même une certaine *autonomie* à l'acteur social. La seconde consiste à négliger le fait que de nombreuses catégories de choix, d'actions et de décisions ont — de par l'organisation sociale — un caractère *privé* et, de ce fait, ne peuvent être analysées comme les interprétations par l'acteur d'on ne sait quel rôle. Réciproquement, la définition même de la notion de rôle comme système de normes est contradictoire avec le caractère *privé* de ces choix, actions et décisions.

L'hyperfonctionnalisme consiste, pour sa part, en une combinaison des deux imprudences : il ne se contente pas de gommer la distinction entre décisions, actions et choix *privés*, d'une part, actions, décisions et choix effectués dans le contexte de *rôles* d'autre part[1]. Il fait en outre table rase de l'autonomie du sujet social à laquelle l'analyse fonctionnelle accorde une importance

1. Il importe de souligner le caractère *relatif* de la distinction public/privé. Un comportement « public » à l'intérieur de la sphère familiale peut être privé par rapport à l'environnement extra-familial.

essentielle. Mais dès que l'on conçoit toute action comme une interprétation de rôle et que l'on abandonne le postulat selon lequel la quasi-totalité des systèmes fonctionnels laissent à l'acteur social une marge d'autonomie, les notions d'action, de décision et de choix sont du même coup vidées de toute signification, même si les mots qui les désignent continuent d'être employés.

Les hyperfonctionnalistes interprètent par exemple les choix politiques, scolaires, culturels ou les décisions de consommation comme la manifestation d'un conformisme de classe : ils conçoivent les classes sociales comme imposant à leurs membres de tenir des rôles dont on suppose qu'ils sont non ambigus, non contradictoires, non composites et ne comportant par conséquent aucune marge d'autonomie. Il est douteux que les analyses reposant sur un paradigme aussi rigide et pauvre puissent être très utiles.

IV

Sociologie et systèmes d'interdépendance

Lorsque le médecin délivre une ordonnance ou que l'universitaire écrit un article, ils agissent dans le contexte d'un rôle. Lorsque l'adolescent choisit d'entreprendre des études de musique ou de mathématiques, ce choix est encore une action, mais cette action n'est pas exécutée dans le contexte d'un rôle. Par définition, nous appellerons systèmes d'interdépendance, les systèmes d'interaction où les actions individuelles peuvent être analysées sans référence à la catégorie des rôles.

Pour illustrer la distinction, prenons un exemple très simple. J'observe l'écoulement d'une queue devant la caisse d'un cinéma. Les clients accomplissent tous la même séquence d'actions : il annoncent le film qu'ils souhaitent voir, acquittent le prix du ticket. Ces actions sont effectuées dans le contexte du système d'interaction client-caissière. Ce système définit avec une grande clarté le rôle des deux protagonistes (la caissière serait très étonnée qu'un spectateur lui demande son avis sur le film ; le spectateur serait très étonné que la caissière intervienne dans son choix). Considérons maintenant l'ensemble des spectateurs potentiels qui forment la queue. Ces spectateurs constituent un système d'interaction : les chances que chacun a de rentrer dans la salle, le temps d'attente auquel chacun est exposé sont déterminés par les autres. Ainsi, le fait que X ait choisi de voir le même film que Y et soit arrivé plus tôt que Y a pour conséquence que X impose à Y une attente supplémentaire. X et Y sont donc bien dans une situation d'interaction, mais non dans une relation de rôles. Pour distinguer cette situation de la première, nous parlerons de systèmes d'interdépendance.

Pour la clarté du vocabulaire, il est utile de parler d'*acteur* individuel dans le cas de systèmes fonctionnels et d'*agent* individuel dans le cas des systèmes d'interdépendance. La notion d'*acteur* est, comme celle de *rôle*, empruntée au langage de la scène. De même, acteur et rôle sont deux concepts corrélés de la théorie sociologique. Le mot *agent* désigne clairement le porteur individuel de l'action sans renvoyer à la catégorie des *rôles*.

Les systèmes d'interdépendance sont souvent caractérisés par le fait que les actions émises par les agents du système engendrent des phénomènes collectifs en tant que tels non voulus par ces agents. On a déjà vu plus haut un exemple de ce cas de figure dans l'analyse mertonienne du racisme des ouvriers américains à la suite de la Première Guerre mondiale[1] : les ouvriers blancs qui militaient contre l'admission des Noirs dans les syndicats n'avaient ni explicitement ni même implicitement l'intention d'exclure les Noirs du marché du travail. Ils n'avaient pas davantage la volonté de contribuer à un renforcement du racisme. Simplement, ils ne croyaient pas que les Noirs puissent faire preuve de loyauté syndicale et répugnaient par conséquent à les admettre, au nom d'intérêts syndicaux qu'on ne peut considérer ni comme illégitimes ni comme mal compris. Le système d'interdépendance crée ici un effet d'*overshooting* : les effets locaux des actions individuelles sont

1. Cf. chapitre II.

amplifiés au niveau global par l'interdépendance entre les agents. Au niveau local, un Noir ne parvient pas à entrer dans le syndicat qui lui fournirait un accès au marché de l'emploi. La répétition du même phénomène en de multiples points de système provoque l'apparition d'un phénomène collectif, à savoir le renforcement du racisme et, par suite, une difficulté croissante pour le Noir de pénétrer sur le marché du travail par la grande porte du syndicat.

Un exemple classique d'effet d'amplification est celui des paniques financières comme celles qu'on a vu se développer au moment de la grande crise des années 30. Une rumeur se répand sur une *possible* insolvabilité des banques. Chacun des clients en particulier se présente alors au guichet pour retirer ses avoirs avant que sa banque ne fasse faillite. L'agrégation de ces actions individuelles a évidemment l'effet de mettre *réellement* la banque dans un état d'insolvabilité. La *croyance* en la véracité de la rumeur a pour conséquence d'en provoquer la réalisation. Bien entendu, ce résultat n'a en tant que tel été recherché par aucun des agents. Merton donne à ce type d'effet le nom de prophétie créatrice[1]. Dans certains cas, la *foi* peut effectivement soulever des montagnes.

On désignera dans la suite ce type d'effets par l'expression d'effets d'agrégation ou d'effets émergents[2]. Un effet d'agrégation ou effet émergent est donc un effet qui n'est pas explicitement recherché par les agents d'un système et qui résulte de leur situation d'interdépendance.

Remarquons tout de suite que les effets émergents ne sont pas réservés aux systèmes d'interdépendance. On a

1. Robert MERTON : *Éléments de théorie et de méthode de sociologie, op. cit.*, p. 141 sq.

2. On peut parler aussi d'effets de composition ou d'effets *pervers*.

vu par exemple au chapitre précédent que la différence dans le *style* de la philosophie politique et sociale en France et en Angleterre pouvait peut-être être considérée comme ce que nous appellerons désormais un effet émergent. De même, dans l'analyse du *Monopole* de Crozier, le caractère dominateur du directeur et la soumission du contrôleur sont des effets émergents résultant de la structure du système d'interaction liant les deux acteurs. La transformation du *malade* en tiers exclu dans les analyses d'*Asiles* de Goffman, les sentiments d'extradétermination et de manipulation éprouvés par les étudiants de l'université de masse sont, de même, des effets émergents.

Mais les systèmes d'interdépendance sont sans doute plus riches en effets émergents. La raison en est simple. En effet, le passage d'un système *inorganisé* à un système *organisé* est souvent dû à la volonté manifestée par les agents sociaux d'éliminer des effets émergents indésirables. Il est clair d'autre part qu'un processus d'organisation implique inévitablement l'introduction de normes et de contraintes restreignant la marge d'autonomie des individus et ayant pour effet d'inclure certaines catégories d'actions dans des *rôles*[1].

Considérons un cas très simple. Lorsque, à l'occasion par exemple d'une grève de l'E.D.F., les feux rouges ne fonctionnent plus à Paris, l'automobiliste ne peut plus interpréter correctement son rôle. Il est comme un acteur sans mémoire face à une défaillance du souffleur. Il se produit alors un effet émergent, les embouteillages, qui ne résultent évidemment pas de la volonté des acteurs et que chacun voudrait au contraire éviter.

---

1. James BUCHANAN et Gordon TULLOCK : *The calculus of consent,* Ann Arbor, The University of Michigan Press, 1965.

Quelques exemples classiques d'effets émergents

La tradition sociologique est particulièrement riche en ce qui concerne l'analyse des systèmes d'interdépendance et la mise en évidence des effets émergents qu'ils produisent. Ou, pour énoncer la même proposition de manière plus intéressante : bien des phénomènes qui intéressent ou ont intéressé les sociologues, apparaissent comme étant ou ayant été implicitement ou explicitement analysés comme les effets émergents de systèmes d'interdépendance.

Nous avons rappelé l'exemple de l'analyse du racisme par Merton. Rappelons aussi un autre exemple cité de manière très incidente au chapitre précédent. Lorsqu'on compare — aujourd'hui encore — une carte de France et une carte d'Angleterre, on note au premier coup d'œil que la fréquence des petites villes est beaucoup plus grande en France. Cette différence était déjà évidente au temps de Tocqueville. Dans *L'Ancien Régime...*, il l'interprète comme le résultat, évidemment non recherché par les agents, de différence entre les deux systèmes sociaux. L'importance plus grande de l'État dans le cas de la France se traduit par le fait qu'il peut distribuer un nombre de « places » plus grand et que celles-ci sont plus *convoitées* et par conséquent *valorisées*. L'offre de places crée ainsi une demande qui tend à renforcer l'offre. C'est pourquoi de nombreux exploitants agricoles quittent leurs terres et viennent occuper des charges royales contribuant à multiplier le nombre des petites villes.

La tradition hégélienne et marxiste fournit pour sa part de nombreux exemples d'effets émergents. En fait, on peut à bon droit défendre la thèse selon laquelle la notion de *contradiction* (au sens de Hegel et de Marx) et la notion de dialectique elle-même recouvrent en grande partie celle d'effets émergents[1]. Hegel a sans doute fait un choix malheureux lorsqu'il a emprunté un terme classique de la logique, celui de *contradiction*, pour traduire une proposition fondamentale, à savoir que la volonté des individus peut se retourner contre elle-même. Un tel détournement de sens ne pouvait qu'être cause de confusion. Cette confusion fut si puissante que Hegel s'y laissa lui-même prendre et pensa avoir découvert une nouvelle logique. Quoi qu'il en soit, les notions de *contradiction* et de *dialectique* résument une découverte profonde : à savoir que l'interdépendance entre les agents d'un système peut engendrer des effets non voulus, parfois contradictoires avec leurs objectifs. Telle est par exemple la signification qu'il faut donner à la célèbre dialectique du maître et de l'esclave dans la *Phénoménologie de l'esprit*. Elle montre comment le pouvoir peut se transformer en impuissance et, sous certaines conditions, l'impuissance en puissance.

Telle est aussi la signification de quelques-unes des analyses de Marx et en particulier la célèbre loi de la baisse tendancielle du taux de profit. Cette loi est si connue qu'on peut se contenter de la rappeler d'un mot. Les capitalistes s'approprient des profits d'autant plus élevés que la production totale est plus élevée, toutes choses égales d'ailleurs, et que la part du capital « fixe » (les machines) au capital « variable » (travail salarié) est plus grande. Mais il y a « contradiction » entre les deux variables déterminant le profit global. En

1. Voir Jon ELSTER : *Logic, op. cit* ; Louis SCHNEIDER : « Dialectic in sociology », *American Sociological Review*, 36, 1971, pp. 667-678. Il faut distinguer la dialectique de Hegel et de Marx, notion correspondant incontestablement à une intuition profonde, de la dialectique au sens du marxisme officiel. Cette dernière relève de la critique mortelle de Karl POPPER, in « What is dialectic ? », *Conjectures and Refutations*, Londres, Routledge and Kegan Paul, 1969 (3e éd.).

effet, le capitaliste a intérêt à augmenter sa productivité, c'est-à-dire réinvestir une partie de son profit pour acquérir des machines plus efficaces et plus rapides permettant de fabriquer un produit en un temps de travail plus bref. Mais ce faisant, il contribue à abaisser le taux de profit (puisque dans la théorie de Marx le profit résulte de la différence entre la valeur produite par le travail de l'ouvrier et le salaire qui lui est versé)[1]. Peu importe que la loi de la baisse tendancielle du taux de profit soit vraie ou fausse. Elle illustre un cas de figure où les agents sont placés dans un système d'interdépendance dont la structure est telle qu'ils sont incités à contribuer à produire un résultat qu'ils ne recherchent certainement pas. Un capitaliste ne peut pas ne pas chercher à investir. Pour reprendre le langage d'un exemple du chapitre II, l'investissement a une valeur *offensive* (si dans ma branche, j'aboutis le premier à une augmentation de la productivité, je serai en mesure d'offrir mon produit à un prix plus bas et de priver mes concurrents d'une partie de leur clientèle). Mais il a aussi une valeur *défensive.* Il me préserve des risques que me font courir les investissements des autres. Une stratégie dotée d'une valeur à la fois offensive et défensive a toutes les chances d'être adoptée. Et d'être adoptée par tous. Mais, ce faisant, les capitalistes rendent, selon l'analyse de Marx, un mauvais service au capitalisme. En effet, toute augmentation de la productivité entraîne le système vers un état-limite virtuel où les coûts de production ne comporteraient plus qu'une fraction infime de salaires et où le taux de profit serait par conséquent pratiquement nul. Dans un système de production automatisé, le capitaliste ne pourrait par définition prélever aucun profit, puisque le profit résulte d'une sous-rémunération du travail ouvrier. La source

1. *Le Capital*, Livre III.

à partir de laquelle l'investissement est financé serait alors tarie et la machine capitaliste devrait cesser de fonctionner.

Ce schéma est à l'évidence exagérément mécaniste. Il n'est certainement pas applicable à la réalité dans la mesure où il néglige la capacité qu'ont les agents sociaux de modifier la structure des systèmes d'interdépendance conduisant à des effets émergents indésirables. D'où la faiblesse du *matérialisme* de Marx. La mise en évidence d'un état-limite n'implique pas la *nécessité* de sa réalisation. Mais l'aspect mécaniste de l'analyse de Marx lui confère un intérêt didactique. Elle montre que certains systèmes d'interdépendance incitent les agents sociaux à entreprendre des actions conduisant à des effets indésirables de leur point de vue. Elle montre aussi — ce point est d'une importance particulière — que, dans certaines situations, les agents sociaux peuvent avoir *conscience* des effets indésirables qu'ils encourent, tout en étant incapables de les éviter. À supposer que le capitaliste de Marx connaisse et accepte l'analyse marxienne de la baisse tendancielle du taux de profit, il n'en résulte pas *ipso facto* une élimination de l'effet indésirable. Une interprétation « matérialiste » est sur ce point justifiée. Elle ne l'est plus si elle aboutit à la conclusion que les acteurs sont, *de manière irrémédiable*, incapables de modifier la tendance à la baisse indéfinie du taux de profit.

Considérons maintenant des exemples plus modernes d'analyses où des phénomènes sociaux importants sont analysés par le sociologue comme des effets émergents de systèmes d'interdépendance.

Mon premier exemple est tiré d'un livre du sociologue allemand Georg Simmel : *Philosophie des Geldes*, la philosophie de l'argent[1]. Simmel y développe une hypothèse qui sera souvent reprise après lui, à savoir que la forme des échanges économiques affecte la forme des relations entre les agents sociaux. Ainsi, la substitution de la monnaie à l'économie de troc engendre une multitude d'effets émergents. Son caractère d'instrument de mesure précis de la valeur, sa divisibilité, la facilité avec laquelle elle peut être accumulée et transférée encourage les individus à placer les relations qu'ils entretiennent les uns avec les autres sous le signe du calcul rationnel. Plus généralement, le caractère quantitatif de l'argent a pour effet d'accentuer la dépersonnalisation des relations entre agents sociaux dans les sociétés modernes où son usage est développé.

Une utile parenthèse peut être ouverte ici. On peut, de façon à la fois « libre » et pourtant fidèle, réinterpréter l'analyse de Simmel à l'aide des célèbres oppositions auxquelles Parsons a donné le nom de *pattern-variables* (variables de configuration)[2]. Pour illustrer les célèbres dichotomies parsoniennes que représentent les quatre variables de configuration (spécifique/diffus, universaliste/particulariste, affectivement neutre/non neutre affectivement, orienté vers l'accomplissement/ascriptif), on peut utiliser des exemples simples. Ainsi, l'interaction entre le banquier et son client, entre le juge et le prévenu sont des exemples d'interaction spécifique, universaliste, affectivement neutre et orientée vers l'accomplissement. Dans les deux cas, les agents sont guidés par la recherche d'un objectif (l'interaction est donc orientée vers l'accomplissement) ; cet objectif est spécifique (déposer un chèque, contrôler un alibi) ; l'interaction est affectivement neutre (la personnalité des agents est engagée au

---

1. Georg SIMMEL : *Philosophie des Geldes*, Berlin, Duncker, 6e éd., 1958.

2. Talcott PARSONS : *The Social System, op. cit.*, et *Éléments pour une sociologie de l'action*, Paris, Plon, 1955.

minimum dans l'interaction) ; elle est universaliste (les deux agents se conforment à des règles générales). Par contraste, l'interaction entre le père et le fils n'est pas *orientée vers l'accomplissement* (elle ne vise pas exclusivement la réalisation de fins) ; elle n'est *pas affectivement neutre* ; elle recouvre des activités et situations diverses et par conséquent est *diffuse* ; enfin elle n'obéit que dans une faible mesure à un code général et est donc *particulariste*.

En formalisant les hypothèses de Simmel dans *Philosophie des Geldes* on pourrait dire que la transformation des échanges économiques résultant de l'utilisation de la monnaie a eu pour effet, d'une part de cristalliser ces distinctions, d'autre part d'augmenter considérablement la fréquence des interactions *spécifiques — universalistes — affectivement neutres — orientées vers l'accomplissement*.

Parsons lui-même a présenté plusieurs exemples d'effets émergents. Le plus célèbre est peut-être celui de la nucléarisation de la famille moderne[1]. Pourquoi, se demande Parsons, les sociétés industrielles les plus avancées sont-elles caractérisées par le fait que la cohabitation entre membres d'une même famille tend à être de plus en plus strictement réduite au couple et aux jeunes enfants ? Cela résulte essentiellement, nous dit-il, de la nature du système de division du travail dans les sociétés industrielles modernes. La complexité du système a pour effet de faire de la *profession* une dimension essentielle du statut. En d'autres termes, le revenu, le prestige, le pouvoir et, de façon générale, les ressources matérielles et symboliques dont dispose un individu sont largement déterminés par la nature de son activité professionnelle. D'un autre côté, le statut

1. Talcott PARSONS : *Éléments..., op. cit.*, « Le système de parenté dans les Etats-Unis d'aujourd'hui », p. 129 sq.

professionnel d'un individu est en général la conséquence d'un long processus d'investissement et de tâtonnement. A partir d'un certain point, la famille n'est généralement plus d'aucun secours pour l'individu à cet égard. Même dans le cas où elle continue à lui apporter un soutien financier, elle est impuissante à lui garantir l'accès à une multitude de professions. Le commerçant ou l'artisan peut (dans certaines conditions) transmettre son statut socioprofessionnel à son fils ou à sa fille. Mais un cadre supérieur n'a qu'une capacité d'intervention très limitée sur l'insertion de son fils ou de sa fille dans le système des statuts socioprofessionnels. Par comparaison avec les sociétés traditionnelles, les sociétés industrielles sont donc caractérisées par un affaiblissement de la capacité moyenne de la famille à contrôler le processus d'insertion des individus dans le système socioprofessionnel. Cela a pour effet d'entraîner une distanciation et une autonomisation de l'individu par rapport à la famille. Ainsi, la nucléarisation de la famille est interprétée par Parsons comme un effet émergent résultant du système d'interdépendance créé par l'offre et la demande de statuts professionnels dans les sociétés industrielles modernes.

Avec les analyses de Tocqueville, Marx, Simmel et Parsons j'ai retenu à dessein les illustrations situées au niveau macrosociologique. En effet, ces analyses concernent toutes des phénomènes situés au niveau de sociétés globales. Elles démontrent que le sociologue peut se donner un niveau d'analyse très général sans pour autant devoir renoncer à une analyse des actions. Dans tous les cas évoqués, l'effet émergent est analysé comme le résultat d'une agrégation d'actions individuelles dans le contexte d'un système d'interdépendance.

Ces systèmes d'interdépendance ne sont pas nécessairement situés à un niveau *macrosociologique*, c'est-à-dire au niveau de sociétés considérées dans leur ensemble.

Les conflits syndicaux fournissent au sociologue l'occasion d'analyser des systèmes d'interdépendance de dimension plus abordable. Voici, très rapidement exposé, un exemple qui me paraît d'un grand intérêt[1]. Il s'agissait de savoir pourquoi le syndicalisme américain paraît avoir des effets *positifs* sur la productivité du système économique, donnant à l'observateur extérieur le sentiment d'une entente entre syndicalistes et industriels. L'augmentation de la productivité ne peut évidemment être considérée comme un objectif délibérément recherché par les syndicalistes ni en tant que fin ni en tant que moyen. Une description réaliste doit accorder aux syndicalistes ou, plus précisément, à l'appareil syndical un objectif principal : ne pas perdre l'appui de sa clientèle et, si possible, l'élargir en cherchant à lui procurer des avantages variés tels que : augmentations de salaire, augmentation de la sécurité de l'emploi, etc. En résumé, le caractère *quasi coopératif* des relations entre industriels et syndicats doit être considéré non comme un résultat dû à la volonté des agents, mais comme un effet *émergent* du système d'interdépendance.

La clé du mystère est brillamment fournie par une équipe de syndicalistes anglais. En Angleterre, les augmentations de salaires résultent très largement, comme dans le cas de la France, de négociations conduites au niveau national. Par contraste, les négociations sont aux Etats-Unis très généralement situées au niveau de l'entreprise. Cela permet aux organisations syndicales de dégager une stratégie de type séquentiel. En général, l'organisation syndicale s'attaque d'abord à l'entreprise

1. Lewis ORD : *Industrial frustration*, Londres, Oxford University Press, 1959. Voir aussi G. ADAM et J.-D. REYNAUD : *Conflits du travail et changement social, op. cit.*

la plus dynamique de la branche industrielle. Etant la plus dynamique, cette entreprise est aussi la plus prospère. Mais elle est par là même la plus vulnérable. D'une part, parce qu'elle peut supporter plus facilement que d'autres les effets d'une augmentation de salaires. D'autre part, parce qu'une grève prolongée l'exposerait au risque redoutable de perdre l'avance qu'elle détient sur ses concurrents ainsi que les avantages résultant de cette avance. Cette vulnérabilité fait de l'entreprise dominante une cible privilégiée des attaques syndicales. Une fois qu'elle a cédé, l'organisation syndicale s'en prend aux entreprises moins prospères. A la fin du processus de négociation les firmes les moins prospères concèdent des salaires soit égaux, soit légèrement inférieurs à ceux des firmes dominantes. Le caractère graduel des pressions syndicales a pour effet (non voulu) d'inciter l'ensemble des firmes à l'efficacité économique tout en évitant de les exposer à des pressions brutales et inattendues qui risqueraient de mettre leur équilibre en danger.

Un autre exemple *mésosociologique*[1] intéressant est fourni par une analyse de Nieburg[2]. Pourquoi, se demande cet auteur, la violence dans les ghettos noirs américains cessa-t-elle brusquement vers le milieu des années 60 ? Une analyse superficielle pourrait attribuer ce changement aux mesures engagées par l'administration en faveur des Noirs. En réalité, il est dû davantage, selon Nieburg, au fait que les Noirs, ayant, dans la période de tension du début des années 60, accumulé des stocks d'armes importants, la police se mit à adopter une attitude de circonspection et de prudence dans ses relations avec les ghettos. L'aggravation de la tension

1. Expression empruntée à Michel Crozier.

2. H.L. NIEBURG : *Political violence*, New York, Saint Martin's Presse, 1969.

entre la communauté blanche et la communauté noire eut aussi l'effet inattendu de mettre un point final aux affrontements violents.

On trouverait dans les travaux d'auteurs tels que Coser et Touraine[1] des processus de retournement comparables à celui que décrit Nieburg où l'on voit que les actions engagées par les agents d'un système d'interdépendance ont pour effet de transformer une situation d'affrontement en une situation de coopération (cas du syndicalisme allemand par exemple) ou de conflit *institutionnalisé* [2].

Les quelques exemples précédents permettent de concrétiser la distinction introduite plus haut entre les différents types de systèmes d'interaction. Dans certains cas, l'interaction s'effectue dans le contexte de rôles (systèmes fonctionnels). Dans d'autres cas, la notion de rôle est peu utile à l'analyse (système d'interdépendance). Mais l'interdépendance peut prendre des formes différentes : celle de l'interdépendance directe (les négociateurs syndicaux face aux industriels, le gouvernement allemand face au gouvernement anglais à la veille de la Première Guerre mondiale) ; celle de l'interdépendance indirecte (les capitalistes de Marx ou les exploitants agricoles de Tocqueville qui, bien que ne se rencontrant à aucun moment, « coopèrent » à la production d'effets émergents : baisse du taux de profit, production d'un tissu urbain dominé par les petites agglomérations).

1. Alain TOURAINE : *Sociologie de l'action ; Production de la Société op. cit.*; Lewis COSER : *The functions of social conflict*, New York, Glencoe, The Free Press, 1964 ; *Continuities in the study of social conflict*, New York, The Free Press, 1967.

2. Thomas SCHELLING : *La tyrannie des petites décisions* (titre provisoire à paraître), Presses Universitaires de France, 1979, présente de nombreux exemples de situations où les deux dimensions de la *coopération* et du *conflit* sont indissolublement liées.

Ces illustrations permettent également de mesurer la diversité des systèmes d'interdépendance. Cette diversité a pour conséquence qu'il ne paraît guère utile d'essayer d'énoncer à leur propos des propositions générales. Ici encore, le sociologue est voué à l'analyse du *singulier*. Tout au plus peut-il, à l'occasion et à partir de l'analyse de systèmes d'interdépendance singuliers, faire apparaître quelques structures fondamentales typiques.

Certains effets émergents prennent par exemple la forme d'effets de *renforcement* (cas de l'amplification du racisme anti-noir des ouvriers américains[1]). D'autres prennent la forme d'effets de *renversement* (le gouvernement révolutionnaire réquisitionne les grains pour éviter la disette dans les villes ; ce faisant, il provoque leur disparition quasi totale des marchés ; les Noirs des ghettos, en s'armant, contribuent à la détente dans les relations inter-ethniques). D'autres prennent la forme de *contradictions* (au sens dialectique) ; le capitaliste selon Marx ne peut simultanément satisfaire ses objectifs à court terme (faire des profits) et à long terme (ne pas tendre vers une situation où il ne pourrait plus récolter de profits.) D'autres prennent la forme d'effets d'*innovation* sociale provoquant l'apparition de phénomènes inédits (la nucléarisation de la famille). D'autres, celles d'effets de *stabilisation* (effets de type Coser-Touraine d'institutionnalisation des conflits).

On pourrait allonger cette liste. On pourrait aussi, sans aucun doute, chercher à la rendre plus systématique, en substituant à la simple énumération que nous venons de présenter une classification plus élaborée. Mais nous ne pouvons nous engager dans cette voie dans le cadre qui est le nôtre ici.

Dans les sections qui suivent nous avons choisi de présenter en détail quelques exemples de systèmes

---

1. Cf. chapitre II.

d'interdépendance conduisant à des effets émergents intéressants. Un examen détaillé de ces exemples complétera le panorama qui vient d'être esquissé.

Structure avec effets de neutralisation et effets de divergence

Dans certains cas, on observe que les changements individuels sont neutralisés au niveau collectif. L'exemple le plus simple est le suivant. En un point du temps (t1) 60 individus sont partisans de A et 40 de B (marges horizontales du tableau). A un moment ultérieur du temps (t2) « l'opinion publique n'a pas changé » : il y a toujours 60 personnes favorables à A et 40 favorables à B (marges verticales du tableau). L'*opinion* n'a pas changé. Mais en consultant l'intérieur du tableau, on constate que 25 personnnes sont passées entre t1 et t2 de A à B tandis que 25 personnes faisaient un trajet inverse de B en A. La stabilité de l'opinion (phénomène collectif) résulte d'une forte instabilité des opinions. Appelons un tel effet, lorsqu'il se présente, effet de neutralisation.

		Sont en t2 favorables à		
		A	B	
Etaient en t1 favorables à	A	35	25	60
	B	25	15	40
		60	40	

L'absence de changement ou la stabilité de certains phénomènes collectifs n'implique évidemment pas dans tous les cas l'existence d'effets de neutralisation. Cette stabilité peut aussi résulter de la stabilité des comportements individuels. Ainsi, il est clair, pour reprendre l'exemple précédent, que la stabilité dans le temps entre t1 et t2 de la distribution marginale (60, 40) peut être assurée simplement par la stabilité des choix : les partisans de A restant partisans de A et les partisans de B partisans de B entre t1 et t2. Nous verrons au chapitre V sur le changement social un exemple où la stabilité des structures est effectivement due à la stabilité des comportements individuels. Ici, nous examinerons un cas de figure caractérisé par la manifestation d'effets de neutralisation : la stabilité des structures « résulte » de l'instabilité des comportements individuels.

En 1958, Lipset et Bendix[1] provoquèrent un effet de surprise considérable lorsqu'ils montrèrent que la structure de la mobilité sociale entre générations ne présentait pas de variations notables entre des pays pourtant aussi différents que la France, le Japon, l'Allemagne, les pays scandinaves ou les Etats-Unis. Le niveau de développement économique de ces pays ne pouvait, une dizaine d'années après la Seconde Guerre mondiale, être considéré comme identique. Ils différaient entre eux du point de vue de la politique sociale. Historiquement, certains de ces pays avaient connu un système de stratification légal (les *Etats* d'Ancien Régime en France, les *Stände* allemands) ; d'autre non (Etats-Unis). Sociologiquement, les barrières entre classes étaient plus marquées en Europe qu'en Amérique du Nord. Pourtant, l'ensemble de ces différences n'exerce curieusement aucun effet notable sur la structure de la

1. R. BENDIX et S. LIPSET : *Social mobility in industrial societies, op. çit.*

mobilité entre générations : l'importance des flux passant au cours d'une génération d'une catégorie sociale à l'autre apparaît comme comparable dans l'ensemble des pays industrialisés.

L'effet de surprise se trouva renforcé par le fait que la structure de la mobilité entre générations se révéla aussi, pour chaque société considérée (dans la mesure où des informations étaient disponibles à cet égard)[1], comme remarquablement stable dans le temps. En Grande-Bretagne, en Suède, aux Etats-Unis, la structure de la mobilité sociale apparaît comme faiblement affectée par les changements considérables survenus dans les sociétés industrielles au cours d'un demi-siècle. Ni le développement économique, ni le développement spectaculaire de la scolarisation ni la démocratisation de l'enseignement ne paraissaient avoir eu d'incidence notable sur la structure de la mobilité entre générations.

Ajoutons que les résultats énoncés par Lipset et Bendix en 1958 restent largement vrais vingt ans après.

On peut montrer que cette stabilité de la mobilité a le statut d'un effet émergent : il résulte de l'agrégation de comportements et décisions individuels mais n'est pas inscrit dans les finalités que se donnent les agents sociaux. Cet effet émergent prend en l'occurrence la forme d'un effet de neutralisation : les comportements individuels changent dans le temps ; certaines distributions résultant de ces comportements changent également dans le temps. Ainsi, le niveau scolaire moyen croît.

1. David GLASS : *Social mobility in Britain*, Londres, Routledge and Kegan Paul, 1954 ; Gösta CARLSSON : *Social mobility and class structure*, Lund, Gleerup, 1958 ; Roger GIROD : *Mobilité sociale*, Paris, Genève, Droz, 1971 ; ainsi que *Inégalité, inégalités*, Paris, Presses Universitaires de France, 1977 ; Walter MULLER : *Familie, Schule, Beruf*, Opladen, Westdeutscher Verlag, 1975 ; Peter BLAU et Otis DUNCAN : *The American occupational structure*, New York, Wiley, 1967.

Malgré cela, certains effets collectifs de ces changements individuels apparaissent comme remarquablement stables. C'est le cas notamment de la structure de la mobilité entre générations auquel nous nous arrêterons maintenant.

Pour montrer que des effets de ce type peuvent se produire en dépit de leur caractère contre-intuitif, considérons un modèle simple. Imaginons qu'on puisse distinguer dans une société industrielle que nous ne chercherons pas à identifier un système de stratification composé de trois classes sociales : C1 (supérieure), C2 (moyenne), C3 (inférieure). Dans cette société, entre deux des périodes que nous appellerons t1 et t2, le niveau de scolarisation moyen s'est sensiblement élevé ; en outre, une démocratisation de l'accès au système scolaire s'est produite. Supposons que ce changement se traduise par le tableau de la page suivante[1]. Ce tableau donne aux deux périodes t1 et t2 le niveau atteint par les membres d'une cohorte d'individus répartis en fonction de leur classe sociale d'origine.

On remarque que ce tableau fait effectivement apparaître une augmentation du niveau scolaire moyen. D'un autre côté, la disparité entre les classes s'est atténuée. Ainsi, en t1, 33 % des adolescents de classe supérieure

1. Voir Raymond BOUDON : *L'Inégalité des chances, op. cit.*, ainsi que Thomas FARARO et Kenji OSAKA : « A mathematical analysis of Boudon's IEO model », *Information sur les sciences sociales*, 15, 1976, pp. 431-475 ; Natalie ROGOFF RAMSOY : « On educational opportunity and social inequality », *Ibid.*, 14, 1975, pp. 107-113 ; Michael USEEM et S.M. MILLER : « Privilege and domination : the role of the upper class in American higher education », *Ibid.*, 14, 1975, pp. 115-145 ; Jon ELSTER : « Boudon, education and the theory of games », *Ibid.*, 15, 1976, pp. 733-740 ; Hayward ALKER : « Boudon's educational theses about the replication of social inequality », *Ibid.*, 15, 1976, pp. 33-46 ; Rudolph ANDORKA : « Social mobility and education in Hungary : an analysis applying Raymond Boudon's models », *Ibid.*, 15, 1976, pp. 47-70.

font des études supérieures contre 10 dans la classe

Niveau scolaire atteint	Classe sociale d'origine et période					
	C1 (supérieure)		C2 (moyenne)		C3 (inférieure)	
	en t1	en t2	en t1	en t2	en t1	en t2
1. Fin des études supérieures	23 %	31 %	5 %	9 %	1 %	2 %
2. Études supérieures inachevées	10	10	5	7	2	3
3. Fin des études secondaires	6	6	4	5	2	3
4. Second cycle secondaire inachevé	17	16	25	17	8	12
5. Fin du premier cycle secondaire	26	22	36	34	33	36
6. Études primaires	18	15	35	28	54	44
TOTAL	100 %	100 %	100 %	100 %	100 %	100 %

moyenne et 3 dans la classe inférieure. A la deuxième période, ces pourcentages passent à 41, 16 et 5 respectivement pour les trois classes. Ainsi, le coefficient de disparité entre classe supérieure et classe moyenne passe de 3,3 à 2,5, le cœfficient de disparité entre classe supérieure et classe inférieure de 11,0 à 8,2 ; le coefficient de disparité entre la classe moyenne et la classe inférieure de 3,3 à 3,2. Le tableau précédent simule donc un système où les comportements scolaires des individus en fonction de leur classe sociale d'origine apparaissent comme changeant dans le temps. Ces changements individuels engendrent des changements collectifs. Ainsi, le niveau scolaire moyen augmente, les disparités entre classes s'atténuent. Ce changement se traduit-il nécessairement par un changement dans la structure de la mobilité entre générations ? Telle est la question que nous examinerons maintenant.

En raisonnant de manière intuitive, on peut être tenté de donner une réponse positive à la question posée. Le niveau scolaire a un poids déterminant dans l'acquisition du statut socioprofessionnel. Si l'égalité des chances scolaires croît, si, en d'autres termes, la classe sociale d'origine exerce un effet moins déterminant sur le niveau scolaire, on en « déduit » — par une déduction apparemment légitime de type « syllogistique[1] » — que l'égalisation des chances scolaires doit avoir pour effet d'atténuer le degré auquel les origines sociales déterminent le statut socioprofessionnel. Bref, l'intuition nous dit que l'égalisation des chances scolaires doit provoquer une augmentation de la mobilité sociale entre générations.

Pour mettre à l'épreuve la validité de ce raisonnement, nous compléterons le modèle simulé que nous avons commencé à construire. Pour cela, introduisons l'hypothèse que le niveau scolaire atteint par les individus représente une sorte de ticket de priorité de valeur variable. Les positions sociales les plus désirables sont attribuées en priorité aux adolescents munis du meilleur niveau scolaire (jusqu'à épuisement du stock des positions ou des adolescents) : dès qu'une catégorie sociale est remplie ou une catégorie d'adolescents épuisée, on passe à la catégorie suivante. Le processus est représenté au tableau, p. 139. On a supposé que 10 000 positions

1. L'exemple présent montre que la complexité de certaines structures interdit un traitement de type verbal.

étaient disponibles (dont 1 000 au niveau supérieur, 3 000 au niveau moyen et 6 000 au niveau inférieur)[1].

Admettons d'autre part que les effectifs des adolescents décrits au premier tableau soient respectivement égaux à 1 000, 3 000, 6 000 pour les trois classes. Ce premier tableau nous dit que, en t1, respectivement 23 %, 5 % et 1 % des adolescents d'origines sociales élevée, moyenne et basse atteignent le niveau « Fin d'études supérieures ». Au total le nombre des étudiants parvenus à ce niveau (toutes origines sociales réunies) est donc égal à (1 000 x 0,23) + (3 000 x 0,5) + (6 000 x 0,01) = 440.

En procédant à des calculs analogues pour l'ensemble des autres niveaux scolaires, on obtient les données portées dans la dernière colonne du tableau ci-dessus. La moitié supérieure du tableau correspond à la période t1, la moitié inférieure à la période t2.

Ayant ainsi déterminé la structure des positions disponibles aux deux périodes (détermination exogène) et celle de la population des candidats (détermination endogène à partir du premier tableau), le modèle permet de mettre en œuvre un processus de file d'attente méritocratique. Pour cela, nous supposerons que 70 %

1. Plus explicitement, la procédure est la suivante. Soit S1, S2, ..., S6 les niveaux scolaires. On considère d'abord les S1. Ils sont moins nombreux que les places disponibles en C1. On donne à 70 % d'entre eux un statut C1 et à 70 % du reste un statut C2. On procède de la même manière pour les S2, pour les S3. Quand on arrive au S4, on remarque qu'ils sont cette fois plus nombreux que les places restant disponibles en C1. C'est donc à ce reste qu'on applique le cœfficient de 70 % : les S3 reçoivent 70 % des places restant disponibles en C1. On continue de la même manière pour les autres cases. Formellement, le paramètre 0,70 qui mesure l'efficacité du ticket de priorité scolaire, est appliqué à la quantité *min (ri, rj)* où ri est le nombre de candidats non encore servis et rj le nombre de places non encore pourvues au moment où on cherche à fixer le nombre des candidats de niveau scolaire Si destiné à occuper des statuts de rang Cj.

Niveau scolaire (t1)	Positions sociales (t1)			
	C1 (supér.)	C2 (moyen.)	C3 (infér.)	Total
1	308	92	40	440
2	259	77	34	370
3	210	63	27	300
4	156	661	283	1 100
5	47	1 475	1 798	3 320
6	10	632	3 818	4 470
Total	1 000	3 000	6 000	10 000
Niveau scolaire (t2)	**Positions sociales (t2)**			
	C1 (supér.)	C2 (moyen.)	C3 (infér.)	Total
1	490	147	63	700
2	343	103	44	490
3	117	191	82	390
4	35	949	407	1 390
5	11	1 127	2 262	3 400
6	4	483	3 142	3 630
Total	1 000	3 000	6 000	10 000

des candidats munis du niveau scolaire 1 (le plus élevé) se voient attribuer des positions sociales supérieures. Ce « paramètre » est arbitraire, il indique simplement que le ticket de priorité, sans donner automatiquement droit aux meilleures positions sociales, a une forte efficacité. Ainsi, 70 % des 440 candidats de niveau scolaire élevé, soit 308, se voient attribuer des positions sociales de niveau élevé. Il reste donc 132 candidats de niveau scolaire élevé non placés dans la catégorie sociale supérieure. On suppose qu'à 70 % d'entre eux, soit 92, on attribue une position sociale moyenne. Il reste donc 40 candidats de niveau scolaire supérieur. On leur attribue des positions sociales inférieures.

Catégorie sociale d'origine (t1)	Catégorie sociale de destination (t1)			
	C1 (supér.)	C2 (moyen.)	C3 (infér.)	Total
C1 (supér.)	301	325	374	1 000
C2 (moyen.)	377	986	1 637	3 000
C3 (infér.)	322	1 689	3 989	6 000
Total	1 000	3 000	6 000	10 000

Catégorie sociale d'origine (t2)	Catégorie sociale de destination (t2)			
	C1 (supér.)	C2 (moyen.)	C3 (infér.)	Total
C1 (supér.)	310	318	372	1 000
C2 (moyen.)	398	972	1 630	3 000
C3 (infér.)	292	1 710	3 998	6 000
Total	1 000	3 000	6 000	10 000

Le reste du tableau est rempli de la même façon, en conservant tout au long de la procédure une valeur constante au paramètre « méritocratique » : 70 %.

Cela fait, il devient possible de s'interroger sur le changement dans le temps entre t1 et t2 de la structure de la mobilité entre générations. En effet, le premier tableau nous permet de connaître pour chaque classe sociale d'origine les proportions d'individus atteignant chacun des niveaux scolaires. Le second tableau nous donne pour sa part les proportions d'individus atteignant chacune des catégories sociales de destination pour chacun des niveaux scolaires. En d'autres termes, le premier tableau nous donne la structure du flux entre catégories sociales d'origine et niveaux scolaires. Le second tableau nous donne la structure des flux entre niveau scolaire et catégorie sociale de destination. Ainsi, en combinant les informations tirées des deux tableaux, on peut reconstituer les flux allant de chacune des catégories sociales de départ à chacune des catégories de destination[1].

Le résultat de cette combinaison apparaît au tableau p. 140. La moitié supérieure du tableau donne la structure des flux entre générations en t1 ; la moitié inférieure donne la structure des mêmes flux en t2. On remarque immédiatement le caractère minime du changement affectant la structure des flux entre t1 et

t2. Les effectifs homologues des deux moitiés du tableau diffèrent au plus de quelques unités. Ainsi les proportions d'individus issus de chacune des trois catégories sociales et parvenant à chacune des trois catégories sociales apparaissent comme très stables de t1 à t2. Sans insister sur ce point, notons que cette

1. Techniquement, la « combinaison » prend la forme du produit entre deux matrices de passage (passages de l'origine sociale au niveau scolaire, passages du niveau scolaire au statut social).

Catégories d'origine		Catégories d'arrivée			
		C1	C2	C3	Total
t1	C1	44,44	34,48	21,08	100,00
	C2	28,16	41,68	30,16	100,00
	C3	17,62	44,34	38,04	100,00
t2	C1	45,28	33,52	21,20	100,00
	C2	28,52	41,12	30,36	100,00
	C3	16,32	44,60	39,08	100,00

conclusion reste valable lorsqu'on modifie les hypothèses du modèle[1].

Le modèle démontre ainsi qu'on *peut* fort bien observer une augmentation de l'égalité des chances scolaires en fonction de la classe sociale d'origine, sans que cette égalisation ait pour effet de provoquer une atténuation sensible de la relation entre origines sociales et catégorie sociale d'appartenance. Ce résultat n'implique pas que le niveau scolaire n'ait pas d'influence sur le statut social. Une telle interprétation serait erronée. Le modèle suppose au contraire qu'un bon niveau scolaire confère à l'individu qui le détient une priorité relative dans le processus de file d'attente par lequel un statut social lui est attribué.

La stabilité de la structure des flux de mobilité résulte de l'interdépendance entre les agents : en même temps que les disparités relatives aux chances scolaires s'atté-

1. A titre d'exemple supposons un système scolaire plus développé que dans l'exemple du texte. En t1, sur 10 000 adolescents, 920, 560, 400, 1 350, 3 210 et 3 560 atteignent les niveaux scolaires 1 à 6. En t2, ces effectifs sont 1 350, 670, 470, 1 520, 3 100 et 2 890. En conservant toutes les autres hypothèses, on obtient les flux de mobilité suivants.

nuent, il se produit un gonflement de la file d'attente qui provoque à son tour un effet complexe de dévaluation des tickets de priorité. Le résultat net est que l'augmentation de l'inégalité des chances scolaires n'entraîne pas d'effet sensible sur la relation entre origines sociales et statut social d'appartenance. Le comportement des individus a changé entre t1 et t2 : toutes choses égales d'ailleurs, un individu de la cohorte t2 recherche par rapport à un individu comparable de la cohorte t1 un niveau scolaire supérieur[1]. Le niveau scolaire moyen de chaque catégorie a donc augmenté ; en outre, le changement a été plus sensible pour les catégories modestes. Malgré cela, et en dépit du fait que le niveau scolaire contribue largement à déterminer le statut social, la structure de la mobilité sociale reste stable. On a affaire à un effet de neutralisation : les changements dans les comportements individuels provoquent (du point de vue de la relation entre statut d'origine et statut de destination) des effets qui s'annulent.

Notons que le système d'interdépendance qui vient d'être décrit provoque une multitude d'autres effets émergents qui, eux, ne prennent pas la forme d'effets de neutralisation. Le deuxième tableau montre par exemple que le niveau scolaire moyen correspondant à chaque catégorie de destination s'élève d'autant plus vite que cette catégorie est plus élevée. Ainsi la logique de la structure d'interdépendance décrite par le modèle a pour effet que la détention d'un ticket de priorité devient à la fois, si l'on peut dire, de plus en plus *nécessaire* et de moins en moins *suffisant* à l'acquisition d'un statut social élevé : les chances qu'un individu obtienne un statut social bas s'il n'a pas de ticket de priorité augmentent au cours du temps ; mais s'il détient

1. Voir R. Boudon : *L'Inégalité..., op.cit.*

ce ticket ses chances d'obtenir un statut social élevé ont, dans le même temps, tendance à diminuer.

Au total, la structure du système d'interdépendance a pour effet d'inciter les individus appartenant à une cohorte t2 à rechercher un niveau scolaire plus élevé que ceux de la cohorte précédente. Ce faisant, ces agents entretiennent l'effet d'incitation auquel ils ont été eux-mêmes exposés. De sorte que les individus de la cohorte t3 se trouvent eux-mêmes incités à rechercher un niveau scolaire plus élevé que ceux de la cohorte t2. En dehors de l'effet d'absorption décrit plus haut, le système engendre donc un effet de divergence de type inflationniste. Ce phénomène de divergence ne peut se développer indéfiniment. A partir d'un certain seuil, il est porteur d'incitations au changement s'adressant non seulement aux individus directement concernés par la course aux diplômes mais aussi aux acteurs sociaux possédant à un titre ou à un autre un certain degré de contrôle sur la structure du système.

Cet exemple illustre bien certaines des notions précédemment introduites : les « décisions » des agents sociaux relatives à leur orientation scolaire sont (sous certaines réserves institutionnelles) *autonomes*. Pourvu que je satisfasse à certaines conditions, je puis, en toute autonomie, décider de faire par exemple des études de physique. Mais ma décision contribue à engendrer, à partir du moment où elle est jointe à celle des autres membres de ma cohorte, un certain nombre de phénomènes émergents. Ces phénomènes macroscopiques résultent des causes microscopiques que sont les intentions des agents individuels (et aussi bien entendu des *structures* déterminées notamment par les institutions et par les comportements et décisions des autres). Pourtant, ils sont étrangers à ces intentions.

Structures avec effets de dégradation, de ségrégation, de frustration, d'amplification

Dans la première section de ce chapitre, nous avons analysé des exemples de structures d'interdépendance provoquant des effets émergents de types variés (renforcement, renversement, contradiction, innovation sociale, stabilisation). Certains de ces effets apparaissent comme des résultats socialement indésirables (le renforcement du racisme), d'autres ont le caractère d'effets non recherchés par les agents mais collectivement et individuellement positifs (institutionnalisation des conflits), d'autres ne sont clairement chargés ni d'un signe positif ni d'un signe négatif (la nucléarisation de la famille).

Dans la seconde section, nous avons évoqué l'exemple d'une structure d'interdépendance à effets émergents *multiples* tous perçus comme socialement importants. Dans notre présentation, nous avons retenu deux des effets engendrés par la structure d'interdépendance : un effet de *neutralisation* (l'égalisation des chances scolaires n'a pas d'effet sur la structure de la mobilité sociale), et un effet de *divergence* (le coût du statut social en termes d'investissement éducatif tend à augmenter indéfiniment).

Dans cette dernière section, nous passerons rapidement en revue un certain nombre d'effets mis en évidence à propos de structures d'interdépendance singulières, mais présentant un intérêt général dans la mesure où on peut les illustrer à l'aide d'une multitude d'exemples concrets. Ces structures ont une importance sociale particulière non seulement parce qu'elles sont fréquemment observables mais parce qu'elles engendrent des effets indésirables. Elles créent donc des situations de tension ou de crise. Le repérage d'effets structurels de ce type est souvent une étape importante dans l'analyse du changement social[1].

Dans un livre déjà cité, Hirschman présente une observation fort instructive[2]. A partir du moment où les chemins de fer nigériens se virent exposés à la concurrence des transports routiers, il en résulta une dégradation qui devait se révéler inéluctable de la qualité des transports ferroviaires (lenteur, imprévisibilité croissantes). Cette dégradation était due à ce que la partie la plus dynamique et exigeante de la clientèle des moyens de transport déserta le rail pour la route quand cela fut possible. Il en résulta du côté rail un abaissement des incitations à l'amélioration du service. En conséquence, le réseau ferroviaire continua de se dégrader entraînant de nouvelles défections selon un processus en spirale. La dégradation du cœur des villes aux Etats-Unis s'explique de la même façon : les couches sociales les plus élevées s'étant mises à se déplacer vers la périphérie notamment pour éviter les nuisances du centre, il en résulta une dégradation du centre des villes. Naturellement cette dégradation provoqua de nouveaux départs vers la périphérie de la part des citadins les plus aisés. Par un processus inverse mais de structure comparable, le cœur de certaines villes européennes (comme Paris) tend à être de plus en plus « réservé » aux couches sociales aisées. De même, le système français des *Grandes Écoles*, en aspirant l'élite des étudiants, a exercé un effet constant de dégradation sur l'université.

Dans tous ces exemples, on observe un double effet émergent. Un effet de *dégradation* d'abord. Dans certains cas, cet effet apparaît comme inéluctable : détérioration du cœur des villes américaines, dégéné-

1. Cf. chapitre VI sur l'importance des effets divergents pour l'analyse du changement social.

2. Albert HIRSCHMAN : *La réaction au déclin des firmes, des entreprises et de l'État, op. cit.*

rescence des chemins de fer nigériens, asthénie de certains secteurs de l'université française. Effet de *ségrégation*, d'autre part : les utilisateurs exigeants — qui sont aussi souvent ceux dont les ressources sont plus élevées — tendent à se retrouver entre eux. Ainsi, la logique de ces processus veut que les effets positifs qu'on y observe (nul ne conteste l'utilité des routes nigériennes ou des Grandes Écoles) entraînent des effets négatifs parfois difficilement contrôlables.

Voici maintenant quelques exemples de structures avec effets de *frustration*. Elles ont la caractéristique d'entraîner les agents sociaux dans une sorte de piège social qui les incite à choisir avec les meilleures *raisons* du monde une ligne de conduite aboutissant à des résultats qu'ils auraient souhaité ne pas obtenir. On peut faire l'hypothèse que la notion durkheimienne de l'*anomie* est une sorte d'intuition diffuse de l'existence de ce type de structures. Cette intuition est également présente, de façon peut-être encore plus claire, chez Rousseau. Le *Contrat social* comme la théorie durkheimienne de l'anomie avancent que, dans certains cas, la contrainte morale ou légale peut être un bon moyen d'empêcher l'agent social de s'engager avec les meilleures raisons dans des actions conduisant à des résultats indésirables.

Considérons d'abord un modèle abstrait rappelant un exemple évoqué au premier chapitre. Imaginons que la *Société* offre à un ensemble d'agents sociaux le « jeu » suivant : ou bien vous vous donnez un niveau d'ambition faible, vous vous engagez dans des investissements (psychologiques, sociaux, financiers, etc.) modérés et vous tirez avec certitude un bénéfice modéré de cet investissement. Ou bien vous vous engagez dans un investissement plus important, mais le rendement de votre investissement est alors plus incertain : il peut être grand, moyen ou petit.

Pour fixer les idées, imaginons que l'investissement bas donne un bénéfice net de 1 unité. C'est l'*aurea mediocritas* de Durkheim[1]. L'investissement haut donne un bénéfice net soit de 2, soit de 1, soit de 0. Il s'agit d'une situation de concurrence : concrètement, nous supposerons que nous avons affaire à un groupe de dix personnes. Si les dix personnes choisissent l'investissement haut, les trois premières auront un bénéfice de 2, les quatre suivantes un bénéfice de 1, les trois dernières un bénéfice de 0. Si neuf personnes choisissent l'investissement haut, trois seulement obtiendront 0. Nous supposerons par ailleurs que les dix membres du groupe ont les mêmes ressources et les mêmes capacités[2]. Il est alors facile de déterminer le calcul de chacun des participants. Pour chacun, la situation la plus défavorable dans le cas où il choisirait lui-même l'investissement haut, est celle où tous les autres choisiraient également l'investissement haut. Dans ce cas il a 3 chances sur 10 de récolter un bénéfice de 2, 4 chances de récolter 1 et 3 chances de récolter 0. Son espérance de gain est alors égale à 1, car si le jeu était répété dans les mêmes conditions un nombre important de fois il récolterait en moyenne 2. (3/10) + 1. (4/10) + 0. (3/10) = 1. Lorsque le jeu n'est pas répété, l'espérance de gain a une signification plus abstraite. Mais elle reste une mesure de l'attraction de l'investissement pour le sujet.

Dans toutes les autres situations, l'espérance de gain de l'individu est plus élevée. Ainsi, dans le cas où huit individus seulement choisissent l'investissement haut, l'espérance de gain de chacun de ces individus est égale à : 2.(3/8) + 1.(4/8) + 0.(1/8) = 1,25.

---

1. Émile DURKHEIM : *La division du traval social, op. cit.* p. 214 sq.

2. Cette restriction peut être levée, cf. *infra* et chapitre I.

Supposons maintenant que chacun se tienne le raisonnement suivant : après tout mes ressources sont semblables à celles des autres ; en choisissant l'investissement bas, je gagne 1 avec certitude ; en choisissant l'investissement haut j'ai une espérance de gain de 1 dans le pire des cas (si certains choisissent l'investissement bas, mon espérance de gain est supérieure à 1) ; en outre, pourquoi m'exclure moi-même de la chance que j'ai de gagner 2 et, ce faisant, faire un don gratuit aux autres en augmentant par mon retrait leurs chances d'obtenir 2.

Bref, il n'est pas impossible que dans une situation de ce genre, chacun se décide pour l'investissement haut. Si tel est le cas, il en résulte que sur les dix membres du groupe, quatre obtiendront par hypothèse un bénéfice nul, alors qu'en choisissant l'investissement bas, ils auraient eu un bénéfice de 1.

Ce modèle illustre, de manière dépouillée, la logique des structures avec effet de *frustration* dont Durkheim avait repéré l'existence dans sa théorie de l'anomie.

Supposons maintenant que les ressources des participants potentiels du jeu offert par la *Société* soient variables et que la perspective de passer de l'investissement bas à l'investissement haut apparaisse à certains, parce qu'ils sont plus démunis, comme plus difficile. Dans ce cas, les plus démunis auront davantage tendance à s'écarter eux-mêmes du jeu, contribuant par là, sans le vouloir, à augmenter les chances des plus favorisés. Dans ce cas l'effet de *frustration* sera atténué et peut-être éliminé. Mais le jeu entraînera en contrepartie un effet d'*amplification :* l'inégalité de la distribution des ressources sera plus grande après le jeu qu'avant.

Ajoutons une remarque importante : l'effet de frustration engendré par ce type de structure ne concerne pas l'ensemble des individus. D'un autre côté, personne n'est sûr, avant le jeu, d'appartenir à la catégorie des perdants. Il en résulte que le jeu n'a guère de chances de provoquer une attitude de protestation. Avant, tout le monde peut estimer avoir de bonnes raisons d'y participer. Après, les perdants doivent reconnaître que rien ne les obligeait à choisir l'investissement haut.

On peut habiller ce squelette logique par de multiples illustrations. Le « manque d'attrait » pour l'enseignement technique que l'on observe dans les sociétés industrielles s'explique probablement — au moins en partie — par l'existence de structures de ce type. Comparativement à l'enseignement général, l'enseignement technique conduit à des rémunérations sociales, économiques et psychologiques dont la *variance* est probablement plus resserrée et dont la *moyenne* n'est pas toujours plus basse. Ainsi les licenciés de lettres français rentrés sur le marché du travail au début des années 70 ne paraissent pas (pour s'en tenir à la dimension économique des rémunérations) avoir des salaires plus faibles que les diplômés des établissements d'enseignement supérieur court[1]. En revanche, la variance de leurs rémunérations est plus élevée. Cela explique peut-être la faible réussite de ces établissements en termes de recrutement.

Stouffer, dans un texte classique qui a donné le coup d'envoi de la théorie des groupes de référence, a montré que l'insatisfaction des membres d'un groupe pouvait être d'autant plus grande que les chances d'ascension sociale offertes à ses membres étaient plus grandes[2]. Dans les unités militaires qu'il a observées certaines étaient caractérisées par des chances de promotion élevées, d'autres par des chances de promotion restrein-

1. Cf. Raymond BOUDON, Philippe CIBOIS, Janina LAGNEAU : « Enseignement supérieur court et pièges de l'action collective », *Revue française de Sociologie*, 16, 1975, pp. 159-188. Reproduit in Raymond BOUDON : *Effets pervers, op.cit.*, pp. 97-130.

2. Samuel STOUFFER *et al.* : *The American Soldier*, New York, Wiley, 1965 (1e édition 1949).

tes. Or l'insatisfaction relative au système de promotion était plus grande dans le permier cas. Les explications par la notion de groupe de référence sont partiellement satisfaisantes à cet égard. On n'explique pas grand-chose lorsque, pour rendre compte du paradoxe, on avance que, la promotion étant plus fréquente dans le premier type d'unités, les non-promus ont plus souvent l'occasion de se comparer aux promus. Une telle interprétation est inutilement psychologiste. Il est plus intéressant de remarquer que, lorsque la structure des chances de chacun se déplace dans un sens favorable, ce déplacement peut engendrer un déplacement *amplifié* des attentes. Ce point peut aisément être mis en évidence à partir du modèle qui vient d'être succinctement présenté. Il suffit de modifier expérimentalement la structure des chances offertes aux individus qui choisissent la stratégie haute. On constate alors que — pour un ensemble d'hypothèses constantes — un changement des paramètres de cette structure dans un sens collectivement favorable au groupe *peut* avoir l'effet d'*amplifier* le nombre des individus choisissant la stratégie haute de manière excessive par rapport aux chances nouvelles offertes. L'augmentation des chances objectives s'accompagne alors d'une augmentation du niveau global de frustration.

Cette interprétation structurelle a l'avantage supplémentaire de proposer un schéma théorique unifié embrassant à la fois des phénomènes *microsociologiques* comme ceux qu'a observés Stouffer, et des phénomènes *macrosociologiques* comme ceux auxquels se réfère Durkheim dans sa théorie de l'anomie. La théorie des groupes de référence n'a guère de sens, en effet, que dans un contexte d'interaction directe entre les individus. En revanche, l'interprétation structurelle qui vient d'être développée implique l'interdépendance mais non l'interaction directe entre agents. Un optimisme diffus peut conduire l'ensemble des agents à élever le niveau de leurs investissements (scolaires, économiques, professionnels) de manière telle que les chances de chacun de voir son investissement rémunéré se trouvent réduites : on observe alors une croissance de l'anomie au sens de Durkheim.

C'est un phénomène de cet ordre qu'a décrit Tocqueville dans *L'Ancien Régime*[1]. Lorsqu'il observe que l'augmentation des chances d'« enrichissement » et d'ascension sociale à la veille de la Révolution française paraissait avoir eu l'effet d'augmenter l'insatisfaction générale, il préfigure indiscutablement la théorie durkheimienne de l'anomie.

Voici maintenant un autre type de structure avec effet de *frustration*. La différence avec le cas précédent est que la frustration concerne, cette fois, non plus seulement une partie, mais l'ensemble des participants. De nouveau, nous introduisons ce type de structure par une parabole qui aura l'avantage d'en dégager le squelette logique.

Imaginons un ensemble de propriétaires fonciers. Chacun aurait intérêt à obtenir une réduction du taux de la taxe foncière qui frappe son bien. Ce groupe est inorganisé. Il s'agit donc d'un groupe latent au sens de Dahrendorf[2]. Pour fixer les idées, chacun a un bien foncier d'une valeur de 10 F et paie 4 F d'impôts. Faisons d'autre part l'hypothèse que, si les propriétaires déclenchaient une campagne en leur faveur ou entreprenaient de faire pression d'une manière ou d'une autre sur l'autorité fiscale, ils pourraient obtenir une réduction d'impôts. Plus précisément, on suppose que la réduction d'impôts serait fixée à 50 % si tous participaient à la

1. Alexis de TOCQUEVILLE : *Op. cit.*, p. 269 sq.

2. Ralf DAHRENDORF : *Classes et conflits dans les sociétés industrielles*, Paris, La Haye, Mouton, 1972 ; Mancur OLSON : *Logique de l'action collective*, Paris, Presses Universitaires de France, 1978.

campagne, et à 45 %, 40 %, 35 %, 30 %,... 10 %, 5 %, ou 0 % si 9, 8, 7, ..., 2, 1, ou 0 personnes se joignaient à la campagne. Ainsi, l'efficacité de la campagne est dégressive en fonction du nombre de participants. D'autre part, on suppose que la participation à la campagne est coûteuse (en temps, en énergie, et éventuellement en argent). De façon à rendre le raisonnement plus simple, on supposera ce coût mesurable et égal à 1 F. Ainsi, si tout le monde participe à l'action collective, le groupe aura dépensé au total 10 F (1 F par personne) et gagné 20 F (chacun bénéficiant d'une réduction fiscale de 50 % en valeur relative et de 2 F en valeur absolue). Incontestablement, *si* le groupe était, non pas latent mais organisé, il déciderait de se mettre en campagne à l'unanimité de ses membres.

Mais le groupe n'étant pas organisé et ses membres n'étant liés par aucune décision collective, chacun sera tenté de se tenir le raisonnement suivant : « Si je participe à l'action et que les 9 autres y participent également, je bénéficierai d'une réduction fiscale d'une valeur de 2 F et j'aurai déboursé 1 F ; bénéfice net : 1 F. Si je ne participe pas à l'action collective et que les neuf autres y participent, mon bénéfice brut ne sera plus que de 1,8 F (puisque lorsque neuf individus participent à l'action collective, le taux de la réduction fiscale n'est plus que de 45 %) ; mais ce bénéfice brut sera également un bénéfice net. *Ergo*, il est préférable pour moi de ne pas participer à l'action collective, si les neuf autres y participent. D'ailleurs la conclusion est la même quel que soit le nombre des participants autres que moi. S'ils sont huit, j'ai un bénéfice net de 0,8 F en participant moi-même à l'action collective, de 1,6 F en n'y participant pas. S'ils sont sept, j'ai un bénéfice net de 0,6 F en participant, à 1,4 F en ne participant pas, etc. »

Naturellement, chacun des membres du groupe latent aura tendance à se tenir le même raisonnement. Il est *possible* en conséquence que le groupe latent passe à côté de la bonne affaire qui lui est offerte. S'il en est ainsi, l'effet de frustration sera général : en cherchant à maximiser son bénéfice propre, chacun aura contribué à annuler les bénéfices potentiels de tous les autres.

Il n'est pas difficile de citer de nombreuses illustrations de cette structure : les célèbres « paysans parcellaires » de Marx en constituent peut-être l'application la plus connue (quoiqu'elle ne soit pas à l'abri de la contestation de la part des historiens). La condition où se trouve le paysan peut faire dans certaines circonstances que le coût de sa participation à une éventuelle action collective lui apparaisse comme élevé : il devrait s'entendre avec des partenaires qu'il considère comme des concurrents, éventuellement comme des adversaires menaçant son territoire. Sa condition peut donc faire qu'il existe pour lui une considérable différence entre le bénéfice net qu'il récolterait en participant à une éventuelle action collective pour promouvoir ses intérêts de classe et le bénéfice supplémentaire qu'il récolterait en s'en abstenant et en laissant aux autres le soin de les défendre. Ainsi, la condition du paysan parcellaire selon Marx fait de lui un *free-rider* malgré lui, un calculateur marginaliste ou, si on préfère le langage de Marx, un agent social dépourvu de « conscience de classe ». Pour le manœuvre non qualifié que la législation protège de l'exclusion et qui n'a guère de chances de promotion dans l'entreprise, le bénéfice marginal de la stratégie de non-participation à l'action collective peut par contraste être voisin de zéro et en tout cas inférieur aux avantages annexes que peut lui procurer la participation à l'action collective (être intégré à un groupe, etc.). Pour le cadre qui a des chances de promotion, le bénéfice marginal du retrait peut au contraire être élevé. Bref, le squelette logique présenté ci-dessus permet de retrouver un certain nombre de résultats sociologiques classiques sur la relation entre position ou condition sociale d'une part, « conscience de classe » ou, comme on peut dire dans un langage équivalent et sans doute moins équivoque, attrait différentiel des stratégies collectives par rapport aux stratégies individuelles, d'autre part.

Une autre application classique de la structure précédente est la célèbre loi d'airain de l'oligarchie de Michels[1]. Michels, qui fut non seulement un brillant sociologue mais un syndicaliste, a été fasciné par une *contradiction* : les partis politiques quels qu'ils soient, même ceux qui affichent officiellement et sincèrement leur volonté de démocratie, fonctionnent immanquablement comme des oligarchies. Ce fut notamment le cas des partis sociaux-démocrates européens du XIXe siècle sur lesquels porte l'analyse de Michels. Tous affichèrent la prétention d'être, comme on dit parfois aujourd'hui, à l'écoute des masses. Tous furent des organisations oligarchiques et eurent tendance à déterminer en vase clos leur ligne et leur action politique. Pourquoi ? Si on formalise la réponse donnée par Michels à cette question, on n'a aucune peine à retrouver la structure précédente. A l'occasion des élections, les électeurs choisissent entre les politiques qui leur sont proposées. Prenons le cas d'un régime à deux partis ou deux coalitions de partis. Les électeurs qui choisissent B plutôt que A sont ceux qui, entre A et B, préfèrent B. Mais il se peut fort bien que, parmi les électeurs qui ont choisi B, une grande majorité préfère une politique C qui n'est « offerte » par aucun parti mais qui est plus proche de B que de A. Ainsi, de nombreux électeurs votent pour B sans être pour autant en accord avec la politique proposée par B. B a, en d'autres termes, la

1. Robert MICHELS : *Political parties*, New York, Dover, 1959.

capacité d'imposer à ses électeurs une politique dont ces électeurs ne veulent pas[1]. La raison de ce pouvoir *oligarchique* réside simplement dans le fait que les électeurs constituent par rapport à leur parti un *groupe latent*. Une majorité de ces électeurs aurait intérêt à obtenir du parti qu'il change de ligne, mais ils sont par rapport à l'organisation qui prétend représenter leurs intérêts dans la situation d'un groupe inorganisé de grande dimension. Aussi le bénéfice marginal que chacun des membres de ce groupe peut espérer tirer de sa participation à une action collective visant à infléchir la politique du parti est-il pratiquement nul. Chacun des électeurs pris en particulier ne peut espérer augmenter que de façon infinitésimale la pression qu'une action collective éventuelle exercerait sur le parti. En revanche, le coût de cette participation ne serait pas nul. La structure des relations entre le parti et ses électeurs assure donc au premier une large indépendance par rapport à ses électeurs. Il peut leur imposer une ligne politique éloignée des préférences d'une majorité d'entre eux. Il devra seulement se garder d'atteindre le point où une fraction des électeurs du parti serait suffisamment indisposée par la différence entre la ligne du parti et leurs propres préférences pour voter — à contrecœur — pour l'adversaire.

Nous évoquerons très rapidement pour clore cette revue une catégorie de structures d'interdépendance bien étudiée par Thomas Schelling[2]. Il s'agit des structures où l'interdépendance entre les agents a pour effet d'amplifier démesurément les objectifs que se donnent les agents. Un exemple didactique dû à Schelling permet d'illustrer ce type de structure avec effets d'*amplifica-*

1. Serge C. KOLM : *Les élections sont-elles la démocratie ?*, Paris, Cerf, 1977.

2. Thomas SCHELLING : *Op. cit.*

tion. Imaginons qu'on dispose au hasard sur un échiquier de soixante-quatre cases une trentaine de jetons de deux couleurs : x jetons bleus et y jetons rouges symbolisant les membres de deux catégories sociales. Supposons d'autre part que, sans avoir d'hostilité à l'égard des jetons de couleur opposée, jetons bleus et jetons rouges cherchent à ne pas se trouver en situation de minorité. L'expérimentateur examine donc (dans un certain ordre) la situation de chaque jeton : si les cases qui sont immédiatement adjacentes à un jeton contiennent 50 % ou plus de jetons de même couleur que lui, il n'est pas déplacé ; sinon, il va à la case la plus proche telle que 50 % des cases adjacentes au moins contiennent des jetons de même couleur. Ainsi l'objectif de chaque jeton est, non d'exclure les jetons de couleur opposée, mais d'éviter de se trouver dans un environnement où il serait minoritaire. Mais lorsqu'on cherche à donner satisfaction aux jetons en les déplaçant sur l'échiquier, on aboutit, à l'équilibre, à une situation de ségrégation très prononcée : la configuration finale est celle d'un ensemble de *ghettos*. Les jetons bleus se retrouvent entre eux. Il en va de même pour les rouges. Les objectifs des acteurs ont subi un effet non voulu d'amplification[1].

Cet effet d'amplification est très généralement présent dans les phénomènes de ségrégation sociale ou résidentielle. Pour reprendre le langage de Schelling, les « micro-motifs » engendrent pas simple agrégation des « macro-phénomènes » qui les caricaturent.

1. Jacques LAUTMAN : *Les fortunes immobilières*, Paris, Presses Universitaires de France, 1979 (à paraître), applique le schéma de Schelling à l'analyse de la stratification économique urbaine.

La dialectique de l'interdépendance

Au-dessous des « organisations » ou systèmes fonctionnels, le sociologue rencontre ce que nous avons appelé les systèmes d'interdépendance[1]. Les agents sociaux y sont en relation entre eux, mais ces relations ne sont pas ou, selon les cas, ne sont que très marginalement des relations de rôle.

Ces systèmes d'interdépendance ont une importance considérable dans l'analyse sociologique. Ils sont générateurs d'effets émergents (c'est-à-dire d'effets non inclus dans les objectifs des acteurs) qui peuvent prendre des signes et formes variés. Certaines de ces structures *amplifient* les objectifs des agents, d'autres les *retournent*, certaines les respectent mais produisent des *effets différés* indésirables. Certaines produisent des états collectifs de *tension* ne résultant pas de l'antagonisme des intérêts. D'autres produisent indirectement des effets *collectivement positifs* que les agents seraient incapables de réaliser s'ils cherchaient à les obtenir directement. D'autres encore sont responsables de changements sociaux globaux prenant la forme de véritables *innovations collectives*.

C'est peut-être à propos des systèmes d'interdépendance qu'on mesure le mieux la profondeur des intuitions durkheimiennes. Ces systèmes sont exclusivement soumis à la volonté des agents qui les composent. Pourtant, tout se passe *comme si* les conséquences de leurs actions leur échappaient : division du travail, nucléarisation de la famille, caractère oligarchique des

1. En réalité, il faut concevoir ces distinctions comme les pôles d'une sorte de continuum. A une extrémité, on trouve les « organisations » (au sens restrictif des sociologues américains des organisations de l'après-guerre). A l'autre extrémité on trouve les systèmes « anarchiques » (au sens de Tullock) complexes. Entre les deux, on trouve les organisations au sens large (de Barnard par exemple).

partis démocratiques, anomie, ne sont la conséquence de la volonté de personne. Ces phénomènes *s'imposent* aux individus au point de leur apparaître comme le produit de forces anonymes. Pourtant, ces forces immatérielles sont de simples projections des structures d'interdépendance. Ces structures ne se réduisent pas aux individus qui les composent. Non seulement parce que les agents compris dans une telle situation d'interdépendance n'ont généralement pas choisi directement les institutions qui la définissent, mais aussi parce que l'ensemble des individus constitue une totalité qui ne se réduit pas à la somme de ses parties. Mais, d'un autre côté, les structures ne sont rien sans les individus.

Ces structures d'interdépendance donnent peut-être une formulation analytique à ce que Alain Touraine, dans une réminiscence hégélienne, appelle le sujet historique[1].

Un point en tout cas est sûr : en identifiant et en analysant les propriétés générales des structures d'interdépendance particulières, le sociologue apporte une contribution solide à la compréhension des processus historiques. Un regard même superficiel sur ces structures suffit à montrer l'insuffisance des théories qui tentent d'expliquer l'ensemble des mécanismes du changement social à partir d'un schéma unique comme celui des conflits entre groupes antagoniques, celui des entités « porteuses d'avenir » (classes sociales, mouvements sociaux) ou celui des « facteurs » (économiques, culturels, etc.) du changement.

1. Alain TOURAINE : *Production..., op. cit.*

V

Sociologie et changement social : processus reproductifs

Dans les chapitres III et IV, nous avons abordé des problèmes relevant de ce qu'on peut appeler la *statique* sociale. Dans ce chapitre et dans le suivant, nous tenterons, en nous appuyant sur quelques exemples, d'illustrer les principes implicites ou explicites de la *dynamique* sociale, c'est-à-dire de l'analyse sociologique du changement social.

Le domaine du changement social est certainement celui où, dans les premières phases de la sociologie au moins, les sociologues se sont montrés les plus impétueux : à la suite des philosophes du XVIIIe siècle (parmi lesquels il faut citer au premier rang Condorcet), Hegel, puis Comte et Marx essaient de déchiffrer le devenir des sociétés de leur temps et de prédire le déroulement de l'histoire jusqu'à son terme supposé[1].

Aujourd'hui, les ambitions des sociologues sont en général plus modestes. Plutôt que de prédire le changement des sociétés à long terme, l'analyse sociologique

1. Marie Jean Antoine CONDORCET : *Esquisse d'un tableau historique des progrès de l'esprit humain* ; Friedrich HEGEL : *Phénoménologie de l'esprit* ; Auguste COMTE : *Cours de philosophie positive* ; Karl MARX : *Manifeste du Parti communiste.*

moderne vise à repérer la logique du changement dans des systèmes d'interaction de dimension suffisamment restreinte pour être abordables, eu égard aux possibilités des outils dont dispose le sociologue[1].

Ce changement de registre est une première caractéristique de l'analyse sociologique moderne du changement social. Une deuxième caractéristique n'est autre que le principe, déjà énoncé au niveau de la statique sociale, de l'*individualisme méthodologique*. En d'autres termes, le sociologue moderne considère en général — même si ce postulat reste parfois implicite — que le changement social, même au niveau macrosociologique, n'est intelligible que si l'analyse descend jusqu'aux agents ou acteurs sociaux les plus élémentaires composant les systèmes d'interdépendance auxquels il s'intéresse.

Pour illustrer à nouveau cette idée, nous utiliserons l'exemple d'un modèle portant sur un processus de diffusion. L'étude, due au sociologue suédois Hägerstrand, porte sur la diffusion d'une innovation agricole en Suède[2]. L'auteur disposait de données précises sur l'allure prise par le processus de diffusion de l'innovation. Plus précisément, il avait à sa disposition une collection d'« instantanés » indiquant, à des intervalles de temps régulier, les entreprises agricoles qui avaient accepté l'innovation dans un territoire donné. Il s'agissait donc d'*expliquer* du mieux possible l'allure du processus. En exploitant ses « photographies », Häger-

1. Karl POPPER : *Misère de l'historicisme*, *Op. Cit.*, a présenté une critique considérée comme classique de la notion de « loi de l'histoire ». Cette critique peut et doit être nuancée aujourd'hui à la lumière des sciences sociales. On peut observer dans les sociétés des processus cumulatifs (cf. chapitre VI) évoquant la vieille notion de « loi de l'histoire ». Bien entendu la notion de « processus cumulatif » est beaucoup plus nuancée, précise et exigeante que celle de « loi de l'histoire ».

2. Torsten HAGERSTRAND : « A Monte Carlo approach to diffusion », *Archives européennes de Sociologie*, 6, 1965, pp. 43-57.

strand constata que le processus de diffusion, d'abord très lent, s'accélérait ensuite puis avait tendance à redevenir de plus en plus lent. L'allure du processus est grossièrement traduite par le graphique ci-dessous. On remarque que la courbe représentant, en fonction du temps t, le nombre N des entreprises agricoles de la zone considérée ayant adopté l'innovation, a une forme rappelant celle de la lettre S. Elle est dite pour cette raison courbe en S.

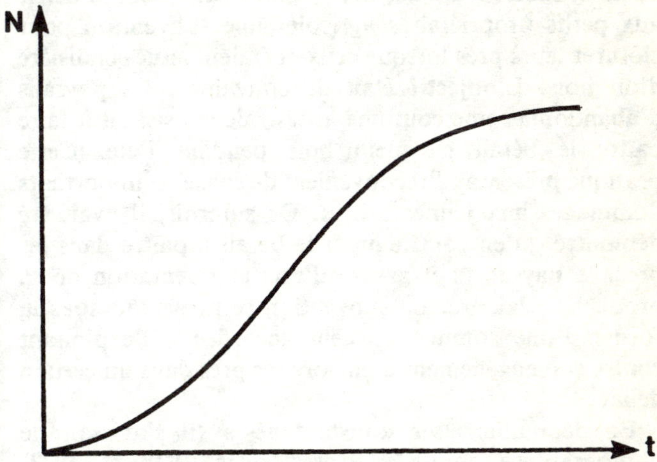

Tel était donc l'effet *émergent* qu'il s'agissait d'expliquer. Cet effet caractérise le système. Il est, en d'autres termes, une propriété du système et non des individus. D'un autre côté, il est évident que cette propriété du système ne dérive pas de la volonté ou des intentions des individus qui constituent le système d'interdépendance : les agents sociaux n'ont bien entendu pas *voulu* que le processus soit doté d'une structure en S. Mais l'allure du processus ne peut provenir d'une autre cause que des décisions des agents sociaux élémentaires qui composent le système d'interdépendance. Bref, on a affaire ici à un effet émergent exemplaire : cet effet est caractéristique du système, il résulte de l'agrégation des comportements individuels, il ne reflète en aucune façon les intentions des acteurs[1].

Le problème était donc pour Hägerstrand d'essayer de *reproduire* l'allure du processus empiriquement observé en construisant un modèle du comportement des agents face à l'innovation. Sans nous étendre davantage sur la nature de cette innovation, disons que le gouvernement suédois avait décidé, à partir de 1928, d'offrir aux petits propriétaires agricoles une subvention pour clôturer leurs prés lorsque ceux-ci étaient situés en lisière d'un bois. L'objectif était de convaincre les paysans d'abandonner une coutume ancestrale consistant à faire paître le bétail en plein bois pendant l'été. Cette pratique présentait l'inconvénient de causer d'importants dommages aux jeunes arbres. De surcroît, il avait été démontré qu'en contraignant le bétail à paître dans les prés, le paysan était assuré d'une augmentation de sa production laitière. La subvention se présentait sous la forme d'une somme d'argent accordée à l'exploitant contre son engagement d'enclore ses prés dans un certain délai.

En dépouillant ses « instantanés » (il s'agissait de photographies annuelles prises entre 1928 et 1933) Hägerstrand constata que le processus de diffusion non seulement avait l'allure générale résumée par le graphique ci-dessus, mais paraissait se développer à partir d'un *foyer* de diffusion. Cependant, l'irradiation à partir du foyer n'était pas régulière. La tache noire

1. La notion d'« agrégation » appartient traditionnellement au vocabulaire de l'économie normative (cf. le problème de l'agrégation des préférences). Elle est prise ici en un sens positif et désigne l'effet macroscopique résultant d'un ensemble de comportements microscopiques.

des exploitations ayant accepté la pratique nouvelle paraissait s'étendre un peu à la manière d'une tache d'encre déposée sur un papier froissé.

Ce phénomène de rayonnement à partir d'un foyer suggéra à Hägerstrand l'hypothèse que la logique du comportement des agents comportait, comme aurait dit Tarde, une dimension d'imitation[1]. Pour utiliser une référence plus moderne, Lazarsfeld a démontré dans ses travaux classiques sur l'*influence personnelle* que l'adoption d'une nouveauté résultait fréquemment d'un processus microsociologique à deux phases[2]. Dans une première phase, l'agent social prend conscience, par un moyen d'information impersonnel (radio, journaux, etc.) de l'existence de la nouveauté. Mais, même dans le cas où ces moyens d'information s'efforcent d'être convaincants, ils réussissent rarement à entraîner de la part de l'agent social le passage à l'acte. Plus précisément, on observe, au moins dans le contexte sur lequel porte l'étude de Lazarsfeld, que l'agent, une fois informé de l'existence de la nouveauté, se met en quête d'avis personnels (proches, voisins, parents, etc.). Dans la plupart des cas, ce sont ces avis personnels qui déclenchent effectivement le passage à l'acte.

Cela nous conduit à la première hypothèse : l'adoption de l'innovation suppose l'intervention d'un mécanisme d'*influence personnelle*.

Il s'agissait ensuite de déterminer la structure des relations entre agents en fonction de leur localisation

---

1. Gabriel TARDE : *Les Lois de l'imitation*, Paris, Alcan, 1890. Tarde, injustement oublié en France, est mieux connu outre-Atlantique. Voir l'introduction de T. CLARK au recueil de Tarde publié sous le titre : *On communication and social influence*, Chicago, University of Chicago Press, 1969.

2. Elihu KATZ et Paul LAZARSFELD : *Personal influence. The part played by people in the flow of mass communication*, Glencoe, The Free Press, 1955.

dans l'espace étudié. Pour cela Hägerstrand eut recours à une idée ingénieuse. Il recueillit un ensemble de données sur les mouvements migratoires dans la zone étudiée sur une période de quelques années. Ces échanges étaient liés à des circonstances diverses : mariages, échanges de travailleurs agricoles entre exploitations, vente et achat de terrains par exemple. Mais l'analyse des données de migration permit de mettre en évidence une relation relativement simple entre l'intensité des échanges migratoires et l'éloignement. Dans un rayon très court autour d'un point, les échanges étaient très fréquents. Au-delà, ils devenaient de plus en plus rares avec la distance. La relation entre distance et migration observée par Hägerstrand revêt *grosso modo* une forme analogue à celle qu'on retrouve dans d'autres phénomènes d'échange. Ainsi Girard a relevé dans son étude classique sur le *Choix du conjoint* une relation analogue[1].

À partir de ces résultats, Hägerstrand entreprit de *simuler* le processus effectivement observé. Mais les hypothèses précédentes ne conduisirent pas à des résultats entièrement satisfaisants. Il introduisit alors une hypothèse supplémentaire : celle d'une inégale « résistance au changement » des agents. On conçoit aisément la pertinence de cette hypothèse. D'abord, il n'est pas difficile d'imaginer des *situations* où un exploitant ne se laissera guère convaincre de procéder à des investissements sur son exploitation : cas de vente imminente ou d'intention de vente à court terme ; cas où l'exploitant est âgé et où la probabilité que l'exploitation reste dans la famille est faible ; cas où l'exploitant envisage d'entreprendre d'autres travaux qui seraient momentanément rendus impossibles s'il se

1. Alain GIRARD : *Le choix du conjoint*, Paris, Presses Universitaires de France, 1974.

mettait à enclore son champ. Mais on peut imaginer aussi que certains exploitants aient, pour employer le langage de Weber, une attitude de type *rituel* (« une pratique séculaire ne peut être mauvaise »). Ces considérations conduisent à compliquer le schéma à deux étapes de Lazarsfeld : pour que le passage à l'acte, à savoir l'adoption de l'innovation, ait lieu, il faut d'abord que l'agent social soit informé de l'existence et des avantages de la nouveauté en question ; il faut en second lieu que sa *situation* et éventuellement ses attitudes et croyances le conduisent à s'exposer à l'*influence personnelle* de ses « proches » (et à le rendre sensible à l'influence d'autrui) ; il faut enfin que cette influence s'exerce effectivement et qu'elle s'exerce dans le sens d'une adoption de l'innovation.

Ces différentes hypothèses conduisirent finalement Hägerstrand à une représentation des comportements microsociologiques des agents suffisamment précise et réaliste pour lui permettre de construire un modèle qui retrouve avec un degré d'approximation convenable l'allure du processus réel.Ayant construit à partir de ce modèle des cartes artificielles de la diffusion du processus, Hägerstrand eut l'heureuse surprise de constater que ces cartes *artificielles* reproduisaient à peu près correctement les cartes *réelles*.

Les axiomes du modèle sont les suivants :

1. Au début du processus un des agents a accepté l'innovation.

2. Les agents du système se rencontrent au cours de réunions à deux.

3. Les agents ont une inégale propension à adopter l'innovation ; cette propension est distribuée selon une répartition hypothétique dont ont suppose les paramètres connus.

4. La propension des agents à adopter l'innovation croît avec le nombre des rencontres où s'exerce une

influence personnelle positive. Ce changement est déterminé par une fonction liant le nombre des rencontres à la propension à adopter l'innovation, fonction dont les paramètres sont supposés connus.

5. Les rencontres entre agents sont inégalement probables et dépendent de leur éloignement réciproque en fonction d'une relation dont on suppose les paramètres connus.

On le voit, ces axiomes *habillent* les propositions empiriques et théoriques décrivant les comportements microsociologiques des acteurs, de manière à transformer ces propositions en un modèle, c'est-à-dire en un nouveau système de propositions permettant de *déduire* de façon précise le développement du processus. Convenablement précisé (je me suis contenté ci-dessus d'en donner les grandes lignes), le modèle permet en effet de réaliser un processus artificiel imitant les processus réels dont on cherche à rendre compte.

En dehors de son intérêt intrinsèque, cette analyse a l'avantage de fournir une illustration concrète, précise et fidèle des ambitions et principes de l'analyse sociologique moderne du changement social. Bien sûr, toute analyse de changement n'aboutit pas à un modèle de simulation ou même à un modèle. Dans certains cas, la modélisation est inutile parce que la déduction qui va du comportement des agents individuels aux propriétés émergentes du système d'interaction ou d'interdépendance peut être effectuée de manière intuitive. Dans d'autres cas, la connaissance théorique d'un phénomène ou l'information dont on dispose à son propos sont insuffisantes pour autoriser une modélisation qui ait quelques chances d'aboutir au succès, c'est-à-dire à la reproduction *in vitro* du phénomène analysé.

Cette réserve importante faite, l'analyse précédente illustre bien la sociologie moderne du changement social en ce qu'elle obéit aux principes suivants :

1. L'analyse se propose d'expliquer un phénomène ou un ensemble de phénomènes situés au niveau d'un *système* (d'interaction ou d'interdépendance).

2. Ce ou ces phénomènes sont traités comme des phénomènes résultant du comportement des agents du système.

3. Il est admis que les phénomènes observés au niveau du système et qu'on cherche à expliquer ne résultent pas de la *volonté* ou des *intentions* des acteurs. En réunissant les propositions 2 et 3 on peut dire que les phénomènes globaux à expliquer sont traités comme des phénomènes émergents.

4. Le comportement des individus a le statut d'actions implicitement orientées vers une finalité.

5. La représentation de l'action individuelle relève de ce que nous avons appelé dans le premier chapitre une théorie complexe de l'action.

Un mot sur ce dernier point : les agents décrits dans l'analyse précédente sont supposés être dotés d'intentionalité. Ils sont confrontés à une proposition et tentent de prendre une décision fondée. Cela dit, cette décision ne peut être assimilée à la décision d'un calculateur qui serait non seulement rationnel mais encore complètement éclairé. Les agents individuels de l'analyse n'ont pas de certitude sur le bilan coûts-avantages de l'innovation. C'est pourquoi le passage à l'acte est commandé par un processus d'interaction sociale. Faute de se sentir en mesure de décider de la conduite à tenir sur des bases *objectives*, les agents sociaux ont recours à la consultation des personnes en qui ils ont *confiance*. D'un autre côté, les agents se meuvent dans des situations variables dont les paramètres commandent leur évaluation de la balance coûts-avantages. Enfin, les stratégies de détection de l'information pertinente sont elles-mêmes variables. La *confiance* est l'une de ces stratégies. Mais elle détermine imparfaitement la conduite à tenir. La consultation d'autrui peut aboutir à des résultats contradictoires. En outre, elle peut rentrer en conflit avec la *tradition*. Or la tradition est dotée d'une force de conviction intrinsèque due à sa longévité même[1].

Bref, on constate que ce modèle simple inclut une image complexe de l'agent social.

À ce propos une remarque essentielle s'impose : le modèle montre que, contrairement à ce qu'une observation superficielle pourrait laisser croire, le fait de recourir à une théorie complexe de l'action n'a pas pour résultat de condamner le chercheur à l'impuissance. Certains voient dans le fait que les économistes utilisent une représentation simple de l'action (la rationalité de l'*homo œconomicus*) la clé de la puissance de la théorie économique. En fait, on constate par l'exemple précédent qu'on peut recourir à une représentation complexe de l'action sans se priver pour autant de la possibilité de passer des actions individuelles aux phénomènes collectifs émergents qu'elles engendrent. L'utilisation d'une théorie complexe de l'action rend plus difficile l'analyse de l'action d'*un individu* pris en particulier. Pour savoir si X, individu particulier, va ou non adopter l'innovation, il est nécessaire de disposer d'éléments d'information nombreux sur sa situation, ses habitudes, ses relations, le projet de ses enfants, et bien d'autres variables. Si je fais de X un *homo œconomicus*, l'analyse est plus simple. Il suffit (en principe) pour être en mesure de déterminer le comportement de X de savoir si les avantages résultant de l'adoption de l'innovation excèdent ou non les coûts.

Mais l'important est, encore une fois, que le recours à une théorie complexe de l'action n'empêche en aucune

1. Voir Max WEBER : *Économie et société*, Paris, Plon, 1971 (1e édition allemande, 1922), t. I, ch. III.

manière de déterminer les propriétés émergentes des systèmes d'interaction qui résultent des comportements individuels.

Types de processus

Dans cette introduction à l'analyse sociologique, j'ai essayé de défendre une thèse, à savoir que la sociologie est fondamentalement, à l'instar de l'histoire, une science du singulier et, plus explicitement, une discipline dont la vocation latente est de retrouver des structures générales à partir de l'analyse de phénomènes singuliers.

Cette proposition dont on a vu qu'elle était valide dans le domaine de la *statique* sociale est également valable dans celui de la *dynamique*.

On vérifie ce point sur l'exemple précédent. L'analyse d'un processus de diffusion daté et situé permet de retrouver des structures générales. Mentionnons par exemple le processus microsociologique à deux étapes mis en évidence par Lazarsfeld à propos de ses études sur l'influence personnelle ; la relation entre l'intensité des échanges et la distance entre les échangistes (cette relation est si générale qu'elle a donné lieu à la formulation d'une loi[1]) ; la structure contagieuse du processus de diffusion observé ou, plus explicitement, le fait que le modèle de Hägerstrand puisse être considéré comme une variante très particulière de la famille de

1. Dite « loi de Zipf ». Voir Samuel STOUFFER : *Social research to test ideas*, Glencoe, The Free Press, 1962 ; Daniel COURGEAU : *Les champs migratoires en France*, Paris, Presses Universitaires de France, 1970.

modèles dont l'archétype est fourni par le modèle logistique[1].

Ces caractères se retrouvent dans toutes les analyses sociologiques du changement social. Autrement dit, l'analyse sociologique des processus singuliers consiste à interpréter ces processus comme la matérialisation et la combinaison de structures générales.

Le caractère singulier des objets auxquels s'intéresse le sociologue fait qu'il est difficile de parler d'une théorie générale du changement social. Plus précisément, il faut abandonner l'idée mise en circulation au XIXe siècle selon laquelle l'analyse du changement social serait justiciable d'un paradigme unique. Dans *certains* cas, le changement social est cumulatif. On peut alors, à condition d'être bien conscient du danger que représente une telle expression, parler de « loi de l'histoire ». Mais tout changement n'est évidemment pas cumulatif. *A fortiori*, il est vraisemblable que les changements qui affectent les différents systèmes d'interaction qu'on peut distinguer soient tous cumulatifs. Dans *certains* cas, on peut montrer que le changement social procède par le mécanisme ou plutôt par les mécanismes que Hegel et Marx réunissaient sous les notions générales de *contradiction* et de *dialectique*. Dans *certains* cas, le changement social résulte de la persistance d'un facteur de changement. Dans *certains* cas, mais non dans tous. Dans *certains* cas, le changement apparaît comme cyclique. Dans d'autres cas il prend une allure linéaire.

Bref, la théorie sociologique du changement ne peut se présenter que comme un effort pour identifier des types fondamentaux de changement à partir de l'analyse

---

1. Sur les processus épidémiologiques, voir J.P. MONIN *et al.* : *Initiation aux mathématiques des processus de diffusion, contagion et propagation*, Paris, Mouton/Gauthier-Villars, 1973. Voir aussi James COLEMAN : *Introduction to mathematical sociology*, Glencoe, The Free Press, 1964.

de processus singuliers. C'est à ce problème que sont consacrés ce chapitre et le suivant.

Pour cela tentons de représenter par un schéma général un processus daté et situé, par exemple le processus (cf. chapitre I) de la montée du racisme parmi les ouvriers américains dans les années qui suivent la Première Guerre mondiale. On se souvient de la logique du processus : les Noirs, que les difficultés économiques et d'autres facteurs incitent à remonter vers le Nord du pays pour y rechercher du travail, voient se refermer devant eux les portes des syndicats. Cette exclusion est justifiée aux yeux des ouvriers blancs par la croyance selon laquelle les Noirs seraient de mauvais syndicalistes. Ayant de la peine à trouver de l'emploi sur un marché traditionnellement contrôlé par les syndicats, les Noirs sont donc une prise facile pour les patrons briseurs de grève. Bien entendu, cette vulnérabilité des Noirs contribue à renforcer les préjugés des Blancs sur le prétendu manque de loyauté syndicale dont les Noirs « feraient preuve ».

Tentons maintenant de décrire ce processus de manière formelle. Pour cela, nous considérerons trois entités fondamentales : le système d'interdépendance, son environnement, ses sorties.

L'élément central du processus est constitué par un *système d'interdépendance* comportant trois grandes catégories d'agents : les ouvriers noirs, les ouvriers blancs, les patrons. Ces agents sont caractérisés d'une part par des variables individuelles (par exemple : les Noirs sont en moyenne moins *instruits* et *qualifiés*), d'autre part par des variables relationnelles (par exemple : les Blancs *ont des préjugés* à l'égard des Noirs).

Le deuxième élément essentiel dans la description du processus est constitué par l'ensemble des variables qu'on peut placer dans la catégorie globale de l'*environnement*. Cet ensemble inclut notamment en l'occurence des variables *institutionnelles* (par exemple, le contrôle des syndicats sur l'emploi, la législation relative au droit de grève), des variables *économiques* (par exemple la tension sur le marché de l'emploi dans les années qui suivent la Première Guerre mondiale), des variables *historiques* (l'opposition des deux communautés ethniques).

Le troisième élément est constitué par ce qu'on peut appeler les *produits* ou (pour employer un langage peu gracieux mais usuel) les *sorties* ou *extrants* (*output*) du système d'interaction. Supposons pour simplifier qu'en un instant donné, *n* Noirs se présentent sur le marché pour y trouver un emploi. Une des sorties du système consistera par exemple dans la proportion des individus qui échoueront dans leur recherche. Une autre sortie sera constituée par la proportion de Noirs qui se laisseront engager par les patrons briseurs de grève ou qui trouveront un emploi sur la partie du marché du travail non soumise au contrôle syndical.

Nous avons représenté de manière schématique, dans le diagramme ci-après, les trois « éléments » qui viennent d'être distingués et qui sont en fait des *blocs d'éléments* : environnement, système d'interdépendance et sorties. Les symboles E1, E2, E3,..., Ek indiquent par exemple que, si on voulait décrire exhaustivement les éléments de l'environnement, on aurait au total un ensemble de k éléments. Les notations du bloc *sorties* indiquent pour leur part que les sorties peuvent avoir des statuts logiques divers. Il peut s'agir par exemple d'événements élémentaires ou de distributions d'événements. Il s'agit d'une *distribution* dans le cas où, comme dans l'exemple qui vient d'être mentionné, la sortie consiste dans le dénombrement des individus appartenant à telle ou telle catégorie. Mais il peut aussi s'agir par exemple de corrélations entre événements.

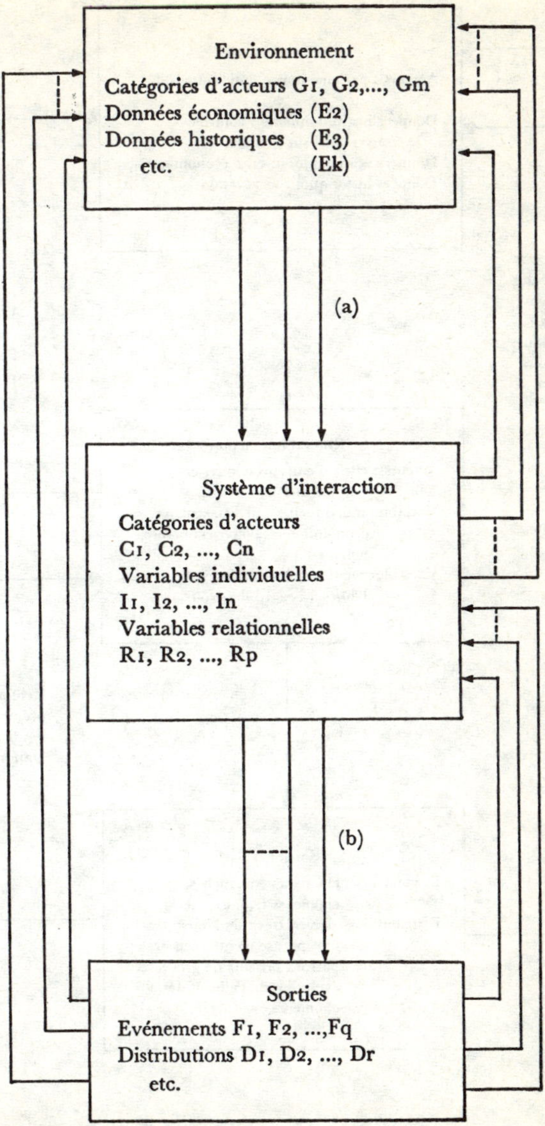

Environnement
Catégories d'acteurs G1, G2,..., Gm
Données économiques (E2)
Données historiques (E3)
etc. (Ek)
(a)
(e)
Système d'interaction
Catégories d'acteurs
C1, C2, ..., Cn
Variables individuelles
I1, I2, ..., In
Variables relationnelles
R1, R2, ..., Rp
(d)
(b)
(c)
Sorties
Evénements F1, F2, ...,Fq
Distributions D1, D2, ..., Dr
etc.

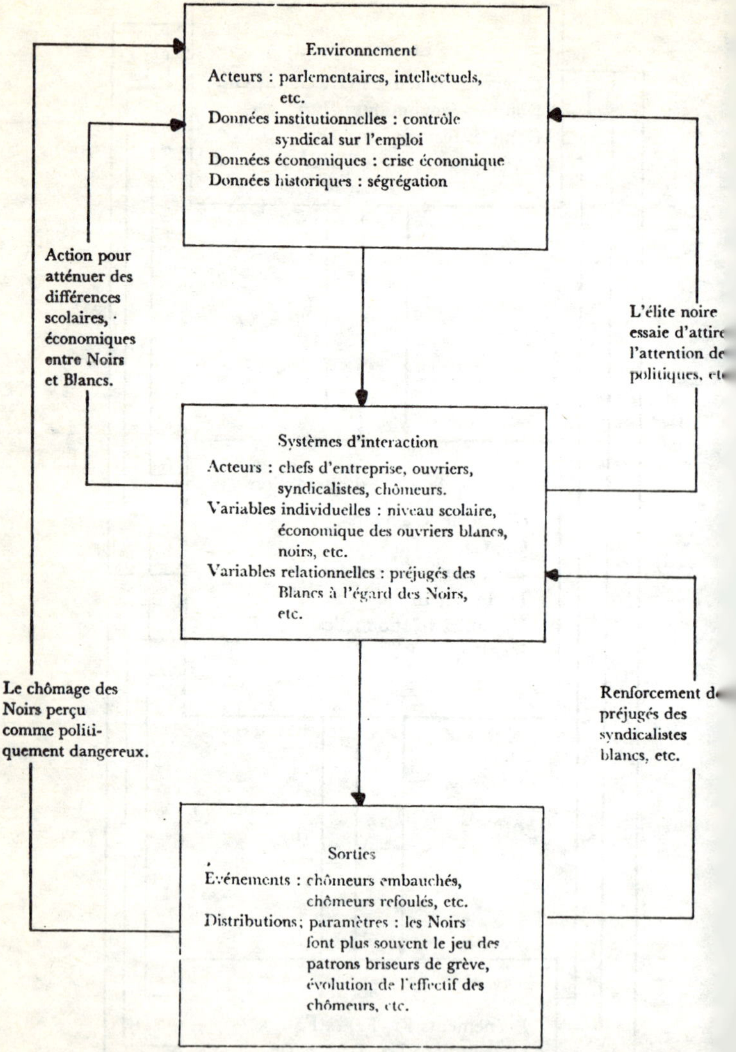
Environnement
Acteurs : parlementaires, intellectuels, etc.
Données institutionnelles : contrôle syndical sur l'emploi
Données économiques : crise économique
Données historiques : ségrégation
Action pour atténuer des différences scolaires, économiques entre Noirs et Blancs.
L'élite noire essaie d'attire l'attention de politiques, et
Systèmes d'interaction
Acteurs : chefs d'entreprise, ouvriers, syndicalistes, chômeurs.
Variables individuelles : niveau scolaire, économique des ouvriers blancs, noirs, etc.
Variables relationnelles : préjugés des Blancs à l'égard des Noirs, etc.
Le chômage des Noirs perçu comme politiquement dangereux.
Renforcement d préjugés des syndicalistes blancs, etc.
Sorties
Événements : chômeurs embauchés, chômeurs refoulés, etc.
Distributions; paramètres : les Noirs font plus souvent le jeu des patrons briseurs de grève, évolution de l'effectif des chômeurs, etc.

Ces ensembles complexes d'éléments peuvent, comme l'indiquent les *flèches* disposées sur le diagramme, être liés les uns aux autres par des liaisons de causalité plus ou moins complexes. On remarque par exemple que certaines des données de l'environnement affectent certains des éléments contenus dans le bloc « système d'interdépendance ». Ainsi, l'histoire des relations entre les communautés ethniques explique qu'il faille répartir les acteurs en ouvriers blancs et noirs. De même, l'environnemment économique explique qu'un certain nombre de Noirs se trouvent en position de demandeurs d'emploi dans le Nord (variables individuelles)[1].

De la même façon, les éléments inclus dans le bloc « système d'interdépendance » exercent une influence causale sur les éléments inclus dans le bloc des sorties.

Ces deux catégories de relations de causalité, à savoir les relations symbolisées sur le diagramme par les flèches (a) (relations de causalité allant de l'environnement au système d'interaction) et (b) (relations de causalité allant du système d'interaction aux sorties), sont présentes dans l'analyse de tout processus.

Il n'en va pas de même des flèches de type (c) (effets dits de rétroaction ou de *feed back* allant des sorties aux éléments du système d'interaction), des flèches (d) (effets de rétroaction allant des sorties du système d'interaction sur l'environnement).

On peut concrétiser la signification des flèches indiquant l'existence d'effets de rétroaction à partir du processus décrit par Merton. (Voir organigramme p. 176).

---

1. Sur la notion de système et ses utilisations en sociologie, voir Ludwig Von BERTALENFFY : *Théorie générale des systèmes*, Paris, Dunod, 1973, ainsi que *Analyse de systèmes en sciences sociales*, études réunies et présentées par Bernard LÉCUYER et Jean PADIOLEAU, *Revue française de Sociologie*, numéros spéciaux 1970 et 1971.

Considérons l'état de ce processus à un moment donné, que nous appellerons t. Un certains nombre de Noirs se présentent sur le marché du travail. Parmi eux, quelques-uns sont attirés par les patrons briseurs de grève. Des ouvriers blancs en sont informés. Certains d'entre eux, parmi ceux qui avaient résisté jusque-là au « racisme » des leaders syndicaux, se rallient à l'opinion que les Noirs sont de mauvais syndicalistes. Un tel effet serait représenté sur le diagramme par une flèche de type (c).

Supposons maintenant que le sociologue ait réussi à convaincre un parlementaire de la validité de son analyse : le racisme des syndicalistes est un cercle vicieux appelé à disparaître au cas où serait rendue légalement impossible la discrimination ethnique. Dans ce cas, on aurait une relation de causalité de type (d), allant des sorties à l'environnement : l'un des éléments des sorties apparaît indésirable à certains acteurs politiques et les incite à tenter de modifier l'environnement dans sa dimension institutionnelle.

Imaginons enfin qu'à une certaine étape du développement du processus, la tension entre les deux communautés soit si forte ou que les rapports entre patronat et syndicats se soient modifiés de telle façon que les Noirs n'aient plus la possibilité de trouver des emplois auprès de patrons hostiles aux syndicats. Dans ce cas, la modification de la situation des Noirs peut les inciter à passer d'une stratégie *individualiste* de mobilité (c'est-à-dire d'intégration au groupe des travailleurs blancs) à une stratégie *collective* d'action sur l'environnement. Dans ce cas, on aurait un exemple de relation de causalité de type (e).

L'existence ou la non-existence de relations de causalité rétroactives permet, à titre tout à fait indicatif, de distinguer quelques grands types de processus. Naturellement, la généralité des concepts introduits ici conduit à des types eux-mêmes très généraux comprenant des éléments inévitablement hétéroclites.

Un premier type est constitué par les processus que nous appellerons indifféremment *processus répétitifs*, processus reproductifs ou processus bloqués[1]. Ces termes sont équivalents et ne se distinguent que du point de vue des effets que le sociologue peut chercher à produire sur l'imagination de son lecteur. Les processus répétitifs sont caractérisés par l'absence d'effets de rétroaction. Dans ce cas, les produits du fonctionnement du système n'agissent ni sur le système d'interaction lui-même dans ses différents éléments, ni sur son environnement. Plus exactement, le système n'entraîne aucune modification ni de l'environnement ni de ses rapports avec l'environnement.

Le deuxième type est constitué par les processus dotés de mécanismes de rétroaction allant exclusivement des sorties vers le système d'interaction (ou d'interdépendance). En d'autres termes, les processus de ce type n'entraînent aucune modification directe ou indirecte de l'environnement. Nous parlerons dans ce cas de *processus cumulatif*, pour des raisons qui apparaîtront plus bas.

Enfin, le troisième type inclut les processus comportant des effets de rétroaction (soit directs, soit indirects, soit à la fois directs et indirects) sur l'environnement. Nous les qualifierons *de processus de transformation*.

Nous présentons dans les sections suivantes des exemples illustrant ces trois types de processus.

Bien entendu, ces types fondamentaux peuvent se combiner dans le temps. Ainsi, dans le cas de l'exemple de Merton, le processus appartient dans ses phases

1. On comparera cette typologie à celle de Gudmund HERNES : « Structural change in social processes », *American Journal of Sociology*, 83, 1976, pp. 513-537. Certains des exemples développés dans ce chapitre m'ont été inspirés par cet article.

initiales à la classe des processus cumulatifs : à mesure que le temps s'écoule, le racisme des ouvriers blancs tend à se renforcer selon un effet en spirale. Ensuite (je renvoie le lecteur au détail de l'analyse de Merton sur ce point), des facteurs à la fois *exogènes* (modification de l'environnement due à des éléments non contenus dans les trois blocs du diagramme) et *endogènes* (relations de causalité de type (c), (d) et (e)) devaient contribuer à une modification de l'environnement institutionnel du système d'interdépendance. Le processus prend ainsi dans sa seconde phase la forme d'un processus de *transformation*.

Cet ordre n'est évidemment pas immuable. On peut facilement imaginer des processus de transformation qui deviennent cumulatifs ou éventuellement reproductifs dans une phase ultérieure.

Processus reproductifs

Considérons en détail un premier exemple de processus reproductif. Cet exemple est emprunté à une étude portant sur des villages du Bengale occidental. L'enquête sur laquelle repose l'étude a été conduite en 1970[1]. Sa conclusion fondamentale est que le retard persistant de l'agriculture dans cette région est fondamentalement dû à l'organisation de ce que Marx aurait appelé les rapports de production. Par contraste avec les processus cumulatifs caractéristiques par exemple de l'organisation économique des sociétés industrielles, l'organisation de la production agricole au Bengale occidental engendre un processus de caractère reproductif.

L'exploitation des terres y est organisée sur la base du métayage. Le propriétaire loue sa terre pour un cycle

1. Amit BHADURI : « A study of agricultural backwardness under semi-feudalism », *Economic Journal*, 83, 1973, pp. 120-137.

TYPE 1

Processus reproductif

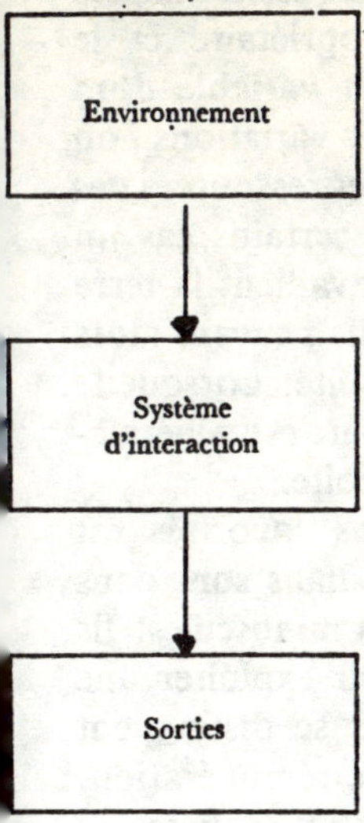

TYPE 2

Processus cumulatif

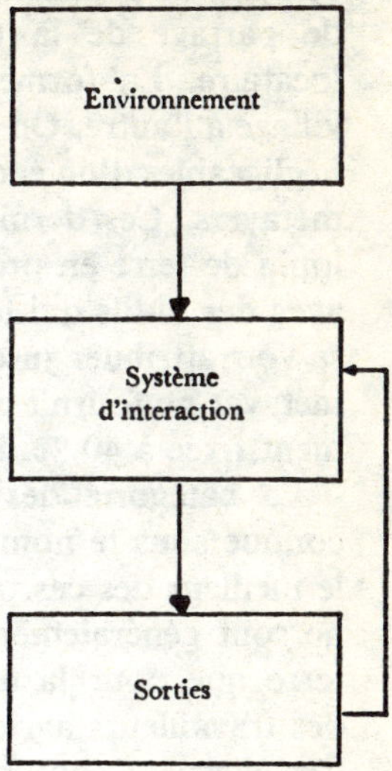

TYPE 3

Processus de transformation

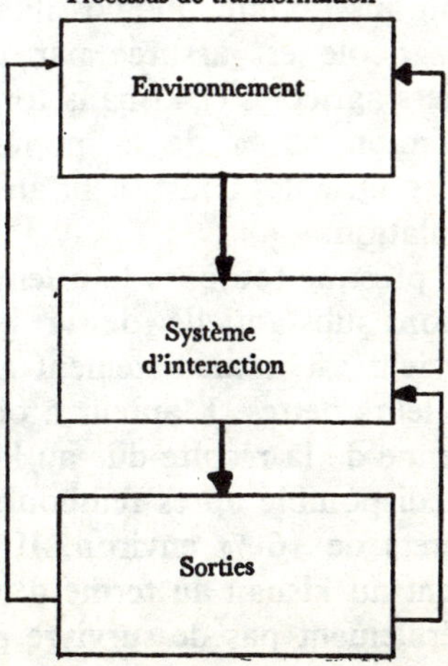

complet de production. Un contrat stipule les modalités de partage de la récolte entre le propriétaire et le locataire. La forme de ces contrats est variable d'un village à l'autre. On observe de même des variations non négligeables d'un endroit à l'autre dans les ressources des métayers. Ces derniers possèdent dans certains cas un lopin de terre en propre. Parfois, ils travaillent la terre avec des outils qui leur appartiennent. Ils peuvent alors se voir attribuer jusqu'à 75 % de la récolte. Lorsque le métayer ne fournit que son travail, sa part est généralement fixée à 40 % de la valeur de la récolte.

La catégorie des métayers les moins favorisés est connue sous le nom de *kishans*. Les kishans sont dans le meilleur des cas possesseurs de lopins minuscules. Ils ne sont généralement assurés de pouvoir exploiter une terre que pour la durée d'un cycle. Ils se distinguent des travailleurs agricoles par le mode de rémunération. Ces derniers sont payés sur une base journalière ou hebdomadaire, alors que les kishans reçoivent une part de la récolte en contrepartie de leurs services. À ce titre, le kishan a un intérêt, que n'a pas l'ouvrier agricole, à ce que la récolte soit aussi bonne que possible. L'efficacité de l'ouvrier agricole est assurée par une stricte surveillance. Ouvriers agricoles et kishans forment dans la région au minimum 55 % de la population des villages. Les ouvriers agricoles constituent au maximum 20 % de cette population.

Les kishans sont presque toujours lourdement endettés. Une proportion substantielle de la part de la récolte qui leur revient est immédiatement affectée au remboursement de leurs dettes. L'auteur a observé que la part légale moyenne de la récolte due au kishan était de 40 % et la part disponible après remboursement du capital et des intérêts de 16 % environ. Il en résulte que le riz qui revient au kishan au terme d'une récolte ne lui permet généralement pas de survivre pendant la durée d'un cycle. En conséquence, il doit emprunter pour satisfaire à ses besoins.

Autre caractéristique essentielle de l'organisation des rapports de production : le prêteur n'est en général autre que le propriétaire lui-même. Ainsi, le kishan exploite la terre d'un propriétaire à l'égard duquel il est en perpétuel état d'endettement. Comme il ne peut demander son congé avant de s'être libéré de ses dettes, sa condition est voisine du servage.

Le lien de dépendance du kishan par rapport au *jotedar* (propriétaire) est renforcé par l'impossibilité où se trouve le kishan de recourir au système bancaire : il ne peut bien entendu faire état d'aucune des garanties exigées par les banques en contrepartie des prêts qu'elles accordent.

N'ayant pas accès au marché de l'argent, le kishan n'a pas non plus réellement accès au marché des denrées en tant que vendeur. Plus exactement, il ne peut profiter des fluctuations des prix du riz et se trouve à l'inverse en être plutôt la victime. Les variations saisonnières du prix du riz sont très importantes sur les marchés villageois. De façon générale, les prix atteignent leur minimum immédiatement après la récolte et leur maximum dans la période qui précède la récolte. Or, à la période où le kishan, ayant consommé sa part de riz disponible, doit recourir à l'emprunt, les prix sont élevés. Par contre, au moment où il doit rembourser ses dettes, dans la période qui suit immédiatement la récolte, les prix sont bas. Pour profiter de ces fluctuations le propriétaire se contente en général quant à lui de stipuler dans le contrat que la récolte est évaluée au prix courant.

La double incapacité dans laquelle se trouve le kishan et de recourir au marché officiel de l'argent et de profiter des fluctuations des prix de sa récolte explique le niveau très élevé des intérêts qu'il est amené à servir au jotedar.

On voit que le système des rapports de production caractérisant le couple kishan/jotedar ne laisse aucun degré de liberté au kishan. En d'autres termes, le kishan n'a aucun moyen de modifier le système d'interaction de l'intérieur. Il ne peut envisager de mobiliser des ressources inutilisées pour la raison qu'il n'en dispose pas. Il ne peut même envisager de sortir du système. Plus précisément, l'endettement chronique du kishan permet au jotedar de contrôler le flux de sortie des kishans, et par là, de se mettre à l'abri des conséquences fâcheuses qui pourraient résulter pour lui-même et pour le système dans son ensemble de défections trop nombreuses. Grâce à l'endettement du kishan, le jotedar est assuré que sa terre sera indéfiniment exploitée. Ainsi, les défections individuelles ne peuvent avoir de conséquences sur le système des rapports de production.

Le jotedar n'est pas, quant à lui, privé de tout degré de liberté. Rien ne l'empêche, en théorie du moins, d'adopter des techniques agricoles plus modernes de manière à augmenter la productivité de ses terres. Il disposerait pour ce faire des ressources financières nécessaires. Mais l'observation montre que, dans les systèmes *semi-féodaux* comparables à celui de l'étude, les propriétaires terriens manifestent généralement peu d'inclination pour l'innovation. Ils préfèrent consacrer une partie importante de leurs réserves à des dépenses somptuaires plutôt que de les affecter à la modernisation de leur équipement. Les commissions d'experts se lamentent régulièrement sur les difficultés qu'elles éprouvent à convaincre les propriétaires de faire le moindre investissement sur leurs terres.

La raison de cette « résistance au changement » est, selon Badhuri, que les propriétaires n'ont en fait aucun intérêt à investir. En investissant, ils contribueraient à augmenter le revenu du kishan, et, ainsi, à limiter sa dépendance financière à l'égard du propriétaire. Quant aux revenus additionnels que le propriétaire pourrait lui-même tirer de l'augmentation de la productivité, ils seraient (dans des conditions générales) contrebalancés par les pertes qui résulteraient de la diminution des emprunts contractés par le kishan.

Pour éclairer la logique de ce processus, Badhuri utilise un modèle très simple que je m'efforcerai de présenter de la manière la plus intuitive possible.

En un cycle quelconque, le revenu du jotedar provient de deux sources : de sa part de la récolte et des remboursements du kishan.

Désignons par zt le revenu du jotedar au cycle t, par xt la valeur de la récolte ; par *a* la fraction de la récolte qui revient au kishan ; par *i* le taux d'intérêt ; par c_{t-1} le revenu du kishan au cours du cycle précédent. On a :

$$Z_t = (1\text{-}a)X_t + i\,(c_{t-1} - y_{t-1})$$

Le premier terme à droite représente la valeur de la récolte diminuée de la part revenant au kishan ; le deuxième terme représente la valeur des intérêts versés par le kishan au jotedar. La consommation du kishan au cours du cycle précédent (c_{t-1}) a été supérieure à ses ressources disponibles (y_{t-1}). Cette différence correspond au montant emprunté par le kishan. C'est sur cette somme que le kishan doit acquitter des intérêts au moment de la nouvelle récolte.

Le revenu du kishan est pour sa part égal à la valeur de la part de récolte qui lui revient diminuée du principal emprunté au cours du cycle précédent et des intérêts correspondants. Appelons yt le revenu du kishan au cycle t. On a[1] :

$$y_t = a\,x_t - (1 + i)\,(c_{t-1} - y_{t-1})$$

Supposons maintenant que le système soit stationnaire : la valeur de la récolte est supposée invariante (pour des raisons de simplification) ; de même, le revenu disponible, ainsi que la consommation du kishan sont supposés être constants d'un cycle à l'autre.

Pour fixer les idées, admettons que a = 0,40 (le contrat laisse au kishan 40 % de la récolte), i = 1,0 (le taux d'intérêt est de 100 %), que c_{t-1} soit égal à 28 unités et que la valeur de la récolte soit de 100 unités. On voit facilement en introduisant ces valeurs dans la deuxième équation que si y_{t-1}, le revenu disponible du kishan au cours du cycle t-1 est égal à 16, ce revenu sera le même en t. En effet :

$$0{,}40 \times 100 - (1 + 1{,}0)\,(28 - 16) = 16$$

Quant au revenu du jotedar, il sera pour les mêmes valeurs égal à

$$0{,}60 \times 100 + 1{,}0\,(28 - 16) = 72$$

Si on suppose que le processus a atteint l'état caractérisé par ces différentes valeurs et qu'aucun changement ne vient le perturber, le revenu des deux protagonistes restera stable de cycle en cycle et respectivement égal à 16 unités pour le kishan et à 72 pour le propriétaire.

Imaginons maintenant que ce dernier soit tenté par une innovation qui lui permettrait d'augmenter de manière modérée la productivité de ses terres. Traduite dans les termes du modèle, l'hypothèse s'exprime en disant qu'au cycle t + 1 la valeur de la récolte va augmenter. Naturellement, on suppose que les données

1. On vérifie que, à une période donnée t, le revenu du kishan ajouté à celui du jotedar est égal à la valeur de la récolte diminuée de la somme empruntée par le kishan pour l'exercice précédent.

institutionnelles restent inchangées : le taux d'intérêt, la proportion de la récolte que le jotedar abandonne au kishan restent fixés aux mêmes valeurs.

Comme la récolte augmente et que la part de la récolte qui revient au kishan reste inchangée, il en résulte que ce dernier va disposer au moment de la récolte d'une quantité de riz plus importante qu'au cycle précédent. L'augmentation du paiement en nature dont l'innovation lui permet de bénéficier va sans doute avoir l'effet d'augmenter la consommation du kishan. Pour fixer les idées, on supposera que le kistan consomme 60 % de la quantité additionnelle de riz que lui assure l'augmentation de la productivité entre le cycle t et le cycle t + 1. On admet en outre que l'augmentation de la productivité a pour effet de faire passer la valeur de la production de 100 à 110 unités à partir du cycle t + 1. Que va-t-il se passer ? Pour le savoir, il suffit d'appliquer ces données aux équations précédentes.

Au cycle t + 1, les revenus respectifs du jotedar et du kishan sont :

$$\begin{aligned} z_{t+1} &= (1 - a)\, x_{t+1} + i\,(c_t - y_t) \\ &= 0{,}6 \times 110 + 1{,}0 \times (28 - 16) = 78 \\ y_{t+1} &= ax_t - (1 + i)\,(c_t - y_t) \\ &= 0{,}4 \times 110 - (1 + 1{,}0)\,(28 - 16) = 20 \end{aligned}$$

Le revenu du jotedar augmente donc entre les cycles t et t + 1 de 72 à 78. Le revenu du kishan passe de son côté de 16 à 20. Jusqu'à ce point au moins, l'augmentation de la productivité a donc la structure d'un jeu coopératif : les deux protagonistes y trouvent leur avantage. Voyons maintenant, en reproduisant le même type de calcul, l'évolution du revenu des deux catégories d'agents pour les cycles suivants :

$$z_{t+2} = 0{,}6 \times 110 + (30{,}4 - 20) = 76{,}4$$

$$y_{t+2} = 0{,}4 \times 110 - 2\,(30{,}4 - 20) = 23{,}2$$
$$z_{t+3} = 0{,}6 \times 110 + (32{,}32 - 23{,}2) = 75{,}12$$
$$y_{t+3} = 0{,}4 \times 110 - 2\,(32{,}32 - 23{,}2) = 25{,}76$$
$$z_{t+4} = 0{,}6 \times 110 + (33{,}98 - 25{,}76) = 74{,}22$$
$$y_{t+4} = 0{,}4 \times 110 - 2\,(33{,}98 - 25{,}76) = 27{,}56$$

....

$$z_{t+8} = 0{,}6 \times 110 + (37{,}16 - 31{,}08) = 72{,}08$$
$$y_{t+8} = 0{,}4 \times 110 - 2\,(37{,}16 - 31{,}08) = 31{,}88$$

On voit immédiatement apparaître un phénomène extrêmement intéressant : l'augmentation de la productivité ne bénéficie au propriétairc quc dans la période qui suit l'augmentation de la productivité. Au cycle t + 8 le revenu du jotedar est redevenu à peu près égal à ce qu'il était avant l'introduction de l'innovation. Il décroît ensuite et finit par se stabiliser à un niveau un peu inférieur à 72.

Quant au revenu du kishan il augmente de plus en plus lentement et se stabilise à un revenu à peu près égal à 32,5[1].

On voit donc que dans le cas de figure considéré l'augmentation de la productivité a des effets complexes. A court terme, elle bénéficie aux deux classes. A long terme, elle nuit à la classe dominante et bénéficie à la classe dominée. Mais elle ne conduit pas (du moins dans les conditions adoptées dans notre illustration numérique) à la destruction de la relation de dépendance qui asservit le kishan au jotedar. Le kishan continue de consommer davantage que son revenu disponible ne le lui permet. Le lien de l'endettement est donc maintenu. Mais le fait le plus important est que l'augmentation de la productivité se fait, sauf au début du processus, *au détriment* du propriétaire et au seul avantage du kishan.

1. Bien entendu, on peut déterminer ces valeurs d'équilibre sans passer par des tâtonnements à vertu principalement didactique.

Il n'y a donc aucune raison de s'attendre à ce que le jotedar s'engage dans une politique aussi défavorable à ses intérêts.

En modifiant les paramètres du modèle, on constate aisément qu'on peut obtenir une réalisation (différente de celle que Hegel présente lui-même) de la fameuse figure dialectique du maître et de l'esclave. Si le maître s'engageait plus avant dans l'innovation (ou si la partie du revenu additionnel consommé par le pseudo-serf était réduite), le lien de dépendance financier pourrait être dissout.

Laissons de côté la question de savoir dans quelle mesure le modèle est réaliste. Il l'est de par la valeur des paramètres. Les valeurs du taux d'intérêt, de la part de la récolte accordée au kishan reproduisent les ordres de grandeur observés dans la réalité. Il est peut-être plus contestable de supposer que le propriétaire perçoit exactement les conséquences que l'augmentation de la productivité sont susceptibles d'entraîner. Mais pourquoi ne percevrait-il pas de manière plus ou moins confuse qu'en enrichissant le kishan il risque d'affaiblir la relation de dépendance dans laquelle il le tient et, partant de diminuer les profits qu'il tire de l'usure ? Même s'il n'est pas capable de déterminer le seuil à partir duquel ses ressources risquent d'être entamées, il peut avoir conscience du risque encouru et le juger suffisant pour ne pas se laisser tenter par l'innovation. Peut-être d'ailleurs des expériences d'innovation ont-elles été tentées ailleurs, dans un voisinage plus ou moins éloigné. Peut-être ont-elles révélé les risques auxquels s'exposent les propriétaires entreprenants. Sans doute la portée du modèle serait-elle accrue si on pouvait vérifier sur le terrain que les jotedars ont bien conscience des risques réels que leur fait courir toute politique d'innovation. Mais, en l'absence de cette confirmation empirique, rien ne permet d'affirmer que les hypothèses du modèle soient irréalistes. Simplificatrices, elles le sont sans aucun doute. Irréalistes, probablement pas.

L'analyse précédente a l'avantage de présenter un cas presque pur de processus *reproductif*. Le kishan est dans une situation qui le prive de tout degré de liberté. Le jotedar pourrait utiliser ses ressources pour améliorer le rendement de ses terres. Mais, dans ces conditions très générales, il n'a pas d'intérêt à s'engager dans cette voie. En outre, les propriétaires contrôlent les possibilités de sortie des kishans. De sorte qu'il ne peut y avoir de changement dans le système qui résulterait d'un mouvement d'exode ou de fuite des kishans. Le mécanisme de l'*exit* décrit par Hirschman ne peut guère fonctionner dans ce contexte[1].

Naturellement un tel système est à la fois *bloqué, répétitif* ou (selon le terme qu'on désire employer) *reproductif* et en même temps porteur de changement. Il pourrait en théorie être brisé de maintes façons. Par exemple par des changements situés au niveau de l'environnement (accès du kishan au système financier officiel, réglementation des contrats de métayage, etc.).

Le *Monopole* décrit par Crozier et déjà évoqué au chapitre III, fournit un autre exemple de processus reproductif situé cette fois dans le cadre d'une société industrielle.

On se souvient que, dans le *Monopole*, les règlements qui fixent les rôles du directeur et du contrôleur sont suffisamment flous pour laisser une marge d'interprétation aux antagonistes et créer ainsi une zone de conflit. Mais cette indétermination n'est pas suffisante pour rendre l'issue du conflit vraiment incertaine. Les deux acteurs ne peuvent pas ne pas se battre pour essayer

1. Albert HIRSCHMAN : *La réaction au déclin des firmes, des entreprises et de l'Etat, op. cit.* Voir chapitre II.

d'imposer l'interprétation qui leur paraît la plus favorable de leur propre rôle. Mais la structure d'interaction créée par les institutions a pour effet de placer l'un des deux acteurs, le directeur, en position de domination par rapport à l'autre. En effet, la structure d'interaction est telle que le directeur a toujours intérêt à choisir une interprétation « autoritaire » de son rôle. La prudence (minimiser les pertes éventuelles), comme l'audace (maximiser les gains éventuels) lui conseillent toutes deux de choisir la stratégie « autoritaire ». Il ne reste alors d'autre issue au second que de choisir la prudence et de se placer lui-même en position de retrait.

L'ensemble des relations de pouvoir analysées par Crozier dans son étude sur le *Monopole* fait apparaître des structures analogues. Dans tous les cas, l'environnement institutionnel est suffisamment flou pour laisser aux acteurs une marge d'interprétation de leurs rôles et, partant, créer des zones de conflit. Mais d'un autre côté, il est suffisamment contraignant pour que l'issue ne fasse guère de doute et engendre par là un système de relations stable et répétitif [1].

Les trois ingénieurs qui sont à la tête de l'usine, le directeur, le directeur-adjoint et l'ingénieur technique forment un trio conflictuel. L'environnement institutionnel et technique a pour effet de donner à l'ingénieur technique une position dans cette structure d'interaction analogue à celle du directeur dans son duel avec le contrôleur. Qu'il choisisse d'être prudent (éviter de se mettre dans la situation la plus désagréable eu égard à ses préférences) ou audacieux (ne pas risquer d'empêcher la réalisation de la situation qu'il juge la plus désirable), il a dans tous les cas intérêt à opter pour une interprétation interventionniste et agressive de son rôle plutôt que pour une interprétation « coopérative ». La structure

1. Michel Crozier : *Le phénomène bureaucratique, op. cit.*

d'interaction qui résulte des données institutionnelles a ainsi pour effet de donner à cet acteur une position *dominante* (au sens technique où il a la latitude de choisir l'interprétation qu'il souhaite donner de son rôle indépendamment du choix des deux autres acteurs). Les choix des deux autres acteurs sont par contre dépendants de celui de l'ingénieur technique et en ce sens, *dominés* par les choix de ce dernier. Cette structure donne ainsi un pouvoir important à l'ingénieur technique en même temps qu'elle laisse plus ouverte la répartition du pouvoir entre les deux autres acteurs.

Les relations au niveau des ateliers révèlent de la même façon la présence de structures de rôles suffisamment souples pour laisser place aux conflits et à la frustration, mais trop rigides pour ne pas rendre l'issue des conflits assez largement prévisible. Les ouvriers d'entretien sont chargés d'effectuer les réparations des machines. Les interprétations possibles de leur rôle sont comprises entre deux extrêmes : s'efforcer d'atténuer au maximum l'effet des à-coups que les pannes entraînent sur le travail des ouvriers de production ou étaler leurs interventions de manière à assurer à leur travail un rythme régulier. Les ouvriers de production peuvent de leur côté considérer les pannes avec fatalisme ou au contraire intervenir pour tenter d'en accélérer le traitement et, par là, en limiter les effets. Les chefs d'atelier peuvent pour leur part choisir une interprétation de leur rôle située entre deux extrêmes : inclure ou non les pannes dans leur domaine de compétence.

En analysant les conséquences des différentes combinaisons d'attitudes de la part des trois catégories d'acteurs, on observe que, comme dans le cas du duel entre le contrôleur et le directeur, l'une des catégories d'acteurs est dominante. Quelles que soient les attitudes des autres acteurs, les ouvriers d'entretien ont avantage à se comporter comme des experts, libres de choisir les modalités de leur intervention, plutôt que comme des rouages spécialisés du système de production. Cette position de domination leur permet d'imposer aux deux autres catégories d'acteurs des interprétations peu satisfaisantes de leur propre rôle.

Les différents sous-systèmes de relations qui composent le système global du *Monopole*, représentent ainsi des structures de jeux de rôle relativement *fermés*. Pour cette raison, les choix, comportements, attitudes et sentiments des acteurs sont largement prévisibles et *répétitifs* d'une usine à l'autre.

Le caractère relativement *fermé* de la structure des rôles engendrés par l'environnement technique et institutionnel est une des causes fondamentales du blocage du système. Mais il est essentiel d'observer que les acteurs du *Monopole* ne sont guère en mesure d'agir sur l'environnement technique et institutionnel et de provoquer ainsi une modification de la structure de leurs relations.

Mentionnons pour clore cette série d'exemples un domaine important où les processus reproductifs sont monnaie courante. Il s'agit des *groupes primaires*. Ces groupes, qu'il s'agisse de la famille, du groupe ethnique, de la bande, du groupe d'amis, du gang, etc., sont caractérisés par des relations de solidarité et d'altruisme. Pour employer le langage parsonien des variables de configuration ils tendent vers un modèle de relations de type diffus/particulariste/non orienté vers l'accomplissement/non affectivement neutre. Dans un autre langage encore, ils se rapprochent davantage du type de la *Gemeinschaft* que de celui de la *Gesellschaft*[1]. Mais on peut chercher à dépasser ces étiquettes statiques pour analyser de manière dynamique les processus caractéristi-

1. Ferdinand TONNIES : *Communauté et société*, Paris, Presses Universitaires de France, 1944.

ques des groupes primaires. On observe alors que le plus ou moins grand degré de cohérence ou de solidarité d'un groupe primaire dépend de la nature de ses échanges avec l'environnement.

Considérons le cas du gang tel qu'il est décrit par des études classiques : *le Street Corner Society* de Whyte, le *Voleur professionnel* de Sutherland, *The Gang* de Trasher ou, pour prendre un exemple plus récent, *Mafia and Mafiosi* de Henner Hess[1]. La culture de loyauté qui caractérise ce type de groupe primaire est largement un effet des relations entre le gang et son environnement. Son caractère marginal ou illégal lui permet de s'assurer avec une relative facilité de la loyauté de ses membres : la défection, la déloyauté peuvent être punies sévèrement, rapidement et efficacement. D'un autre côté, l'individu qui souhaite faire défection est exposé à des coûts d'entrée dans le monde non délinquant d'autant plus élevés que son ancienneté dans le gang augmente. Ainsi, les rapports du gang avec son environnement tendent à imposer à ses membres une conduite de solidarité et de loyauté. La permanence de cet effet de l'environnement a pour effet d'assurer aux conduites de solidarité un caractère lui-même extrêmement stable. Cette double stabilité explique à son tour que les gangs sécrètent généralement des sous-cultures au particularisme prononcé.

Ces données sont à mettre en rapport avec les résultats des études sur les phénomènes d'« intégration ». Eisenstadt a bien montré, après Durkheim, qu'un groupe primaire localisé dans un environnement étranger (du

1. William WHYTE : *Street Corner Society, op. cit.* ; Edwin SUTHERLAND : *Le Voleur professionnel*, Paris, Spes, 1963 ; Frederic TRASHER : *The Gang*, Chicago, University of Chicago Press, 1968 (1e édition 1927) ; Henner HESS : *Mafia and Mafiosi* : *the structure of power*, Westmead/Lexington, Saxon/Lexington Books, 1973.

point de vue ethnique ou religieux par exemple) sécrète fréquemment une culture de solidarité et d'assistance mutuelle. Cette culture traduit la stabilité de la structure imposée au groupe par son environnement[1].

---

1. Émile DURKHEIM : *La division du travail social, op.cit. ; Le suicide, étude sociologique, op. cit.* Samuel N. EISENSTADT : « The process of absorption of new immigrants in Israel », *Human Relations*, 5, 1952, pp. 223-246.

VI

Sociologie et changement social : processus cumulatifs, processus de transformation

Il importe, dans l'analyse du changement social plus peut-être qu'en tout autre domaine, d'éviter les extrapolations hâtives. On a analysé au chapitre précédent des exemples de processus reproductifs : l'exemple des kishans du Bengale occidental montre qu'une organisation de type semi-féodal peut, dans certaines circonstances, rendre difficile l'apparition de changements de type endogène. Il serait hasardeux d'en conclure que le changement endogène est à jamais exclu d'un tel système. Ainsi, la conclusion tirée du modèle précédent n'est valable que si l'on suppose que l'augmentation de la productivité est faible et non progressive : une coalition de jotedars pourrait entraîner le système vers une modernisation continue qui serait profitable à tous[1]. De même, une entente entre kishans pourrait contribuer à modifier les « rapports de production ». En d'autres termes, un processus n'est jamais *inconditionnellement* reproductif. Son allure répétitive dépend de la persistance d'un certain nombre de conditions.

1. Une révolte des kishans est également une « solution » possible au blocage du système.

Il en va de même des processus cumulatifs. Ils ne sont tels que *conditionnellement*. L'erreur de sociologues comme Comte ou Marx est d'avoir donné à certaines des lois historiques qu'ils ont prétendu établir le statut de processus cumulatifs inconditionnels, alors qu'il s'agissait et qu'il ne pouvait s'agir que de processus *conditionnellement* cumulatifs.

Processus cumulatifs

On s'en souvient, les processus cumulatifs ont été définis plus haut comme la catégorie de processus caractérisée par l'existence de rétroaction des sorties du système d'interaction sur le système d'interaction lui-même.

Pour illustrer cette notion, je m'inspirerai de la formalisation présentée par Diesing de la succession des crises entre l'Allemagne d'un côté, la France et la Grande-Bretagne de l'autre entre les deux guerres mondiales[1].

Réduites à leur expression la plus dépouillée, ces crises (occupation de la Rhénanie, *Anschluss*, attaque contre la Pologne) ont toutes la structure de jeux du poulet. Considérons par exemple le cas de l'occupation de la Rhénanie. Les deux acteurs, Allemagne d'un côté, France et Grande-Bretagne (qu'on suppose coalisées d'entrée de jeu) de l'autre, ont le choix entre deux

1. P. DIESING : « Types of bargaining theory », cité par G. SNYDER : *Op. cit.*

		Grande-Bretagne/France	
		Modération	Agression
Allemagne	Modération A	2	3
	Agression B	1	4

stratégies[1]. L'Allemagne peut réoccuper la Rhénanie (stratégie *agressive*) ou non (*modération*). Les alliés peuvent laisser faire (*modération*) ou réagir (*agression*). Considérons d'abord les coûts *intrinsèques* (essentiellement les coûts militaires) de chacune des quatre combinaisons. De ce point de vue, la combinaison AA (modération des alliés, modération de l'Allemagne) est la moins coûteuse, puisqu'elle consiste dans le maintien du *statu quo*. La combinaison AB (l'Allemagne renonce à l'occupation de la Rhénanie dès que les alliés manifestent leur intention de s'y opposer) est plus coûteuse que AA pour l'Allemagne du point de vue des coûts intrinsèques. Naturellement, de ce point de vue, la combinaison la plus désirable pour l'Allemagne est BA

1. Voir chapitre II. L'analyse qui suit illustre bien une des différences qui distinguent histoire et sociologie. Le sociologue (politologue) suppose que la crise internationale qu'il décrit a la structure d'une séquence complexe de jeux entre deux acteurs. En d'autres termes, il donne à cette structure le statut d'une *constante*. La plupart des historiens auraient plutôt tendance à considérer cette structure comme une *variable* (la coalition franco-britannique s'est formée progressivement, dans le temps, en partie comme une conséquence du développement de la crise internationale). De façon générale, ayant à analyser un phénomène, l'historien a tendance à construire un modèle où la population des variables est plus grande que dans le modèle du sociologue et où certains des constantes ou paramètres du sociologue prennent le statut de variables.

(réoccupation de la Rhénanie sans résistance des alliés) : d'un point de vue militaire cette réoccupation a un certain intérêt. Enfin, la combinaison la plus redoutée pour l'Allemagne du point de vue des coûts intrinsèques est la combinaison BB (l'Allemagne maintient sa volonté de réoccuper la Rhénanie, se heurte à la résistance des alliés et est défaite).

En résumé, les préférences de l'Allemagne du point de vue des coûts intrinsèques sont caractérisées par l'ordre : BA, AA, AB, BB. Cet ordre est bien celui qui caractérise la structure du jeu du poulet. On l'a représenté au tableau précédent.

Malheureusement une représentation ordinale comme celle-ci a l'inconvénient de ne pas faire ressortir les différences d'intensité entre les préférences. Il est clair que d'un point de vue militaire l'Allemagne redoute *beaucoup* la situation BB. Pour fixer les idées, on peut donc associer aux combinaisons des *valeurs* numériques. Malgré leur grossièreté, ces valeurs ont l'intérêt de traduire plus fidèlement les préférences allemandes : BA = 1, AA = 0, AB = -1, BB = -20.

Du côté allié, les combinaisons AA, AB et BA sont pratiquement identiques du point de vue des coûts intrinsèques. En revanche, la combinaison BB (l'Allemagne persiste dans sa volonté de réoccuper la Rhénanie, les alliés s'y opposent militairement) présente un certain coût pour les alliés. Étant donné la disparité des forces à l'époque, ce coût est cependant modéré. Pour fixer les idées, on peut associer aux quatre combinaisons stratégiques des valeurs numériques représentant les coûts intrinsèques de ces quatre combinaisons du point de vue allié : AB = 0, AA = 0, BA = 0, BB = -2.

On a représenté au tableau suivant les évaluations pour les deux acteurs des coûts intrinsèques des quatre combinaisons. Les chiffres situés avant la virgule indiquent les évaluations de la France et de la Grande-Bretagne.

		France/Grande-Bretagne	
		Modération	Agression
Allemagne	Modération	0,0	— 1,0
	Agression	1,0	— 20, — 2

(Structure S)

Si l'on tient à la considération des coûts intrinsèques qui sont les seuls représentés dans ce tableau, on voit que l'Allemagne peut être d'autant plus tentée par l'*agression* que l'attitude de modération est plus vraisemblable de la part des alliés.

Mais les coûts intrinsèques immédiats ne sont naturellement pas la seule dimension en jeu. En effet, la partie décrite par le tableau précédent une fois jouée, il en résulte éventuellement pour les deux parties des avantages et désavantages *stratégiques*. Entendons par là que la structure du système d'interaction entre les deux antagonistes peut être modifiée par le résultat du jeu.

Supposons que la combinaison AA ait été historiquement réalisée. Dans ce cas, la structure du système d'interaction n'aurait pas été modifiée puisque les deux acteurs se seraient par hypothèse abstenus de tout mouvement. Il en aurait été de même si la combinaison AB (les velléités allemandes de réoccuper la Rhénanie sont bloquées par les alliés) avait été réalisée. Dans le cas où la combinaison BB (les alliés s'opposent victorieusement à l'occupation) aurait été réalisée, ce résultat aurait par contre modifié la structure du système d'interaction : la stratégie de l'agression aurait été perçue par l'Allemagne comme plus coûteuse en cas de résistance des alliés. Bref, si BB avait été réalisé le système d'interaction entre les antagonistes aurait eu une structure comme celle du tableau suivant :

		France/Grande-Bretagne	
		Modération	Agression
Allemagne	Modération	0,0	— 1,0
	Agression	1,0	— 30, — 1

(Structure T)

En réalité, la combinaison qui a été effectivement réalisée est la combinaison BA (réoccupation de la Rhénanie par l'Allemagne sans résistance des alliés). Ce résultat a eu pour effet de transformer la structure du système d'interaction entre les deux antagonistes : après l'occupation de la Rhénanie, la résistance des alliés à une éventuelle agression allemande devint plus coûteuse ; complémentairement, l'agression en cas de résistance des alliés devint moins coûteuse pour l'Allemagne. Cette modification de la structure du système d'interaction est représentée au tableau (Structure U), p. 201.

La structure U peut être considérée comme symbolisant le système d'interaction au moment de l'annexion de l'Autriche : les alliés sont encore en position de supériorité militaire. Ils auraient pu arrêter l'agression allemande mais à un coût plus élevé que dans le cas de la structure S. En outre, les avantages stratégiques d'une résistance victorieuse à la nouvelle agression allemande

		France/Grande-Bretagne	
		Modération	Agression
Allemagne	Modération	0,0	— 1,0
	Agression	1,0	— 10, — 5

(Structure U)

auraient été plus problématiques que dans la conjoncture correspondant à l'occupation de la Rhénanie (structure S). Dans le cas d'une résistance victorieuse à l'*Anschluss*, il aurait été possible aux alliés de retrouver la structure T. Mais cette éventualité aurait été en tout état de cause moins probable que dans la crise précédente (occupation de la Rhénanie). En fait, même dans le cas d'une résistance victorieuse à l'*Anschluss*, il y avait une chance pour que la structure d'interaction U ne soit pas modifiée, c'est-à-dire que les alliés ne tirent aucun avantage stratégique tangible de leur résistance.

		France/Grande-Bretagne	
		Modération	Agression
Allemagne	Modération	0,0	— 1,0
	Agression	1,0	— 10, — 10

(Structure V)

En réalité, c'est de nouveau la combinaison BA qui a été réalisée. Elle a eu pour effet de provoquer une nouvelle modification de la structure d'interaction qu'on peut représenter par le tableau p. 201 (structure V). L'Allemagne ayant renforcé ses moyens militaires, il est désormais coûteux pour les alliés d'arrêter une nouvelle agression (historiquement, agression de la Tchécoslovaquie). Du point de vue des coûts et des avantages stratégiques, la réalisation de la combinaison BB (résistance à l'agression contre la Tchécoslovaquie) aurait pu s'accompagner d'un retour à une situation d'interaction plus favorable aux alliés (structure U, éventuellement T), mais les risques pour les alliés de rester bloqués dans la structure V auraient été très importants : mêmc en cas de résistance victorieuse, il était cette fois plus difficile pour les alliés de monnayer ce succès en un avantage stratégique futur.

Cette analyse fournit un excellent exemple de processus cumulatif : le résultat de l'interaction (sorties du système d'interaction) entraîne d'éventuelles modifications de la structure du système d'interaction dans la phase suivante. On peut résumer le processus sous la forme d'un diagramme (p. 203).

Il est intéressant de remarquer que le processus perd graduellement son caractère de réversibilité : à mesure qu'on passe des premières étapes aux suivantes (Rhénanie/structure S ; Autriche/structure U ; Tchécoslovaquie/structure V), le retour du processus à une structure antérieure devient de plus en plus difficile à réaliser par les alliés et apparaît donc comme de plus en plus invraisemblable.

Il est facile de mentionner de nombreux exemples de processus cumulatifs. Certains de ces processus paraissent, à la différence de l'exemple précédent, *intrinsèquement* irréversibles. C'est le cas par exemple du développement des connaissances scientifiques : à un instant donné le système d'interaction que constitue la communauté des chercheurs produit un certain nombre

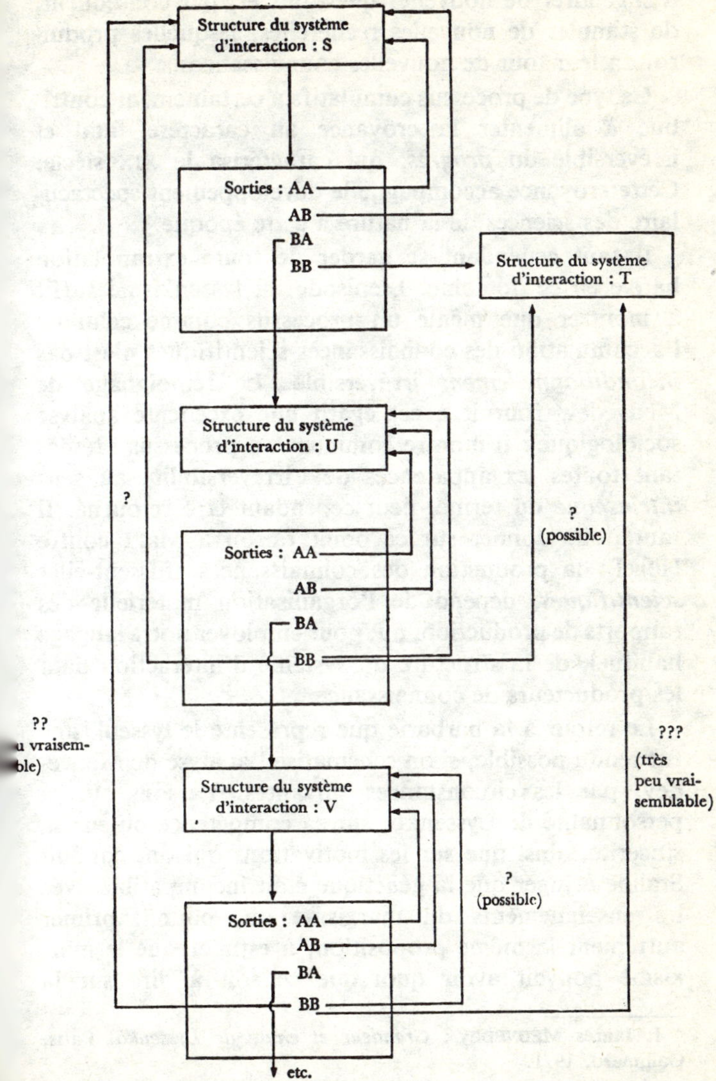

Structure du système
d'interaction : S
Sorties : AA
AB
BA
BB
Structure du système
d'interaction : T
Structure du système
d'interaction : U
?
? (possible)
Sorties : AA
AB
BA
BB
??
u vraisem-
ble)
???
(très
peu vrai-
semblable)
Structure du système
d'interaction : V
? (possible)
Sorties : AA
AB
BA
BB
etc.

de connaissances. Ces connaissances ont pour effet d'engendrer de nouvelles questions et, par conséquent, de stimuler de nouvelles recherches, lesquelles produiront à leur tour de nouvelles connaissances.

Ce type de processus cumulatifs a certainement contribué à alimenter la croyance au caractère fatal et irréversible du *progrès*, qui caractérisa le XIXe siècle. Cette croyance accompagne le développement spectaculaire des sciences de la nature à cette époque.

Il faut cependant se garder de toute extrapolation hâtive en ce domaine. L'épisode du lyssenkisme suffit à montrer que même un processus comme celui de l'accumulation des connaissances scientifiques n'est pas *inconditionnellement* irréversible. Le témoignage de Medvedev[1] fournit à cet égard une excellente analyse sociologique : il montre comment un processus présentant toutes les apparences de l'irréversibilité au sens *intrinsèque* du terme, peut cependant être retourné. Il faut donc donner sur ce point raison à Marx contre Hegel : la production des connaissances, fussent-elles *scientifiques*, dépend de l'organisation matérielle des rapports de production, ou, pour employer notre langage habituel, de la structure du système d'interaction liant les producteurs de connaissance.

Le retour à la barbarie que représente le lyssenkisme fut rendu possible, si on schématise l'analyse de Medvedev, par les circonstances suivantes. Passons sur la personnalité de Lyssenko, sur sa compétence ou sur sa sincérité, ainsi que sur les motivations qui ont conduit Staline à juger que la génétique était incompatible avec les enseignements du marxisme ou, pour exprimer autrement la même proposition, à estimer que le marxisme pouvait avoir quoi que ce soit à dire sur la

1. Jaurès MEDVEDEV : *Grandeur et chute de Lyssenko*, Paris, Gallimard, 1971.

génétique. L'important du point de vue qui nous occupe est que ceux qui seuls pouvaient juger en toute compétence de la valeur des thèses lyssenkistes, à savoir les généticiens *stricto sensu*, ne les soutinrent guère. Les tentatives d'intimidation dont ils furent l'objet restèrent sans grand effet. En revanche, Lyssenko fut largement appuyé par des physiologistes, agronomes et autres spécialistes qui possédaient le double caractère d'être d'une compétence relativement limitée en matière de génétique, mais d'être *perçus* par les milieux extérieurs aux sciences de la vie comme capables d'arbitrer le conflit entre lyssenkistes et généticiens. Bien entendu, ces spécialistes des sciences de la vie (non spécialistes en génétique) étaient bien plus sensibles aux pressions politiques qui s'exercèrent sur eux que les généticiens. Un historien des temps modernes peut être beaucoup plus facilement incité à soutenir une proposition erronée sur les institutions romaines qu'un historien de l'Antiquité. Pourtant son avis a des chances de faire autorité auprès du public. D'un autre côté, les physiologistes, agronomes et autres spécialistes des sciences de la vie étaient naturellement beaucoup plus nombreux au total que les généticiens. Il suffit alors à l'autorité politique de manipuler les discussions scientifiques en restant dans les limites de ses prérogatives (choix des participants aux colloques et congrès) et d'orienter la publication de ces discussions pour créer la fiction d'un consensus de la communauté scientifique sur les théories lyssenkistes. Complémentairement, on mit en œuvre une « dérivaton » (Pareto) classique : les adversaires de Lyssenko une fois « condamnés » sur un plan scientifique, on insinua que leur « erreurs » s'expliquaient à partir de leurs faiblesses pour la « science bourgeoise ».

Il faut donc prendre garde que les processus cumulatifs ne conservent en règle générale une orientation constante que de manière *conditionnelle*.

Cette réserve importante ne signifie évidemment pas qu'on ne puisse pas distinguer de véritables processus cumulatifs, ni qu'il ne soit pas utile d'opposer des processus *intrinsèquement* cumulatifs au processus qu'on peut qualifier de processus *hypothétiquement* cumulatifs. La distinction peut être illustrée à l'aide des deux exemples qui viennent d'être évoqués. Dans le premier exemple, le renversement des relations de force au profit de l'Allemagne qui devint de plus en plus *inéluctable* n'était pas inscrit dans les paramètres du processus. Les alliés pouvaient choisir la stratégie de résistance dès l'occupation de la Rhénanic. Le régime autoritaire que Hitler devait imposer à l'Allemagne lui donna incontestablement une capacité stratégique à bien des égards plus grande que celle des démocraties. Mais cette différence ne suffisait pas à imposer la victoire répétée de l'Allemagne dans la suite de jeux du poulet qui caractérise les crises de l'entre-deux-guerres. Dans le second exemple, le caractère progressif de la production scientifique paraît au contraire *normal*, même s'il n'est jamais garanti de façon inconditionnelle.

On peut imaginer toutes sortes de cas intermédiaires entre ces deux extrêmes.

Ainsi T.H. Marshall[1] a soutenu que l'acquisition des droits nouveaux avait tendance à suivre un ordre qui, toutes proportions gardées, rappelle la fameuse succession des « états » dans la théorie d'Auguste Comte. On constate, lorqu'on examine l'histoire des sociétés occidentales, que les revendications en matière d'égalité se sont appliquées successivement à l'ordre du juridique, puis du politique, puis du social et de l'économique. Les divers ordres s'impliquent les uns les autres en ce sens que chacun des types d'égalité est

1. T.H. Marshall : *Class, Citizenship and Social Development*, New York, Doubleday & Co., 1965.

condition nécessaire et non suffisante du suivant. En conséquence, il est naturel que les revendications se soient successivement appliquées à ces différents ordres. On a affaire dans ce cas à un processus cumulatif. Lorsque les revendications en matière politique eurent abouti, elles fournirent aux agents des ressources leur permettant plus facilement de faire avancer leurs revendications en matière sociale. D'où on déduit la conséquence extrêmement importante que la satisfaction d'une catégorie de revendications peut produire une augmentation plutôt qu'une diminution des conflits sociaux, comme l'a bien montré Dahrendorf[1]. D'un autre côté, ce processus cumulatif est orienté : tout se passe comme s'il était voué à passer successivement par un certain nombre de phases l'entraînant vers un *point de fuite* (naturellement fictif).

Cet exemple me paraît comporter des conclusions intéressantes. D'une part, il met en évidence une sorte de loi de l'histoire dans le meilleur style comtien. Cette loi a l'avantage par rapport à la loi des trois états d'être à première vue plus modeste et empiriquement mieux fondée. Elle paraît effectivement s'appliquer convenablement à l'histoire des sociétés occidentales des deux derniers siècles. Elle est en outre, à la différence de la loi des trois états, *intelligible*. Je veux dire qu'il est facile de comprendre que, dans les systèmes couverts par la loi de Marshall, les agents sociaux aient présenté des revendications d'abord politiques, *puis* sociales et économiques. Enfin, l'exemple a l'intérêt de souligner que, même dans les cas où on peut sans abus parler de loi de l'histoire ou de sens de l'histoire, cette loi ne revêt aucun caractère de *nécessité* et demeure au contraire conditionnelle [2].

---

1. Ralf DAHRENDORF : *Classes..., op. cit.*
2. Voir chapitre V, note 1, p. 162.

Une autre « loi » a été mise en évidence par une multitude de travaux sociologiques d'orientations très diverses et datant d'époques très différentes, c'est celle du développement de l'*individualisme* dans les sociétés industrielles. Durkheim défend dans la *Division du travail* la théorie selon laquelle le phénomène de la division du travail a une source exogène (l'augmentation de la densité sociale) et une source endogène : l'accroissement de la densité et du volume des sociétés facilite la diversification des fonctions ; mais en même temps, la diversification des fonctions, en entraînant une spécialisation croissante ainsi qu'une multiplication des formations et des rôles, facilite à son tour une nouvelle augmentation de la division du travail. On a donc affaire à un processus à la fois cumulatif et orienté. Il est *cumulatif* car, à un instant donné, le niveau de division du travail atteint contribue à déterminer l'augmentation de la division du travail dans la phase suivante. Il est *orienté* dans la mesure où le processus décrit par Durkheim conduit à une division du travail sans cesse croissante[1].

En corollaire, on tire de cette analyse la proposition que les sociétés modernes tendent vers un *individualisme* de plus en plus marqué : la spécialisation croissante, les nouveaux types d'apprentissage qui distinguent les générations successives font que les individus tendent à être de plus en plus différents les uns les autres par leurs savoirs et leurs fonctions, de plus en plus éloignés de leurs ascendants et descendants, de plus en plus mobiles et finalement, de plus en plus livrés à eux-mêmes.

---

1. Voir la formalisation de la théorie de la division du travail de Durkheim proposée par Kenneth LAND : « Mathematical formalization of Durkheim's theory of division of labor », in E. BORGOTTA et G. BORNSTEDT (red.) : *Sociological methodology* 1970, San Francisco, Jossey-Bass, 1970.

Cette analyse est reprise avec des tonalités différentes par de multiples auteurs. On a vu plus haut qu'à partir d'une analyse un peu différente, Simmel soutient des thèses proches[1] : la complexité croissante des échanges sociaux donne aux *relations* interindividuelles une coloration de plus en plus impersonnelle. Parsons aboutit à une thèse analogue lorsqu'il montre que le développement des sociétés modernes a pour effet de détacher les individus de leurs groupes primaires[2]. Plus près de nous, R. Coser, dans une analyse qui reprend celle de Durkheim en l'exprimant en langage mertonien, soutient que l'accroissement constant de la division du travail a pour effet de multiplier les *rôles* et, par conséquent, de provoquer une complexification constante de la structure des rôles[3]. Il en résulte que l'individu doit accomplir un nombre sans cesse plus important de rôles, que ces rôles sont de plus en plus complexes et, partant, de plus en plus souvent ambigus et contradictoires. En conséquence, la liberté ou plus exactement l'autonomie, l'initiative et la responsabilité laissées à l'individu sont sans cesse croissantes. L'augmentation de la division du travail entraîne ainsi une individuation croissante de l'agent social. Si on fait abstraction du style et de la coloration de ces analyses, elles sont toutes très proches les unes des autres. Durkheim et Simmel sont *inquiets* des conséquences de l'augmentation de la division du travail. Pour employer un langage qui est, non le leur, mais celui de Tonnies, ils redoutent que le processus

---

1. Georg SIMMEL : *Philosophie des Geldes, op. cit. ;* voir aussi *Georg SIMMEL : Veber soziale Differenzierung*, Amsterdam, Liberac, 1966.

2. Talcott PARSONS : *Eléments..., op. cit.*

3. Rose COSER : « The complexity of roles as a seedbed of individual autonomy », in L. COSER (red.) : *The Idea of social structure, op. cit.*, pp. 237-263. Voir aussi C.P. MACPHERSON : *La théorie politique de l'individualisme possessif*, Paris, Gallimard, 1972.

inéluctable de division du travail qui caractérise les sociétés modernes ne dissolve la chaleur de la *Gemeinschaft* au profit de l'impersonnalité de la *Gesellschaft*. Par contraste, Parsons ou R. Coser ont une appréciation positive des effets du processus. Mais peu importe l'appréciation. Le point important est que les analyses soient largement convergentes.

Malgré cette convergence, malgré l'intérêt de ces analyses, il faut de nouveau se garder d'y voir la démonstration d'une loi inéluctable. Comme dans le cas de tous les exemples précédents, on a bien affaire à un processus cumulatif et orienté. Mais il nc possède ces caractères que de manière conditionnelle.

Processus oscillatoires

Les processus oscillatoires représentent une sous-classe importante à l'intérieur des processus cumulatifs. Comme dans le cas des exemples précédents, ces processus sont caractérisés par un effet de rétroaction des *sorties* sur le système d'interaction. Mais les réajustements du système d'interaction ont une allure oscillatoire.

Des processus oscillatoires apparaissent fréquemment dès que les décisions des agents sociaux s'effectuent dans un contexte d'*incertitude*. Dans ce cas, les agents ont souvent tendance à projeter dans l'avenir des informations valables pour le présent et ainsi à créer un effet que, pour parodier le langage de Merton, on peut appeler de *prophétie autodestructrice*. Le fait que les agents croient à la reproduction du présent dans l'avenir a pour conséquence de rendre l'avenir différent du présent. Si le même mécanisme se reproduit lorsque l'avenir d'hier est devenu le présent d'aujourd'hui, le processus revêt une allure oscillatoire.

Il n'est pas difficile d'imaginer des illustrations de ce type de processus. Supposons que nous nous situons à une époque et plus précisément en une année t où il existe une forte demande en matière d'enseignants (ou de médecins ou d'une catégorie professionnelle quelconque), résultant d'une insuffisance des effectifs d'enseignants. Naturellement cette insuffisance est perçue au niveau de la vie scolaire quotidienne. Elle se traduit par exemple par l'encombrement des salles de classe. Elle a donc toutes chances d'être dénoncée par une partie de la grande presse et par les partis politiques. Il en résulte que les adolescents qui, à ce moment, s'interrogent sur leur activité professionnelle future sont *incités* à se diriger vers les carrières de l'enseignement. Supposons alors que cette situation amène un nombre supplémentaire d'étudiants Δn à s'orienter vers l'enseignement l'année t. Il y avait n candidats à l'enseignement en t. Il y en a $n + \Delta n$ en $t + 1$. Supposons en outre que ce supplément soit suffisant pour combler le déficit des effectifs à partir du moment où ces étudiants auront terminé leurs études. Va-t-il pour autant en résulter un tarissement du recrutement ? Probablement non. L'année suivante, en $t + 1$, la crise des effectifs sera aussi grave qu'en t. Les classes continueront d'être surchargées. Les parents continueront certainement de se plaindre. Même s'ils sont convaincus que la crise est réglée à terme, certains journalistes et partis politiques trouveront peut-être intérêt à continuer d'exploiter une *crise* toujours actuelle et sensible. Les syndicats maintiendront sans doute leur pression pour obtenir la création de postes nouveaux. Il en résulte qu'en $t + 1$, beaucoup d'étudiants auront encore l'impression que l'enseignement est une carrière ouverte. Supposons que cet effet d'incitation fasse de nouveau apparaître en $t + 1$ un effectif $n + \Delta n$ de candidats à la carrière enseignante. Lorsque ces candidats auront terminé leurs études, ils s'apercevront (comme cela est évident si on se rappelle les hypothèses de cet exemple) qu'ils sont en réalité excédentaires. Ainsi, à partir de t + k, année où les étudiants qui en t + 1 ont choisi de s'orienter vers l'enseignement arrivent sur le marché du travail, il existera un *excès* d'enseignants qui aura pour effet de dissuader les nouveaux étudiants de s'orienter vers la carrière enseignante. Bien entendu, cet effet de dissuasion durera à peu près inévitablement *trop longtemps*, pour des raisons exactement symétriques à celles qui expliquent que l'effet d'incitation se soit prolongé au-delà de la période où il était effectivement utile.

On voit qu'un tel système tend à présenter une allure oscillatoire : le nombre des étudiants choisissant la carrière de l'enseignement a tendance à être toujours soit excessif, soit insuffisant par rapport aux besoins du système professionnel. (Notons en passant que ces considérations suffisent à disqualifier le mythe selon lequel, dans les sociétés industrielles libérales, l'école serait étroitement asservie au système des professions).

Précisons immédiatement que l'analyse qui vient d'être présentée n'a aucune prétention *empirique*. Dans un contexte social particulier, je veux dire dans une société donnée observée à une époque donnée, l'allure des courbes d'offre et de demande correspondant à une catégorie professionnelle particulière comme celle des enseignants dépend de nombreux facteurs, par exemple : les changements dans le temps de phénomènes démographiques tels que les taux de fécondité, ou les facteurs variés agissant sur la demande de scolarisation[1]. Il y a peu de chances que ces facteurs soient suffisamment constants ou évoluent de manière suffisamment régulière

1. Voir Alain NORVEZ : *Le corps enseignant et l'évolution démographique*, Paris, Presses Universitaires de France, 1971 ; Richard FREEMAN : *The Market for college-trained manpower*, Londres, Oxford University Press, 1971.

pour faire apparaître avec une netteté parfaite le phénomène oscillatoire décrit dans l'analyse précédente.

Malgré cela, l'allure oscillatoire du processus sera certainement observable, au moins de manière confuse. Le *délai* qui de par la nature des choses sépare le moment où je choisis de faire tel type d'études de celui où, ayant achevé mes études, je me présente sur le marché du travail, a une conséquence importante : lorsque je prends ma décision en t + 1, je dois me forger une certaine représentation de l'état du marché en t + k. Même si je suis surtout sensible à l'intérêt *intrinsèque* des études, j'éviterai sans doute d'acquérir une qualification dont j'ai toutes raisons de croire que j'aurai beaucoup de peine à l'employer. Plus précisément, il serait déraisonnable de ne pas faire l'hypothèse que, *en moyenne*, les étudiants (et leur famille) tiennent un certain compte du marché des professions. Mais la difficulté réside dans le fait que, pour décider « en pleine connaissance de cause », l'agent devrait connaître dès t + 1 l'état du marché quelques années après, en t + k. Comme cela est par définition impossible, il aura tendance à substituer à cette information manquante une hypothèse forgée à partir de la situation *présente* et sera incité, de par la structure de la situation de décision dans laquelle il se trouve placé, à prophétiser que le présent se répétera dans l'avenir.

Mais comme de nombreux agents, étant dans la même situation, feront la même prophétie, celle-ci se trouvera par là même *détruite* : le pari fait par les étudiants du maintien du déficit, transforme celui-ci en excédent. De même façon, à la phase suivante, le pari en faveur de l'excédent transformera celui-ci en déficit.

Les processus oscillatoires n'ont pas toujours la structure illustrée par l'analyse précédente. Plus précisément, ils ne sont pas toujours engendrés par le *délai* existant entre le moment où est prise la décision et le moment où ses conséquences apparaissent.

Tarde avait clairement suggéré dans ses *Lois de l'imitation* que certains processus d'imitation ont une allure oscillatoire. Appliquons certaines des idées de Tarde à un exemple tiré de simples observations de rue. Supposons qu'un produit nouveau soit mis sur le marché[1]. Par exemple un sac à main frappé aux initiales d'un grand couturier. Ce sac, dont le prix sera probablement élevé, prend de ce fait une signification symbolique : il est interprété comme une marque de *distinction*. Bien entendu, son succès incite d'autres fabricants à lancer un produit semblable. Les initiales seront sans doute différentes, mais le prix sera également moins élevé. Après un certain temps, le sac à initiales sera sans doute si répandu qu'il se trouvera dépouillé de sa valeur symbolique primitive. Un objet que la midinette peut s'offrir ne peut assurément passer pour une marque de distinction : la véritable distinction consistera donc à ne pas arborer l'objet en question.

Le renouvellement constant de la mode s'explique plus facilement, plus sobrement et de façon sans doute plus réaliste par des hypothèses de type tardien que par des hypothèse inspirées de Marcuse qui sont parfois utilisées par certains sociologues. Pour expliquer ce renouvellement constant on peut sans doute faire l'hypothèse que les producteurs, pour maximiser leurs profits, « conditionnent » des consommateurs passifs par le

1. Assar LINDBECK : *L'économie selon la nouvelle gauche*, Paris, Mame, 1973. La notion de *cycle* n'a pas exactement le même sens lorsqu'on parle des cycles économiques et des *cycles* de la mode. La structure du processus oscillatoire est plus complexe dans le second cas : les produits de même fonction successivement lancés sur le marché atteignent progressivement une diffusion maximum puis déclinent plus ou moins rapidement. Le processus peut être représenté par une suite de cycles se chevauchant.

truchement de la publicité, les incitant à des achats qui vont à l'encontre de leur intérêt en tant que consommateurs. Il est vrai qu'on peut sans aucune difficulté relever de nombreux exemples de surconsommation. Bien des femmes remplacent sans aucun doute leur sac à main avant qu'il soit devenu inutilisable. Mais cela ne veut pas dire que le consommateur puisse pour autant être tenu pour passif et manipulé. S'il attache de l'importance à « être distingué », il est raisonnable, voire rationnel pour lui de se débarrasser d'un objet qui cesse d'être un signe de distinction. Dans ce cas comme dans tous les autres, on rend plus facilement compte du *macrophénomène* qu'on se propose d'expliquer (en l'occurrence le caractère oscillatoire des phénomènes de mode) en le traitant comme un phénomène émergent résultant de l'agrégation d'actions intentionnelles : chacun des agents, en cherchant à réaliser ses objectifs dans les limites de l'autonomie dont il dispose contribue à provoquer l'apparition du phénomène collectif de la mode et des cycles de la mode.

Dans ce cas, l'allure oscillatoire du phénomène est due principalement à ce que l'attirance de certains agents (l'« élite ») pour tel comportement ou tel objet décroît à mesure qu'augmente le nombre global des agents ayant adopté le même comportement.

Des phénomènes d'allure oscillatoire apparaissent fréquemment non seulement dans le domaine de la mode ou des choix professionnels, mais aussi dans ceux de la culture et de l'idéologie. Là encore, on peut généralement interpréter ces phénomènes comme résultant d'effets de rétroaction des sorties du système d'interdépendance à l'intérieur duquel ils se produisent sur la structure de ce système.

Pour le montrer, nous aurons de nouveau recours à un exemple stylisé. Considérons le cas des innombrables sujets de discussion sur lesquels on peut émettre des propositions antithétique s'appuyant sur des raisons également défendables. Par exemple : le marxisme est largement dépassé/le marxisme est un instrument fondamental pour l'analyse des sociétés modernes ; la bureaucratie soviétique était inscrite dans l'œuvre de Marx et de Hegel/elle représente une trahison de l'œuvre de Marx et de Hegel ; le comportement de l'homme est très largement le produit de son environnement/il est très largement le produit de son libre-arbitre ; les aptitudes des individus sont très largement innées/elles sont le produit de l'environnement ; dans les démocraties industrielles le pouvoir politique est concentré entre les mains d'une élite/le pouvoir politique est dispersé entre des groupes multiples. Toutes ces propositions sont pratiquement indémontrables. Cela résulte pour certaines d'entre elles de ce qu'elles contiennent des termes flous et polysémiques (le « marxisme », le « pouvoir »). Pour d'autres de ce qu'elles supposent acquises des connaissances dont nous ne disposons pas encore. Il résulte de l'indémontrabilité de ces propositions qu'elles doivent être défendues, conformément aux suggestions d'Aristote, par des moyens fondamentalement rhétoriques. Le fait que la rhétorique ait parfois avantage à se parer des oripeaux de la *science* est un phénomène fondamental en soi mais il ne nous intéresse pas ici.

Supposons maintenant qu'à un instant t on observe dans l'intelligentsia un large accord sur une proposition indémontrable A (par exemple : le marxisme est un instrument fondamental dans l'analyse des sociétés modernes). Le consensus à propos de A peut (dans certains cas) exercer un effet de dissuasion sur ceux qui penchent plutôt pour A' ou sont persuadés du caractère indémontrable de A et de A'. Il peut en outre exercer un effet d'incitation sur les nouveaux producteurs intellectuels qui se présentent sur le marché et qui par leur spécialité sont invités à émettre un choix entre A et A'. Mais en même temps l'intensité de ces effets d'incitation et de dissuasion est inégalement distribuée en fonction des ressources des producteurs : à mesure que l'idéologie A se diffuse plus largement, il y a toutes chances pour qu'elle soit défendue de manière de plus en plus médiocre, ses zélateurs se recrutant de plus en plus fréquemment parmi des producteurs portés par leurs ressources ou leur tempérament au conformisme intellectuel. Le système peut alors atteindre (si d'autres facteurs ne s'y opposent pas) un point de rebroussement : en effet les producteurs qui, soit sont convaincus de l'indémontrabilité de A et de A', soit penchent plutôt vers A' et qui en même temps disposent des ressources psychologiques et intellectuelles suffisantes pour réussir leur opération, sont à ce moment puissamment incités à se porter publiquement à la défense de A'.

Cette analyse ne prétend encore une fois décrire aucune réalité empirique particulière. Des processus de ce type sont fréquemment observables. Mais ils n'apparaissent pas avec la simplicité idéale-typique de l'exemple précédent. J'ai présenté ici un cas où le retournement idéologique est d'origine purement endogène. Dans la réalité, un tel retournement peut souvent, soit être largement facilité par des facteurs *exogènes* favorables, soit être inhibé par des facteurs exogènes défavorables. D'un autre côté il faudrait, dans une analyse pratiquée *in vivo*, tenir compte des *délais* plus ou moins longs qui interviennent généralement dans le changement des comportements individuels. Ainsi, le succès de l'idéologie existentialiste en France après la Deuxième Guerre mondiale ou de l'idéologie structuraliste (à ne pas confondre avec le structuralisme comme méthode scientifique) dans les années 1960 ont engagé un nombre important de producteurs intellectuels potentiels dans l'apprentissage de techniques particulières (par exemple : descriptions « phénoménologiques » dans le premier cas, méthodes taxinomiques dans le second) qui ne s'apprennent, ne s'oublient ni surtout ne se remplacent instantanément.

En dépit de leur caractère sommaire, ces remarques indiquent que la sociologie (qui reste largement à construire) des idéologies et des cycles idéologiques trouverait certainement un avantage à s'appuyer sur l'œuvre de pionniers comme Pareto et Sorokin[1]. On y trouve notamment présentés plusieurs cas de modèles oscillatoires qui restent d'un grand intérêt.

Processus de transformation

Rappelons notre définition : les processus de transformation sont caractérisés par l'existence d'effets de rétroaction des sorties du système ou des caractéristiques du système d'interaction sur l'environnement du système. Cette action sur l'environnement provoque à son tour une modification du système.

Bien qu'appartenant à la philosophie politique plutôt qu'à la sociologie, l'exemple de la partie de chasse décrite par Rousseau dans le *Discours sur l'origine de l'inégalité parmi les hommes* fournit une excellente illustration du concept de processus de transformation[2].

Deux hommes sauvages égoïstes, hédonistes, rationnels décident de changer leur menu habituellement composé de lièvre et de partir à la chasse au cerf. Bien que les deux sauvages appartiennent selon les hypothèses

1. Vilfredo Pareto : *Traité, op. cit.*, et *Manuel d'économie politique, Paris,* Giard et Brière, 1966 ; Pitirim SOROKIN : *Social and cultural dynamics*, Boston, Porter Sargent, 1957.

2. Jean-Jacques ROUSSEAU : *Discours sur l'origine de l'inégalité parmi les hommes, écrits politiques*, Paris, Gallimard, 1964, pp. 166-167.

de Rousseau à une société d'abondance, que la nature ne leur marchande pas les biens qu'elle met à leur disposition, il est supposé qu'un chasseur ne peut, à lui seul, maîtriser un cerf. Les deux chasseurs s'étant mis d'accord sur leur objectif et connaissant les moyens techniques propres à l'atteindre se mettent donc à l'affût. Mais comme selon les hypothèses introduites par Rousseau dans son modèle, le sentiment de loyauté n'existe pas dans l'état de nature, la partie de chasse échoue : en effet, le premier des deux sauvages qui voit passer un lièvre abandonne le guet. Comme la loyauté n'existe pas, en rompant l'accord passé, il ne risque aucune sanction ni morale, ni bien entendu légale. Nous sommes dans une situation caractérisée par hypothèse par l'absence de toute loi, au sens moral comme au sens juridique du terme. Lorsque le hasard lui offre un choix entre deux options (avoir un lièvre tout de suite ou une part de cerf plus tard), rien n'empêche qu'il ne choisisse la première branche de l'alternative s'il la préfère. La règle du bon plaisir est la seule loi.

On sait la leçon que Rousseau a tiré de cette parabole : tant que les axiomes caractérisant l'« état de nature » sont valides, rien ne garantit qu'un objectif supposant une coopération entre les acteurs puisse jamais être atteint. Ainsi, l'état de nature entraîne une certaine impuissance des agents puisqu'il leur interdit pratiquement de rechercher des objectifs qu'ils estiment désirables à partir du moment où la réalisation de ces objectifs suppose une coopération entre eux.

Il est sans doute inutile de rappeler la solution donnée par Rousseau à ce paradoxe : elle consiste précisément en une transformation de l'« environnement » (en ce cas de l'environnement *normatif*). Étant donné les inconvénients de l'état de nature qu'illustre la parabole de la partie de chasse, les hommes sauvages ont intérêt à accepter d'être *contraints* à la coopération par une autorité morale ou légale qui, même si elle émane d'eux, leur sera nécessairement *extérieure*. Ainsi, les ex-sauvages désormais rentrés dans l'état civil savent qu'en faisant défection au cours d'une partie de chasse, ils risquent de ne jamais être réinvités et par conséquent de ne plus jamais avoir l'occasion de goûter du cerf. Il est donc probable qu'ils s'abstiendront d'abandonner l'affût pour s'emparer du lièvre qui passe. Mais pour qu'une telle sanction soit applicable, il faut évidemment que tous les chasseurs se soient mis d'accord sur les nouvelles règles du jeu et aient éventuellement accepté, soit de déléguer le pouvoir de police à une autorité extérieure, soit de préférence (si cela est réalisable) d'assurer collectivement le respect de ces règles.

Cet exemple illustre à merveille le cas de figure fréquent où, un système d'interaction entraînant des conséquences négatives du point de vue des agents qui le composent, ceux-ci s'efforcent de provoquer une modification de l'environnement. La modification de l'« environnement » a alors pour conséquence de modifier les caractères du système d'interaction. Dans le cas de Rousseau, cette modification ne consiste en rien moins qu'en la substitution de la liberté civile à la liberté naturelle.

Notons en passant que, si Durkheim rejette la fiction rousseauiste du *Contrat*, sa conception de la contrainte est proche de celle de Rousseau. Une des hypothèses essentielles du *Suicide* nous dit en effet que les problèmes existentiels sont plus fréquents et dramatiques dans les sociétés où l'individu a l'impression de pouvoir agir selon son bon plaisir.

L'exemple de Rousseau a sans doute un intérêt essentiellement didactique. Mais il n'est pas difficile d'imaginer des exemples de processus concrets dotés d'une structure analogue. Au chapitre IV, nous avons évoqué très rapidement la théorie olsonienne de l'action collective[1]. Rappelons-en le résultat essentiel : lorsque des individus non organisés ont un intérêt commun à obtenir une mesure générale en leur faveur, on observe dans des conditions relativement fréquentes, que ce groupe d'intérêt « latent » paraît incapable de se mobiliser. La raison en est simple : à partir du moment ou la mesure recherchée est par essence générale, elle profiterait par définition *à tous* dans le cas où elle serait effectivement prise. Plus précisément, chaque individu peut espérer en bénéficier, qu'il ait ou non versé son écot, c'est-à-dire qu'il ait ou non participé à l'action collective destinée à l'obtenir. Il est évident que, dans certaines conditions, une situation de ce type crée un système d'interaction « pervers ». Chaque individu peut être tenté de laisser aux autres le soin d'agir en vue d'obtenir le changement désiré. Cette tentation résulte du caractère *général* ou, comme disent les économistes, *collectif* de la mesure ou du bien que le groupe aurait intérêt à rechercher. Bien entendu, si chacun se laisse aller à la tentation de laisser les autres payer pour lui, il en résulte que rien n'est en fin de compte entrepris. La théorie d'Olson montre ainsi qu'il *peut* exister des situations où les membres d'un groupe latent ayant la *capacité* et le *désir* de réaliser un objectif collectif demeurent cependant inactifs et comme frappés de paralysie[2]. De même que les sauvages de Rousseau étaient incapables de réaliser leur objectif, de même les membres du groupe latent d'Olson contribuent à engendrer un résultat que tous en particulier jugent indésirable.

1. Mancur OLSON : *Logique, op. cit.*

2. Soulignons encore que le théorème d'Olson est *conditionnel* ; il ne s'applique que *sous des conditions déterminées*. L'impuissance des groupes latents est en d'autres termes une possibilité qui se réalise dans certaines conditions et non une nécessité.

Cette analyse peut être illustrée par de nombreux exemples. Le groupe latent constitué par l'ensemble des consommateurs d'un produit donné, la viande par exemple, aurait intérêt à obtenir une baisse de son prix ou une amélioration de sa qualité moyenne. Si ce changement était obtenu, il bénéficierait, non pas aux consommateurs qui auraient contribué à obtenir ce résultat, mais à tous. Ainsi chacun a intérêt à laisser les autres agir. Bien entendu l'incitation à l'inaction est d'autant plus forte, toutes choses égales d'ailleurs, que le groupe latent est de dimension plus importante : si j'appartiens à un groupe latent de 2 000 personnes, ma contribution à une action collective éventuelle a toutes chances d'être d'une efficacité négligeable. En revanche, elle peut fort bien représenter pour moi des désagréments sérieux (perte de temps, etc.). Il n'en ira pas de même si le groupe latent est de dimension restreinte. Dans ce cas, la participation de chacun compte. Cet effet de dimension explique par exemple que dans les cas où un groupe latent comportant un faible nombre d'individus est opposé à un groupe latent de grande dimension le *pouvoir* du « petit » groupe puisse être supérieur à celui du « grand ». Dans un pays comme les États-Unis, les citoyens dans leur ensemble souhaiteraient que la vente des armes aux particuliers soit plus sévèrement réglementée. Il en résulterait à l'évidence pour chacun des membres du groupe latent constitué par la quasi-totalité des citoyens un bénéfice désirable, à savoir l'augmentation de la sécurité individuelle. Mais la dimension même du groupe le rend impuissant par rapport au petit groupe des producteurs d'armes qui, en raison de sa faible taille, n'a guère de peine à obtenir la loyauté de chacun de ses membres et à construire ainsi une organisation servant efficacement les intérêts communs de ses membres. De la même façon, la direction d'un parti peut dans certaines circonstances choisir une ligne peu populaire sans provoquer pour autant de réactions sérieuses de la part de ses adhérents : le groupe « latent » des adhérents aurait par hypothèse intérêt à chercher à obtenir un infléchissement de la ligne choisie par la direction. Il aurait sans doute la capacité de l'obtenir. Mais sa dimension même le paralyse : chacun des membres a tendance à considérer (avec les meilleures raisons) que l'efficacité de sa contribution à l'action collective ne saurait être que négligeable. D'où la fameuse loi d'airain de l'oligarchie mise en évidence par Michels dans son étude sur les partis socialistes européens au XIXe siècle[1].

Tous ces exemples sont illustratifs de systèmes d'interaction ayant la double propriété de produire des résultats négatifs du point de vue des acteurs qui les composent et d'être difficilement « réformables » de l'intérieur. Ce double caractère a pour effet de rejeter la capacité d'initiative et de changement à l'échelon de l'« environnement ». C'est pourquoi les structures que nous venons d'évoquer ont une importance considérable dans les processus de transformation. Ainsi, l'impuissance des groupes latents de consommateurs constitue un terrain favorable à l'intervention d'« avocats » ou d'« entrepreneurs » qui, de l'extérieur, vont plaider la cause de ces groupes ou dégager des ressources permettant de les « organiser », c'est-à-dire de constituer des organes ayant officiellement la fonction de représenter leurs intérêts. Ces « avocats » et « entrepreneurs » contribuent alors à transformer dans son ensemble la structure de l'interaction entre producteurs et consommateurs.

De façon analogue, l'impuissance où se trouvent parfois les adhérents d'un parti à corriger la ligne déterminée au niveau de la direction crée un appel

1. Robert MICHELS : *Op. cit.*

d'offre en direction de l'environnement. S'il s'agit d'un parti de type fortement idéologique, l'appel concernera de façon privilégiée l'intellectuel ou l'idéologue. Celui-ci verra d'autant plus volontiers dans la tension entre base et direction l'occasion de se faire le porte-parole de la première qu'il peut espérer en tirer des profits personnels en termes de notoriété ou de visibilité. S'il s'agit d'un parti faiblement idéologique, l'appel d'offre s'adressera plutôt aux « entrepreneurs » politiques potentiels qui y verront l'occasion de former à l'intérieur du parti une fraction ou une tendance qu'ils entreprendront naturellement d'animer pour leur plus grand bénéfice personnel.

Tous ces exemples de processus de transformation sont caractérisés par l'existence d'un *appel* du groupe à l'environnement ou, plus précisément, par un effet de rétroaction allant du système d'interaction à l'environnement. Une autre catégorie importante de processus de transformation comprend les cas où un système d'interaction provoque des dommages à son environnement, entraînant une intervention des agents appartenant à cet environnement. Le cas le plus simple est celui des conflits entre groupes. Dans l'analyse marxiste, le groupe des capitalistes inflige des dommages au groupes des prolétaires entraînant une réaction de ces derniers. Dans la version évoquée plus haut des combats entre David et Goliath[1] où deux groupes de dimension contrastée s'opposent et où le groupe le plus petit tient l'autre en respect, le pouvoir politique peut être tenté d'utiliser ses ressources pour modifier une situation qui risque de le priver se son soutien[2]. Autre exemple : celui de la « tragédie des pâturages communaux ». Au XVIIIe siècle,

1. Par exemple les producteurs d'un produit contre les consommateurs, la mafia contre le public.

2. Ce cas de figure représente (si on nous pardonne cet anachronisme) la solution hégélienne du paradoxe de Michels-Olson.

les conséquences économiques désastreuses du droit de vaine pâture fournirent aux propriétaires terriens un excellent prétexte pour enclore les pâturages communaux [1]. Dans ce cas, c'est la classe possédante qui peut se faire passer pour le représentant de l'« intérêt général ». Autre exemple encore : la jeune République soviétique ayant décidé de traiter la formation et la dissolution du couple conjugal comme des décisions *privées*, il en résulta pour des raisons faciles à imaginer une augmentation de la demande de logements qu'il fut impossible de satisfaire : cet effet des nouvelles institutions contraignit le pouvoir politique à les abolir et à restaurer le caractère *public* du mariage et du divorce. De même, les mesures de blocage des loyers décrétées avant la Seconde Guerre mondiale en France eurent pour effet de provoquer une dégradation des logements existants (les propriétaires renâclant à entretenir les immeubles) et de paralyser la construction de logements neufs. Par voie de conséquence, l'autorité politique fut contrainte de définir une nouvelle politique du logement. Le même processus est observable de nos jours dans une ville comme New York, où des mesures bien intentionnées de blocage des loyers, naturellement prises au nom de la justice social, ont transformé des quartiers entiers (Bronx) en zones déshéritées livrées aux bandes délinquantes et aux pillards.

On pourrait aisément multiplier à l'infini les exemples de cas où un système provoque des effets d'*agression* (voulus ou, plus souvent, non voulus) à l'égard des agents situés dans l'environnement du système, amorçant ainsi un processus de transformation.

1. Voir Barrington MOORE : *Les origines sociales de la dictature et de la démocratie*, Paris, Maspero, 1969 ; Garrett HARDIN : « The Tragedy of the Commons », *Science*, 162, 1968, pp. 1243-1248.

Appel à l'environnement et *agression* à l'égard de l'environnement : tels sont donc deux des mécanismes fondamentaux de déclenchement des processus de transformation.

Cette distinction n'épuise pas la théorie des processus de transformation. Il faudrait encore distinguer les *appels* et *agressions* débouchant respectivement soit sur des changements de *normes* soit sur des changements de *valeurs* [1]. Lorsqu'une usine isolée pollue l'atmosphère (catégorie (1) du tableau p. 227), l'agression pourra dans le cas le plus simple entraîner l'intervention de l'autorité administrative (modification des *normes* de fonctionnement de l'usine). Qu'un ensemble d'usines (2) impose des inconvénients à leur environnement et que l'élimination de ces inconvénients soit très coûteuse, on verra alors apparaître un « débat de société » ou une « crise de valeurs » (où l'industrialisation, la croissance, la productivité seront opposées terme à terme au retour à la nature, au contrôle de la croissance, à la qualité de la vie). Dans le premier cas, on a affaire à un effet d'agression soluble au niveau normatif, dans le second cas à un effet d'agression atteignant le niveau plus profond des valeurs. Bien entendu, on peut aisément compléter la typologie constituée par nos deux distinctions et imaginer des cas d'*appel* situés soit au niveau *normatif* (3) soit au niveau des *valeurs* (4). Ces distinctions sont liées à celles que nous avons introduites dans nos deux chapitres de *statique sociale* (III et IV) : un appel ou une agression sont situés au niveau normatif lorsqu'ils peuvent être résolus par des mesures d'organisation ou de réorganisation (définition ou redéfinition des rôles) ; ils sont situés au niveau des valeurs lorsque

---

1. Voir sur la distinction normes/valeurs et leur importance dans l'analyse du changement social, BOURRICAUD, *L'Individualisme institutionnel, op. cit.*, et notamment le chapitre V sur le changement social.

l'impression prévaut que l'agression ou l'appel ne peuvent être « résolus » que par un changement des principes à l'aide desquels les agents règlent leur comportement.

	Niveau des normes	Niveau des valeurs
Agression	(1)	(2)
Appel	(3)	(4)

Ces considérations ne prétendent naturellement pas à l'exhaustivité. Malgré leur caractère rudimentaire, elles fournissent cependant, tel est du moins notre espoir, un cadre théorique utile et ouvert. Elles montrent en particulier que les conflits entre groupes ayant des intérêts opposés ne représentent qu'un cas de figure particulier dans l'ensemble des processus de transformation. Les prétentions de la sociologie marxiste à détenir la meilleure, voire la seule théorie crédible du changement social contredisent les observations les plus élémentaires.

Changements d'origine exogène

La plupart des exemples de changement qui ont été évoqués dans ce chapitre et dans le chapitre précédent sont de nature *endogène* : le changement y apparaît comme la conséquence soit de la structure des systèmes d'interaction, soit des effets (sorties) produits par ces structures. Naturellement, le changement peut être aussi et est fréquemment dans la réalité d'origine *exogène* : il est alors la conséquence d'un changement survenu à l'échelon de l'environnement. Le cas de la conquête est l'exemple qui vient le plus spontanément à l'esprit. Le cas du changement des conditions climatiques est un autre exemple familier.

La distinction entre changement exogène et changement endogène (qu'elle soit exprimée sous ces vocables ou sous des vocables équivalents) a donné lieu à de nombreux débats de nature philosophique. Pour certains, comme l'historien de la sociologie Nisbet, le changement est par nature exogène[1]. Nisbet a le grand mérite d'avoir montré que la philosophie de l'histoire comme les sciences sociales ont souvent succombé à la tentation d'une métaphysique tendant à concevoir le changement comme endogène. Peut-être n'a-t-il pas su résister lui-même à la tentation inverse. Le raisonnement de Nisbet, que je simplifie sans pour autant, je crois, le trahir, est à peu près le suivant. Considérons un système d'interaction plongé dans un environnement constant. Au terme d'une certaine période et au prix de certains changements, le système d'interaction sera adapté à son environnement et atteindra un état d'équilibre dont il n'aura plus l'occasion de s'éloigner sauf si un changement se produit au niveau de l'environnement. D'où il résulte que le changement est d'essence exogène, c'est-à-dire qu'il résulte principalement de perturbations situées au niveau de l'environnement.

Il n'est pas difficile de voir que ce raisonnement est bien fragile. Rien n'implique qu'un système d'interaction doive nécessairement atteindre un équilibre stable. Rousseau a bien montré que la situation idéalisée qu'il décrivait sous le terme d'« état de nature » est en fait un équilibre instable dans la mesure où elle peut

1. Robert NISBET : *Social Change and History*, New York, Oxford University Press, 1969.

provoquer l'apparition d'effets négatifs pour l'ensemble des agents. Dans ce cas, le système d'interaction peut lancer ce que j'appelais plus haut un *appel* à l'environnement, entraînant l'apparition d'un changement en dernière analyse endogène.

À l'opposé de Nisbet, d'autres sociologues ou précurseurs de la sociologie et non des moindres, conçoivent le changement comme d'essence *endogène*. C'est le cas de Marx et, avant lui, de Hegel. Il est aisé de comprendre l'attraction intellectuelle que peut exercer une théorie entièrement endogène du changement. Admettre que certains changements sont exogènes, n'est-ce pas reconnaître leur *contingence* ? Par là même, n'est-ce pas concevoir le changement comme partiellement accidentel et dans cette mesure comme inintelligible, car n'ayant aucune *raison* d'être ? Réciproquement, si on veut que le changement ou plus généralement (ou plus pompeusement) l'Histoire avec un grand H ait un sens, ne faut-il pas s'efforcer de donner à tout changement le statut d'un changement endogène ? le lecteur n'aura aucune peine à voir ce que ces questions ont de spécieux. Mais les arguments qu'elles contiennent expliquent sans doute la fascination que continuent d'exercer sur beaucoup d'esprits les théories contenues dans des œuvres comme la *Phénoménologie de l'esprit* ou le *Manifeste du Parti communiste* (et qu'exercerait peut-être le *Cours de philosophie positive* s'il avait eu une importance politique comparable) la fascination provient sans doute de ce que ces théories représentent les efforts les plus systématiques et les plus audacieux qui aient jamais été tentés pour expliquer les changements historiques dans leur totalité par une théorie de type endogène.

Je mentionne seulement en passant la « difficulté » principale qui résulte de cette conception du changement : elle aboutit inévitablement à abolir la frontière entre systèmes téléonomiques et systèmes téléologiques.

En effet, on ne peut vouloir que le changement soit nécessairement endogène sans accepter en même temps que l'autonomie et la capacité d'initiative des agents sociaux soient transférées au niveau anonyme du *système*.

Ces deux conceptions antithétiques du changement sont en réalité des *métaphysiques* dont l'examen déborde le cadre du présent ouvrage.

Si l'on s'en tient aux travaux sociologiques particuliers qui s'efforcent de rendre compte, non de l'*Histoire* dans sa totalité, mais de l'*histoire* avec un petit h, c'est-à-dire de processus de changements singuliers ou partiels, on trouve avec la même facilité des exemples où le changement social est interprété comme endogène et comme exogène. Notons incidemment qu'il faudrait en réalité parler de changement exogène-endogène plutôt que de changement exogène. En effet, un changement exogène provoque toujours une cascade plus ou moins complexe de conséquences qui représentent des ajustements endogènes.

La plupart des exemples inclus dans ce chapitre et dans le précédent relèvent de la première catégorie. En revanche, *La Division du travail social* de Durkheim relève en toute rigueur de la seconde : l'augmentation de la densité sociale ou de la densité morale (Durkheim emploie indifféremment les deux termes) provoque une série de changements *cumulatifs* qui s'enchaînent les uns aux autres. Un autre exemple nous est fourni par les analyses de Mendras sur les conséquences de l'introduction du maïs hybride dans les Basses-Pyrénées[1]. Cette innovation, résultant à l'origine d'une initiative des services du ministère de l'Agriculture, a entraîné des effets cumulatifs complexes qu'il n'était certainement pas facile de prévoir dans les phases initiales du

1. Henri MENDRAS : *La fin des paysans*, Paris, Sedéis, 1967.

processus : la culture du maïs hybride suit un cycle un peu différent de celle du maïs traditionnel. Il perturbe donc le calendrier des cultures associées au maïs. De plus, il requiert des soins plus attentifs que le maïs traditionnel, et met en jeu des techniques différentes. Ainsi, il demande plus d'engrais et d'insecticides. Ces différences en elles-mêmes mineures ont cependant des effets sur la gestion de l'entreprise : les coûts en insecticides et en engrais alourdissent les dépenses de l'entreprise familiale. Pour rentabiliser ces dépenses, il faut étendre les surfaces cultivées. L'accroissement de la récolte de maïs permet d'augmenter le nombre des volailles. En conséquence, les rentrées en argent frais augmentent. La gestion de l'exploitation devient donc plus complexe. L'agriculteur doit emprunter pour obtenir les crédits d'équipement qui lui permettront d'acquérir un tracteur. L'augmentation des rentrées lui suggère de moderniser sa maison. Mais l'endettement le rend plus sensible au fluctuations des cours et l'incite à s'organiser. Les recettes dues à l'élevage des volailles contribuent pour leur part à donner à la fermière une importance plus grande dans le système de division des rôles sexuels. Le recours au crédit, l'augmentation des rentrées ont finalement pour résultat d'insérer plus étroitement l'agriculteur dans le système économique ambiant.

Sans insister davantage, on voit que cette analyse fournit un excellent exemple de changement exogène-endogène : une impulsion initiale en provenance de l'extérieur du système entraîne une cascade de changements se commandant les uns les autres et aboutissant au total à une transformation profonde du rôle de l'agriculteur et de ses relations avec les autres catégories d'agents économiques.

De façon générale, les effets du changement technique ont fréquemment cette structure de changements en cascade. Contentons-nous sur ce point de mentionner les études de McLuhan relatives aux effets sociaux des nouveaux moyens de communication, ou les études classiques de Lynn Whyte sur les conséquences de l'introduction du soc métalllique[1].

C'est également sous cette rubrique du changement exogène qu'il faut classer les célèbres travaux de Max Weber sur l'éthique protestante et l'esprit du capitalisme[2]. On connaît l'hypothèse centrale de Weber : la doctrine calviniste de la prédestination incite l'individu à interpréter le succès de ses entreprises ici-bas comme le signe de son élection dans l'au-delà. Les hypothèses classiques de l'*Ethique protestante* doivent être complétées par celles qui apparaissent dans d'autres textes comme le chapitre des *Essais sur la sociologie de la religion* sur les *Sectes protestantes et l'esprit du capitalisme*. Relevons par exemple le passage particulièrement important pour notre propos où Weber développe l'idée brillante selon laquelle les sectes protestantes furent les seules à imposer à l'individu un type de moralité véritablement congruent avec celui qu'exigeait le développement du capitalisme. Sans doute était-il possible au chrétien du Moyen Âge, explique Weber, de requérir le pouvoir disciplinaire de l'Église contre un évêque incapable d'honorer ses créances. Cette institution comportait un effet moralisateur évidemment bénéfique au

---

1. Marshall MçLUHAN : *Pour comprendre les media*, Paris, Mame — Le Seuil, 1967 ; Jean CAZENEUVE : *La société de l'ubiquité*, Paris, Denoël-Gonthier, 1974 ; Francis BALLE et Jean PADIOLEAU (réd.) : *Sociologie de l'information*, Paris, Larousse, 1973 ; Lynn WHYTE : *Medieval technology and social change*, New York, Macmillan, 1930 (traduction française, Paris, Mouton, 1964).

2. Max WEBER : *L'esprit protestant et l'esprit du capitalisme*, Paris, Plon, 1964 (1re édition allemande 1904-1905) ; *Gesammelte Aufsätze zur Religionsoziologie*, Tübingen, Mohr, 1920-1921, 3 vol. Voir aussi Philippe BESNARD (réd.) : *Protestantisme et capitalisme, la controverse postweberienne*, Paris, Colin, 1970.

fonctionnement des échanges économiques. Contribuant à faire du remboursement des dettes à échéance un événement normal, elle permit l'extension d'une institution qui devait être fondamentale dans le développement du système capitaliste quoiqu'elle ne suffise évidemment pas à le caractériser : le *crédit*. Les historiens nous fournissent de nombreux exemples de même nature. Ainsi, ils nous apprennent que les officiers prussiens étaient menacés de dégradation s'ils n'honoraient pas leurs dettes. Il en va de même pour les étudiants allemands membres des fraternités. On peut ainsi multiplier à l'envi les exemples historiques où des codes d'honneur ou des systèmes éthiques contribuèrent indirectement au développement de certaines des institutions fondamentales du système capitaliste.

Pourtant, nous dit Weber, les effets sur le système économique de ces codes ou systèmes moraux sont sans commune mesure avec ceux que l'ascétisme puritain était appelé à provoquer. Que le lieutenant de l'armée prussienne ait été exposé à l'obligation d'honorer ses dettes est une chose. Que cette obligation ait provoqué un conditionnement favorable aux activités industrielles ou commerciales en est une autre. Le fait d'avoir à rembourser ses dettes n'implique pas en lui-même l'apparition de *qualités* personnelles : les notions de dette d'honneur et d'honorabilité appartiennent à deux univers différents, celui des armes et celui du commerce. D'un autre côté, le pouvoir disciplinaire de l'Église médiévale, tout comme celui de l'Église luthérienne, reposait entre les mains d'un corps spécialisé, le clergé, qui l'exerçait de façon autoritaire. Enfin, la discipline de l'armée prussienne comme celle de l'Église catholique au Moyen Âge sanctionnait explicitement des *actes* et non des *qualités*.

Par contraste, la discipline puritaine, notamment dans la version qu'en présentent les sectes protestantes implantées en Amérique du Nord, était le fait du corps des fidèles dans son ensemble : chacun se trouvait ainsi être à la fois doté du pouvoir disciplinaire et soumis à ce même pouvoir. Enfin la discipline sanctionnait non point des actes isolés, mais des *qualités* ou dispositions d'esprit. Indirectement, la discipline puritaine favorisa ainsi l'apparition d'un type de personnalité ou, pour reprendre un concept qu'utilise Weber lui-même, d'une *ethos*, l'ethos des classes moyennes bourgeoises modernes[1].

Les considérations de ce chapitre et du chapitre précédent n'épuisent évidemment pas la question de l'analyse du changement social.

Elles suffisent toutefois à montrer qu'il est vain de chercher à ramener le changement social à un cas de figure unique.

Certains processus de changement social résultent de conflits entre groupes antagonistes. D'autres résultent d'innovations techniques. D'autres encore de changements dans l'*ethos* des groupes. Certains dérivent peut-être de changements dans la structure de la personnalité (qui s'expliquent eux-mêmes par d'autres facteurs) [2].

---

1. Citons parmi les études modernes traitant des effets des « structures sociales » sur la personnalité, A. INKELES : « Personality... », *in op. cit.* ; R. MERTON : *Elements, op. cit.* ; W.I. THOMAS et Florian ZNANIECKI : *The Polish peasant in Europe and America*, Chicago University Press, 1918, 4 vol. ; S.M. LIPSET et Leo LOWENTHAL (réd.) : *Culture and social character*, Glencoe, The Free Press, 1961 ; D. RIESMAN : *La foule, op. cit.*

2. Quelquefois la personnalité est traitée de façon exogène et prend le statut d'une variable indépendante. Voir par exemple, David MCCLELLAND : *The achieving society*, Princeton, Van Nostrand, 1961. De nombreuses idéologies (maoïsme, existentialisme sartrien, doctrines de l'ordre moral) traitent la personnalité comme une variable indépendante en faisant du changement des individus la clé du changement social. Ainsi, chez SARTRE : *Question de méthode*, Gallimard, 1960, la révolution a pour effet de tirer l'individu de son apathie. Pour les doctrinaires de l'ordre moral « la peur du gendarme est le commencement de la sagesse ».

D'autres proviennent d'états de « déséquilibre » engendrés par la structure de certains systèmes d'interdépendance ou d'interaction. Mais aucun de ces mécanismes ne peut être tenu pour *général*, ni même comme plus important que les autres.

VII

De la description à l'explication

Jusqu'ici, nous nous sommes promenés dans le *magasin* du sociologue. Nous avons observé et parfois analysé un certain nombre des produits de la sociologie. Nous avons essayé de montrer que derrière la diversité apparente de ces produits on peut déceler une unité d'inspiration latente. Nous retrouverons au dernier chapitre cette question essentielle.

Auparavant, il est peut-être utile de quitter le magasin de la sociologie et de proposer au lecteur une courte promenade dans ses *ateliers*. Il aura ainsi l'occasion d'y observer le processus souvent complexe, lent, et qu'on peut considérer comme achevé seulement dans des cas exceptionnels qui va de l'observation d'un phénomène ou d'un ensemble de phénomènes sociaux à leur explication.

Présentation d'un exemple

Nous avons choisi de nous arrêter à un exemple unique sur lequel de nombreux sociologues ont travaillé au cours des années récentes : celui de l'inégalité d'accès des différentes classes sociales à l'enseignement supérieur. Les faits sont aisément observables : dans un pays comme la France, les chances d'accès à l'université d'un fils ou d'une fille d'ouvrier sont quelques dizaines de fois inférieures à celles d'un fils ou d'une fille de cadre supérieur par exemple. *Expliquer* ce phénomène consiste à donner une réponse acceptable à la question : « *Pourquoi* en est-il ainsi ? »

« Pourquoi en est-il ainsi ? » Cette question commence à attirer sérieusement l'attention des sociologues vers le milieu des années 50 aux États-Unis, en Scandinavie et en Angleterre, vers le début des années 60 en France, en Suisse et en Allemagne. Si on examine ces études, on constate que, dans un premier temps, les sociologues commencèrent par rechercher et réussirent à identifier des *facteurs* ou mécanismes partiels responsables de l'inégalité d'accès des classes sociales à l'enseignement (ICE).

Sans chercher à être exhaustif, mentionnons quelques-uns de ces facteurs.

Certains auteurs observèrent que la manière dont les individus conçoivent la « réussite » sociale, varie en moyenne avec la classe sociale à laquelle ils appartiennent. Ainsi, dans les classes modestes, on a davantage tendance à croire que la réussite est l'effet de facteurs qui échappent au contrôle de l'individu. La réussite y est, plus souvent que dans les classes supérieures, considérée comme le produit de la chance ou du destin. D'un autre côté, les classes moins favorisées manifestent plus fréquemment une conception qu'on peut qualifier d'*économiste* de la réussite : celle-ci est perçue comme consistant plutôt à obtenir des biens qu'à réaliser des aspirations personnelles profondes.

On tire de ces observations la conséquence presque immédiate que l'intérêt pour « les études » doit être plus faible dans les classes défavorisées. « Faire des études » a davantage de sens pour une personne qui croit pouvoir contrôler son avenir socioprofessionnel et souhaite se donner la chance et le temps de rechercher une position lui permettant de réaliser ses aspirations profondes. À l'inverse, pourquoi ferai-je des études, si je conçois mon avenir comme étant, de toute façon, hors de ma portée ?

Ces observations suggèrent au total qu'un des mécanismes responsables de l'ICE est l'existence de ce qu'on peut appeler des *sous-cultures* de classes : le fait qu'on rencontre plus fréquemment une conception fataliste et économiste de la réussite dans les classes les moins favorisées a pour conséquence qu'elles attribuent en moyenne une *valeur* plus faible aux « études »[1].

D'autres auteurs ont mis en évidence un autre mécanisme générateur de l'ICE[2] : le langage utilisé dans les classes sociales les moins favorisées est, sinon plus simple, du moins différent par certains de ses caractères, du langage utilisé dans les classes favorisées. Lorsqu'on recueille des fragments de discours émis par des individus appartenant à des classes différentes, on remarque par exemple que dans les classes inférieures, les relations grammaticales de subordination sont plus souvent remplacées par des relations de coordination. On observe aussi que le langage y est plus direct et recourt plus rarement aux techniques linguistiques complexes que représentent le sous-entendu, l'allusion, le détour, l'insinuation, le discours indirect ou la démonstration imper-

1. Herbert HYMAN : « Classe sociale et systèmes de valeurs », in R. BOUDON et P. LAZARSFELD (réd.) : *Le vocabulaire des sciences sociales*, Paris, Mouton, 1965, pp. 260-282 ; Joseph KAHL : « Common man boys », in A.H. HALSEY *et al.* (réd.) : *Education, economy and society*, New York/Londres, Macmillan, 1961, pp. 348-366.

2. Basil BERNSTEIN : « Social class and linguistic development », in A.H. HALSEY, *Education, op. cit.*, pp. 288-314 ; Pierre BOURDIEU et Jean-Claude PASSERON : *Les héritiers, op. cit.* ; Noëlle BISSERET : *Les inégaux ou la sélection universitaire*, Paris, Presses Universitaires de France, 1974.

sonnelle. Bref, on peut faire l'hypothèse — et cette hypothèse paraît confirmée par l'observation — qu'un milieu familial modeste offre plus rarement à l'enfant l'occasion de faire l'apprentissage de techniques d'expression complexes qu'un milieu aisé. Bien entendu, ces techniques acquises au sein du milieu familial sont précieuses pour réussir les *exercices* que propose l'école. Ainsi, l'apprentissage non seulement de la rédaction ou de la grammaire, mais également d'une discipline comme l'algèbre implique la maîtrise de certaines techniques de détour.

Les travaux qui viennent d'être évoqués permettent donc d'identifier deux mécanismes fondamentaux dont l'un et l'autre peuvent être tenus pour générateurs du phénomène sous examen, l'ICE. Lequel des deux est-il le plus important ? Il est à peu près impossible de le dire au stade où nous sommes. Ces deux mécanismes suffisent-ils à expliquer l'ICE ? À ce niveau de l'analyse, il serait prématuré de chercher à répondre à une telle question. Tout ce qu'on peut dire c'est qu'il importe de distinguer les deux types de mécanismes. Le premier nous suggère que l'ICE est dû (pour partie) à des différences entre classes sociales dans la distribution de certaines *valeurs*. Le second nous dit que ce phénomène est dû (pour partie) à une différence entre classes sociales dans la distribution de certains *savoir-faire*.

D'autres auteurs[1] ont proposé une interprétation toute différente de l'ICE. Ils en font le résultat d'une sorte

---

1. Gary BECKER : *Human capital*, New York, Columbia University Press, 1964 ; R. BOUDON : *L'inégalité, op. cit.;* L. LEVY-GARBOUA : « Les ... contradictions », *art. cit.;* Jean-Claude EICHER et Alain MINGAT : « Education et égalité en France », in *L'éducation, les inégalités et les chances de la vie*, Paris, O.C.D.E., 1975, pp. 202-292 ; Vincent TINTO : « Does schooling matters ? A retrospective assessment », in Lee SHULMAN (réd.) : *Review of research in education*, 5, 1977, Itasca Peacock, 1978, pp. 201-235.

de calcul économique auquel se livreraient les adolescents et leur famille. Une telle interprétation n'a guère de chances de séduire les sociologues conventionnels. Pourtant, elle habille correctement un certain nombre de données d'observation. Il est hors de doute que, dans un pays comme la France, il existe une relation entre les espérances économiques et sociales et le niveau scolaire : un groupe A d'individus dont le niveau d'instruction est plus élevé que celui du groupe B aura *en moyenne* des ressources plus élevées et occupera des statuts socioprofessionnels plus élevés[1]. Admettons alors que les adolescents et leurs familles soient plus ou moins conscients de ce fait. Cela revient à supposer qu'ils percevront plus ou moins confusément qu'ils peuvent espérer tirer d'un supplément d'éducation un supplément d'avantages sociaux et économiques. Naturellement, ces avantages éventuels supposent que l'adolescent consacre un certain nombre d'années à l'étude. Ce faisant, il se privera notamment du salaire dont il aurait bénéficié s'il était entré plus tôt sur le marché de l'emploi. Sans développer davantage ce point, on voit qu'il n'est pas déraisonnable d'interpréter les décisions scolaires des adolescents et de leur famille comme des décisions quasi économiques d'*investissement*. Une telle interprétation n'exclut en aucune façon que d'autres facteurs ou variables entrent en jeu dans l'explication des comportements et décisions scolaires.

En quoi se schéma nous intéresse-t-il pour l'explication de l'ICE ? En ce qu'il en fournit une explication relativement simple, inédite par rapport aux schémas précédemment évoqués et, de plus, aisément crédible. En effet, un supplément d'instruction représente en

1. Jean Stoetzel : *Les revenus et le coût des besoins de la vie*, Paris, Institut français d'Opinion publique, 1976 ; George Psacharopoulos : *Earning and education in O.E.C.D. countries*, Paris, O.C.D.E., 1975 ; R. Girod : *Inégalité, op. cit.*

général des coûts plus élevés pour une famille modeste que pour une famille aisée. D'un autre côté une famille modeste aura davantage tendance à sous-estimer les avantages économiques et sociaux qu'elle peut retirer d'un supplément d'instruction. Pour deux raisons. D'une part, parce qu'une condition modeste implique généralement une plus grande attention accordée au présent, un horizon temporel plus restreint[1] et, partant, une sous-estimation relative des bénéfices futurs par rapport aux bénéfices présents. D'autres part, parce qu'en visant un niveau scolaire lui permettant d'accéder à un statut social donné, disons un statut social S, un adolescent dont la famille est elle-même de statut social S peut seulement espérer retrouver le niveau social de sa famille. Pour un adolescent de famille modeste, ce même statut S peut être perçu par contraste comme un luxe un peu inutile et en tout cas disproportionné par rapport à l'investissement exigé. Il est possible en effet que le niveau social qu'il peut d'ores et déjà espérer atteindre, étant donné son niveau scolaire présent, soit supérieur à celui de sa famille[2].

Bref, des hypothèses relativement classiques empruntées pour les unes à la théorie économique, pour les autres à la théorie de la mobilité sociale nous conduisent à penser que, lorsque des adolescents d'origine modeste sont confrontés à une décision scolaire (par exemple : choix entre la continuation ou l'arrêt de leurs études), ils ont en moyenne tendance, par rapport à leurs camarades d'origine sociale élevée, à sur-estimer les

---

1. Par la force des choses, un individu de ressources modestes se préoccupe moins d'investir pour l'avenir ; la modicité du surplus dont il dispose l'incite à gérer ses ressources au jour le jour. Importance du surplus (par rapport à la consommation courante) et extension de l'horizon temporel subjectif sont des variables étroitement corrélées.

2. Suzanne KELLER et Marisa ZAVALLONI : « Classe sociale, ambition et réussite », in *Sociologie du travail*, 4, 1962, pp. 1-14.

coûts et à sous-estimer les avantages du supplément d'instruction qui leur est proposé. En conséquence, on peut s'attendre à observer, toutes choses égales d'ailleurs, une relation entre origines sociales et « investissement » scolaire.

Ces hypothèses nous conduisent ainsi à postuler l'existence d'un troisième type de mécanisme générateur de l'ICE. Ce mécanisme est-il compatible avec les deux premiers ? Si oui, quelle est son importance relative ? Telles sont les principales questions qui se présentent à l'esprit au point où nous sommes de notre inventaire.

Naturellement on peut imaginer ou observer bien d'autres facteurs générateurs d'ICE. Ainsi, la réussite scolaire varie en moyenne, comme le démontre l'observation, avec le rang de naissance et la dimension de la famille. La dimension de la famille varie de son côté, dans certains contextes au moins, avec la classe sociale[1]. Ces différences démographiques *expliquent* (en partie et en fait dans une très faible mesure) le phénomène de l'ICE.

Mais nous arrêterons ici notre énumération. À ce point, nous avons, en parcourant la littérature, identifié un certain nombre de *facteurs* ou mécanismes partiels responsables de l'ICE. La tâche suivante à laquelle le sociologue est alors confronté consiste à tenter d'intégrer ces différents facteurs ou mécanismes, à supposer qu'ils puissent l'être, en une théorie d'ensemble.

Pour cela, considérons en détail quelques-uns des résultats qu'on peut tirer d'une célèbre enquête sur l'orientation scolaire dirigée par Alain Girard[2]. Ces résultats nous seront très utiles dans notre tentative de

---

1. Alain GIRARD : « L'origine sociale des élèves de sixième », in *Population*, 17, 1962, pp. 10-23.

2. Alain GIRARD et Paul CLERC : « Nouvelles données sur l'orientation scolaire au moment de l'entrée en sixième », in *Population*, 19, 1964, pp. 829-872.

synthèse. L'enquête de Girard, effectuée en 1962, décrit l'orientation d'un échantillon de plus de 20 000 élèves français parvenus à cette date à la fin de leurs études primaires. À cette époque, un élève pouvait à la sortie du primaire s'orienter soit vers la 6e des lycées (porte d'accès au secondaire long), soit vers la 6e des CEG (accès au secondaire court), soit vers la vie active.

Considérons maintenant deux tableaux tirés de cette enquête que nous reproduisons (pp. 245 et 247) de manière partielle. Le premier montre que, toutes choses égales d'ailleurs, le retard scolaire croît et que la réussite scolaire décroît lorsqu'on descend l'échelle des statuts socioprofessionnels. Le second tableau a une structure plus compliquée.

On y voit que, lorsque la réussite est bonne (élèves « excellents ou bons »), les fils d'ouvriers rentrent dans une très forte proportion en 6e sauf si le retard est très important (13 ans). Si la réussite est moyenne, l'âge doit être « normal » pour que les taux d'entrée en 6e soient élevés. Si la réussite est « médiocre », même si l'âge est normal, l'entrée en 6e est rare. Considérons maintenant à l'autre extrême les fils de cadres supérieurs. Lorsque la réussite est « bonne » ou « moyenne », l'entrée en 6e est très probable. Lorsqu'elle est « médiocre », il faut que l'âge soit normal pour que l'orientation en 6e soit très fréquente. La catégorie des employés présente des caractéristiques intermédiaires, comme on le voit aisément en se reportant au second tableau.

La structure de ces tableaux contient des informations très éclairantes sur les mécanismes générateurs de l'ICE. Le premier fait apparaître, répétons-le, une corrélation entre retard et origine sociale, ainsi qu'une corrélation entre réussite et origine sociale. Il présente donc une structure tout à fait compatible par exemple avec l'hypothèse selon laquelle le milieu familial transmettrait *a. Réussite et âge en fonction de l'origine sociale*

Réussite et âge à l'issue du primaire	*Origine sociale*			
	Ouvriers	Employés	Cadres moyens	Cadres supérieurs
Élèves excellents ou bons				
Moins de 11 ans	2,4 %	6,1 %	14,5 %	20,2 %
11 ans	16,4	24,2	38,4	32,7
12 ans	13,9	12,7	10,0	7,9
13 ans	2,4	2,1	1,6	1,0
14 ans et plus	0,1	0,1	—	—
Élèves moyens				
Moins de 11 ans	0,5	1,6	2,3	5,0
11 ans	11,7	12,5	11,8	13,3
12 ans	16,7	16,3	8,6	8,1
13 ans	5,7	3,3	1,7	1,6
14 ans et plus	0,6	0,5	0,5	0,3
Élèves médiocres et mauvais				
Moins de 11 ans	0,1	0,3	0,3	0,7
11 ans	4,6	3,7	3,5	4,1
12 ans	14,7	10,2	4,8	3,4
13 ans	8,5	5,1	1,9	1,3
14 ans et plus	1,7	1,3	0,1	0,4
Total	100,0	100,0	100,0	100,0

à l'enfant des milieux aisés des savoir-faire capables de faciliter son apprentissage scolaire. Le second tableau, quant à lui, nous indique que cette hypothèse du désavantage cognitif des enfants des classes basses (DC) est insuffisante pour expliquer l'ICE. Il nous dit en effet qu'à réussite égale, une relation entre origine sociale et orientation vers la 6e continue d'être observée. Les désavantages cognitifs ne peuvent évidemment expliquer ces différences entre classes, puisque la comparaison porte cette fois sur des élèves de même niveau de réussite scolaire. En revanche, le troisième des mécanismes précédemment envisagés, celui du calcul coût-avantage (CA), rend directement et aisément compte de la structure de ce second tableau : les ouvriers dont les ressources sont faibles ne prennent le risque d'engager l'enfant dans la voie des études secondaires que si les chances de réussite (estimées à partir de la réussite présente et de de la réussitc passée, elle-même assez fidèlement reflétée par l'avance ou le retard scolaire) sont bonnes. Les cadres supérieurs ont, quant à eux, pour des raisons qui ont été développées plus haut, la capacité de prendre des risques plus élevés. Mais il est raisonnable de supposer (et confirmé par le tableau) qu'ils ne sont pas prêts à accepter n'importe quel degré de risque. Lorsqu'un retard scolaire, même modéré, se combine avec une réussite scolaire médiocre, l'abandon des études apparaît environ une fois sur deux. D'un autre côté, il est probable que, toutes choses égales d'ailleurs, les cadres supérieurs attachent plus d'importance que les ouvriers à ce que leurs enfants entrent dans le secondaire, puisque la rentrée immédiate dans la vie active implique pour les premiers une probabilité élevée de démotion.

Quant à l'hypothèse des sous-cultures de classe (SC), elle peut contribuer à expliquer (concurremment avec l'hypothèse DC) la structure de premier tableau, mais non celle du second. En effet, si les différences d'attitudes entre classes (attitudes à l'égard de la réussite sociale, de l'utilité des études et du lien entre études et réussite) étaient le seul facteur à l'œuvre, on ne comprendrait pas pourquoi fils d'ouvriers et de cadres *b. Taux d'entrée en 6e en fonction de l'origine sociale, de la réussite et de l'âge*

Réussite et âge à l'issue du primaire	*Origine sociale*			
	Ouvriers	Employés	Cadres moyens	Cadres supérieurs
Élèves excellents et bons				
Moins de 11 ans	79 %	95 %	84 %	98 %
11 ans	90	96	99	99
12 ans	79	91	96	98
13 ans	45	63	77	69
14 ans et plus	—	—	—	—
Élèves moyens				
Moins de 11 ans	69	90	87	90
11 ans	57	78	81	99
12 ans	45	59	71	90
13 ans	11	33	65	86
14 ans et plus	14	27	—	—
Élèves médiocres et mauvais				
Moins de 11 ans	—	—	—	—
11 ans	18	45	73	85
12 ans	9	15	29	52
13 ans	3	10	12	59
14 ans et plus	8	8	—	—

supérieurs ont à peu près *les mêmes chances* de rentrer en 6e lorsque leur réussite scolaire présente et passée est satisfaisante, et *des chances très différentes* lorsque la réussite présente ou passée est moins favorable. Pour que l'hypothèse SC soit essentielle à l'explication du second tableau, on devrait observer des différences entre classes dans *tous* les cas possibles de comparaison.

La théorie qui rend le plus *complètement* et le plus *simplement* compte des différentes informations dont on dispose peut en définitive être résumée de la façon suivante[1] :

1. Il existe des différences entre classes sociales dans la distribution de valeurs affectant les comportements scolaires (par exemple les valeurs liées à la conception de la réussite). En conséquence, toutes choses égales d'ailleurs, un individu de classe sociale inférieure doit accorder en *moyenne* une valeur plus faible à l'enseignement comme moyen de réussite (hypothèse de l'existence de sous-cultures de classes).

2. Toutes choses égales d'ailleurs, un individu de classe sociale inférieure aura en moyenne un certain handicap cognitif par rapport aux autres classes (hypothèse du déficit cognitif).

3. Toutes choses égales d'ailleurs, un individu de classe sociale inférieure tend en moyenne à sous-estimer les avantages futurs d'un investissement scolaire (hypothèse du calcul coûts-avantages).

4. Toutes choses égales d'ailleurs, un individu de classe sociale inférieure tend en moyenne à surestimer les désavantages présents d'un investissement scolaire (hypothèse du calcul coûts-avantages).

5. Toutes choses égales d'ailleurs, un individu de classe sociale inférieure tend par rapport aux autres classes à surestimer les risques d'un investissement scolaire (hypothèse du calcul coût-avantages).

Ces propositions, qu'on peut formuler de manière plus rigoureuse mais que nous nous contentons ici de présenter de manière intuitive, fournissent une théorie microsociologique du *choix* scolaire. Cette théorie nous explique pourquoi on doit s'attendre à observer qu'un

1. Cette théorie est en fait une synthèse des différentes théories décrites plus haut.

individu de classe inférieure ait en moyenne un niveau scolaire plus bas. Elle nous explique pourquoi le choix scolaire dépend *faiblement* de l'origine sociale lorsque la réussite scolaire est bonne, et pourquoi il en dépend *fortement* lorsque la réussite scolaire est mauvaise. Bien sûr, elle ne nous explique pas pourquoi les disparités entre classes supérieure et inférieure au niveau de l'enseignement supérieur est en France de l'ordre de la dizaine. Elle nous dit seulement que nous devons nous attendre à observer une liaison statistique (indéterminée du point de vue quantitatif) entre origines sociales et fréquentation de l'enseignement supérieur. Mais il est facile de voir la direction que peut prendre la réponse à cette question : la carrière d'un adolescent dans le système scolaire peut être considérée comme une *suite de décisions* dont la fréquence, la nature et l'importance sont déterminées par les institutions scolaires. Les mécanismes décrits par les propositions précédentes vont donc jouer de façon répétée et entraîner une disparité entre classes sociales d'autant plus élevée qu'on considère des étapes plus avancées du cursus[1]. En termes techniques, la logique des processus de décision décrits par les propositions ci-dessus, en se répétant, donne une allure exponentielle à l'écart entre les classes. On a donc à ce point une réponse complète et acceptable à la question qui nous a servi de point de départ : *pourquoi*, dans un pays comme la France (mais le même phénomène est observable ailleurs), les chances d'accès à l'université d'un fils ou d'une fille d'ouvrier sont quelques dizaines de fois inférieures à celles d'un fils ou d'une fille de cadre supérieur.

---

1. Voir R. BOUDON : *L'Inégalité, op, cit.*

Le va-et-vient entre description et explication

Le cas qui vient d'être évoqué permet de mettre en évidence un certain nombre de points importants du point de vue de la dialectique ou, pour employer un terme plus simple, du va-et-vient entre description et explication en sociologie. Je développerai ces points dans un ordre arbitraire.

Notre étude de cas permet tout d'abord de souligner un fait crucial et cependant parfois méconnu, à savoir l'importance de la *sociographie* pour le développement de la *sociologie*. Des études descriptives, même construites à partir d'hypothèses sommaires et incomplètes, peuvent contribuer à mettre en évidence des « faits » dont la connaissance est parfois précieuse, voire déterminante, pour l'explication de certains phénomènes. Ainsi, c'est en utilisant des sondages de routine sur les intentions scolaires que Hyman a émis l'hypothèse de l'existence de sous-cultures de classes. Ces sondages avaient été effectués pour des raisons purement *descriptives*. Ils ont permis de tester une hypothèse partielle, mais essentielle pour l'explication du phénomène de l'ICE. L'enquête de Girard qui vient d'être évoquée permet quant à elle d'arbitrer entre certaines des théories de l'ICE émises par les sociologues. Plus, elle permet de mesurer l'importance relative des différents facteurs et mécanismes mis en évidence par les sociologues qui se sont intéressés à ce problème[1]. D'autres données suggèrent que le milieu familial peut entraîner dans les classes modestes un handicap cognitif. D'autres données encore suggèrent que l'« ambition » varie avec la classe sociale. Toutes ces hypothèses partielles ont été mises en évidence par l'analyse secondaire de données descrip-

1. Elle permet en particulier d'établir que l'héritage *culturel* explique une partie modérée des inégalités scolaires.

tives. On a vu qu'on peut aller plus loin et proposer un schéma théorique global intégrant ces hypothèses partielles en un ensemble cohérent. Dans l'état de notre information acutelle, ce shéma ne contredit aucune donnée existante et intègre des données connues de manière satisfaisante. Cependant, il est évident que ce stade doit être dépassé. Reportons-nous au schéma en cinq propositions de la page 248. Pour en démontrer la validité et pour le perfectionner, le sociologue devrait entreprendre des enquêtes s'efforçant de saisir la logique des *décisions* scolaires des familles et des adolescents. Dans quelle mesure les agents perçoivent-ils les coûts, avantages, risques de telle filière ? Comment escomptent-ils les rémunérations futures ? Comment évaluent-ils les risques qu'ils encourent ? Des enquêtes décisionnelles de ce type relèvent assurément de la compétence du sociologue[1]. Il s'agirait alors non plus d'enquêtes sociographiques mais d'enquêtes construites à partir de schémas théoriques élaborés[2]. Malheureusement, de telles enquêtes sont actuellement pratiquement inexistantes dans le domaine de la sociologie de l'éducation.

Notre exemple permet d'autre part d'apporter quelques précisions sur la difficile notion de l'*explication* en sociologie.

En un sens ambigu mais courant dans le jargon statistique et, par suite, dans le langage sociologique, on dit parfois qu'on a *expliqué* ou contribué à expliquer un phénomène lorsqu'on a mis en évidence une corréla-

1. Malheureusement, elles n'existent guère comme le montre l'utile panorama présenté par J. KARABEL et A.H. HALSEY (réd.), *Power and ideology in education*, New York, Oxford University Press, 1977, des recherches contemporaines en matière de sociologie de l'éducation et en particulier de théories relatives à la formation des inégalités scolaires. Voir aussi Lee SHULMAN : « Does schooling... », *art. cit.*

2. Cf. pour un modèle possible E. KATZ et P. LAZARSFELD : *Personal influence, op. cit.*

tion statistique ou une suite de corrélations statistiques entre ce phénomène et plusieurs phénomènes dont on considère que le premier est l'« effet ». Considérons l'exemple résumé par les tableaux suivants (pour simplifier les variables ont été supposées dichotomiques). Je constate d'abord (tableau (a)) qu'il existe une relation entre classe sociale d'origine (C +/C —) et orientation scolaire (O +/O —). Je remarque ensuite qu'il existe une relation entre classe d'origine et réussite (tableau (b)), ainsi qu'une relation entre réussite et orientation (tableau (c)). La tentation est alors grande pour le sociologue débutant qui découvre un résultat comme celui-ci de déclarer que les inégalités scolaires résultent essentiellement du handicap culturel des familles modes-

	O+	O—
C+	80	20
C—	120	80

Tableau (a)

	R+	R—
C+	60	40
C—	80	120

(b)

	O+	O—
R+	110	30
R—	90	70

(c)

tes et que celui-ci explique par conséquent celles-là. Mais une telle interprétation est inacceptable. Il est vrai que, si l'une au moins des corrélations entre classe d'origine et réussite (C et R), d'une part, entre orientation et réussite (O et R) de l'autre, était nulle, la corrélation entre classe d'origine et orientation serait moins forte qu'elle ne l'est en réalité. Mais rien ne permet d'affirmer au vu des tableaux (a), (b) et (c) que la relation entre classe d'origine et réussite soit la cause prépondérante de la corrélation entre classe d'origine et orientation.

On vérifie aisément que les tableaux (a), (b) et (c) peuvent être déduits de (d). *A fortiori*, les premiers sont

	C+		C—	
	R+	R—	R+	R—
O+	50	30	60	60
O—	10	10	20	60
	60	40	80	120

Tableau (d)

donc compatibles avec ce dernier. Or le tableau (d) nous dit que, s'il est vrai que les élèves de classe basse ont en moyenne une réussite plus faible (60 % de R + chez les C + contre 40 % chez les C —), une autre donnée capitale est à prendre en considération, à savoir que l'on attache une importance beaucoup plus *décisive* à la réussite dans les classes basses.

La conclusion selon laquelle le handicap culturel des classes basses serait la cause principale de la corrélation entre origines sociales et orientation est donc erronée. En premier lieu, parce que, commme on le vérifie aisément, les tableaux (b) et (c) sont loin de rendre compte de la corrélation contenue dans le tableau (a)[1]. En second lieu, parce que, comme nous le savons déjà, le schéma logique sur lequel elle repose est inadéquat. En réalité, si la double relation entre C et R d'une part et entre R et O d'autre part ne permet pas de reconstituer

1. Voir sur ces problèmes Paul LAZARSFELD : « L'interprétation des relations statistiques comme procédure de recherche », in R. BOUDON et P. LAZARSFELD : *L'Analyse empirique de la causalité*, Paris, Mouton, 1966, pp. 15-27. On peut consulter aussi avec profit Hayward ALKER : *Introduction à la sociologie mathématique*, Paris, Larousse, 1973.

la relation observée entre C et O, cela n'est pas dû à des *facteurs* secondaires mais à un phénomène essentiel : à savoir que les classes basses et hautes ont tendance à choisir les mêmes orientations lorsque le niveau de réussite est élevé, mais se distinguent lorsque la réussite est mauvaise. On se souvient de l'interprétation donnée plus haut de ce phénomène. Il résulte vraisemblablement de la surestimation relative des coûts et des risques et de la sous-estimation relative des avantages de la scolarisation dans les classes basses.

Finalement, pour *expliquer* la corrélation entre C et O on doit abandonner le schéma selon lequel une série de facteurs (comme la réussite scolaire R) viendraient s'interposer entre C et O en cumulant leurs effets selon des poids variables.

A ce schéma *factoriel*, on doit substituer un schéma *décisionnel*. Dans un schéma de ce type, la *réussite* scolaire prend le statut d'un réducteur d'incertitude qui permet à l'agent confronté à un choix d'estimer les risques qu'il prend. La classe sociale pour sa part n'a pas seulement l'effet d'entraîner des avantages ou désavantages culturels. Elle est aussi un point de référence à partir duquel l'agent s'efforce de mesurer les avantages, les désavantages et les risques qu'il prend en choisissant tel ou tel type d'orientation.

Ces remarques s'appliquent à toute analyse de résultats statistiques et, plus généralement, à toute analyse de données d'observation, quelle que soit leur nature. Dans les phases initiales d'une recherche, il arrive souvent que, faute de mieux, on soit amené à utiliser le langage que j'appelle ici *factoriel*. L'analyse aboutit alors à des propositions de type : « Les facteurs F1, F2, ...Fk ont une influence sur le phénomène à expliquer Y. » Éventuellement, on sera en mesure d'estimer les poids p1, p2, ..., pk de ces facteurs. Mais des résultats comme ceux-là ne représentent en général qu'un état *transitoire* de la recherche. Une authentique explication de Y n'est véritablement atteinte qu'à partir du moment où on est capable d'interpréter ce phénomène comme le résultat d'*actions* effectuées par des agents situés dans un contexte institutionnel et social déterminé. Lorsqu'on est en mesure de décrire la logique de ces actions avec un degré de précision suffisant, il est possible d'en déduire la structure des relations statistiques entre les variables et, par là, d'*expliquer* cette structure.

Notre étude de cas nous permet en résumé de proposer la définition suivante, sinon de la notion d'explication elle-même, du moins d'une des conditions essentielles de l'explication.

Soit un phénomène Y (qui peut comme dans l'exemple se présenter sous la forme d'une corrélation statistique, mais n'a pas nécessairement cette forme). Pour *expliquer* ce phénomène, il faut pouvoir en faire la conséquence des *actions* effectuées par les agents du système considéré. Quant à la description de la logique des actions individuelles, elle doit satisfaire à un double critère : d'abord, il faut que cette logique soit *compréhensible* au sens de Weber (*Verstehen*). Ainsi, on *comprend* qu'une famille de niveau modeste soit plus hésitante à prendre des risques. Je *comprends* cette relation au sens où je n'ai aucune peine à concevoir que, dans une situation analogue, j'éprouverais sans doute les mêmes hésitations. En second lieu, il faut évidemment que la logique dont on postule l'existence n'aboutisse pas à des conséquences contradictoires avec les données observables.

De quelques fausses querelles de méthode

Cette étude de cas permet en résumé, sinon d'éliminer, du moins de remettre à leur juste place un certain nombre de querelles générales e méthode qui encombrent la littérature sociologique.

Elle montre qu'il est sommaire d'opposer une prétendue sociologie empirique, qui aurait le défaut de vouloir se passer d'hypothèses, à une prétendue sociologie « théorique[1] ». Toute l'histoire de la sociologie montre que les enquêtes descriptives peuvent apporter au sociologue des documents irremplaçables pour l'explication de certains phénomènes, même lorsqu'elles sont effectuées à des fins étroitement pratiques. C'est pourquoi les progrès de la sociologie apparaissent en général comme favorisés par l'accumulation des enquêtes : le développement de la sociologie du crime et du suicide au XIXe siècle, l'essor de la sociologie de l'éducation, de la mobilité et des inégalités après la Seconde Guerre mondiale a été rendu possible par l'accumulation des travaux à finalité descriptive.

Notre étude de cas montre en second lieu que la prétendue opposition qu'on introduit parfois entre sociologie quantitative et sociologie qualitative ou entre sociologie quantitative et sociologie « compréhensive » (ou interprétative) est à peu près vide de sens. Les données de sondage utilisées par HYman et les distribu-

---

1. Brian FAY : *Social theory and political practice*, Londres, Allen et Unwin, 1975, décrète qu'il existe trois sortes de sociologies : positiviste, interprétative et critique (la troisième étant la « bonne »). Cette distinction décrit en réalité les trois dimensions de toute recherche sociologique, la qualité de la critique dépendant de celle de l'observation et de l'analyse. Il est évident qu'une attitude critique ne suffit pas plus à faire de la bonne sociologie que les bons sentiments ne suffisent à faire de la bonne littérature. On retrouve ici, transposée et atténuée, la trop célèbre distinction entre science bourgeoise et science prolétarienne.

tions obtenues par Alain Girard ne deviennent réellement intelligibles que lorsqu'elles sont interprétées à la lumière d'une démarche comportant une dimension *empathique*. Je veux dire par là, d'une part, que ces données ne prennent véritablement sens qu'à partir du moment où on est capable d'en faire la conséquence d'*actions* individuelles. D'autre part, que la description que le chercheur propose des actions d'*autrui* n'est pleinement satisfaisante que lorsqu'il peut convaincre son lecteur que, dans les mêmes circonstances, il aurait agi de la même manière. Réciproquement, les données statistiques (et de façon générale, les données d'observation) permettent de tester la validité des interprétations proposées par l'observateur. Données statistiques et techniques *interprétatives* sont donc complémentaires plutôt qu'opposées.

En troisième lieu, notre étude de cas permet de réduire à sa juste place la querelle du *positivisme* en sociologie. Le sociologue est-il soumis aux mêmes règles que le physicien ou le chimiste, ou doit-il se soumettre à une éthique scientifique spécifique ?

La réponse à cette question est double. Dans la mesure où l'analyse sociologique d'un phénomène Y consiste toujours (dans l'idéal) à en faire la conséquence d'actions individuelles, le sociologue a affaire à une catégorie de phénomènes, les *actions*, qui ne se présentent jamais dans le champ d'observation du physicien ou du chimiste. Par essence, la notion d'action implique le phénomène fondamental de l'*empathie* entre l'observateur et l'observé. En conséquence, le travail du sociologue comporte toujours une dimension *interprétative* qui n'a pas d'équivalent dans les sciences de la nature.

D'un autre côté, l'existence de cette dimension interprétative n'entraîne pas, contrairement à ce que paraissent penser certains tenants de l'« herméneutique »,

que la sociologie soit une discipline irrémédiablement entachée de subjectivisme[1]. En effet, lorsqu'une interprétation a été proposée, elle entraîne certaines conséquences. On peut alors se demander si ces conséquences sont compatibles ou non avec des données d'observation dont on dispose. Ainsi le modèle de décision scolaire présenté à la page 248 implique des conséquences précises quant à la structure des relations statistiques entre des variables telles que la classe sociale d'origine, la réussite et l'orientation. Ou ces conséquences (et les diverses autres conséquences qu'on peut tirer du modèle de décision) sont compatibles avec les structures observées, ou elles ne le sont pas. Dans le second cas, le modèle serait infirmé. Dans le premier, il peut être tenu pour provisoirement satisfaisant jusqu'à ce que des recherches nouvelles démontrent éventuellement que telle ou telle de ses conséquences est prise en défaut par la réalité.

En d'autres termes, l'existence en sociologie d'une dimension *interprétative* n'est en aucune façon contradictoire avec le fait incontestable que le sociologue ne peut espérer entraîner la conviction de ses pairs qu'en se soumettant à des principes de démonstration analogues à ceux auxquels obéissent les sciences de la nature.

Nous retrouverons ces différents points, à un niveau général, dans le dernier chapitre de ce livre.

---

1. Hans ALBERT : *Konstruktion und Kritik*, Hambourg, Hoffman und Campe, 1975, présente une critique approfondie de la pensée herméneutique. Voir aussi Eugène FLEISCHMANN : « Fin de la sociologie dialectique ? Essai d'appréciation de l'École de Francfort », *Archives européennes de sociologie*, 14, 1973, pp. 159-184.

VIII

La connaissance sociologique : problèmes épistémologiques de la sociologie

Je consacrerai ce chapitre de conclusion aux problèmes laissés en suspens à la fin du premier chapitre. Au début de ce livre, j'ai tenté de montrer que la sociologie pouvait être définie à partir de deux intuitions fondamentales. Celle de Pareto d'abord, selon laquelle la théorie de l'action individuelle utilisée par l'économie est insuffisante à l'explication de nombreuses classes de comportements. Pour indiquer cette place que l'économie laissait inoccupée, Pareto créa la notion, à la fois fondamentale et floue, des actions *non logiques*. C'est ce domaine des actions non logiques qu'il réserva à la sociologie par son *Traité de sociologie générale*.

L'autre intuition fondamentale est celle de Durkheim : la tâche du sociologue est d'expliquer comment les « structures sociales » orientent les comportements des individus. Pourquoi les taux de suicide, composés d'actes individuels, sont-ils différents dans les sociétés traditionnelles et dans les sociétés modernes ? Pourquoi augmentent-ils avec l'industrialisation ? Pourquoi certaines institutions attirent-elles le respect ou la crainte ? Pourquoi certains comportements inspirent-ils l'estime et d'autres la répulsion ? Pourquoi de façon générale, les sentiments moraux éveillés par tel ou tel type de comportements varient-ils selon les sociétés[1] ?

La sociologie moderne et le problème de Pareto

Notre survol de la sociologie, en dépit de son caractère à la fois rapide, partiel et sans aucun doute partial, nous conduit à l'impression non seulement que la sociologie moderne a effectivement pris au sérieux le problème de Pareto, mais qu'elle tend en réalité à dissoudre la distinction faite par le sociologue italien entre actions logiques et actions non logiques, et vise plutôt une théorie générale de l'action qui comprendrait les actions logiques comme une sorte de cas-limite.

Les études de Goffman sur les hôpitaux psychiatriques[2] montrent qu'il existe des situations où la structure des rôles et des relations de rôles est telle que certains des acteurs sont immanquablement piégés : le « proche parent » ne peut pressentir un seul instant qu'il va se trouver dans une situation où, malgré son désir de venir en aide au malade, il va devoir participer avec le psychiatre à une coalition contre lui. Il ne peut croire que la structure de la situation va modifier la structure des alliances.

Cet exemple montre, s'il en était besoin, que dans certaines situations, les représentations que les agents ou acteurs se donnent des états de choses qu'ils vont rencontrer peuvent avoir une forte tendance à être déformées. Cette « tendance » résulte dans le cas présent du court-circuit qui s'établit entre la certitude où est le proche parent de servir l'intérêt du malade d'une part,

1. Émile DURKHEIM : *La division, op. cit.; Le suicide, op. cit.; Les Formes élémentaires de la vie religieuse,* Paris, Alcan, 1912.

2. E. GOFFMAN : *Asiles, op. cit.*

et sa croyance en la compétence présumée du psychiatre, de l'autre. Ce court-circuit résulte directement de la structure des deux rôles. Elle implique que le « proche parent » remette l'intérêt du malade entre les mains du psychiatre.

D'autres situations imposent à l'agent un contexte d'incertitude. Un tel contexte est à peu près immanquablement générateur de *croyances* qui peuvent être plus ou moins fondées. Les travaux de sociologie religieuse de Weber illustrent brillamment ce cas de figure. L'incertitude où se trouve le calviniste quant à son destin dans l'au-delà le pousse à rechercher des activités et à cultiver des qualités lui permettant d'obtenir des signes de son éventuelle élection[1]. La sociologie de la vie quotidienne fournit maintes illustrations de ce type de mécanismes. J'hésite entre A et B. Je sais que A est meilleur pour moi, mais à condition que l'événement C se produise. Sinon, il serait préférable de choisir B. Malheureusement, je ne sais pas du tout si C va se produire, ou s'il va se produire au bon moment. D'autre part, je suis dans une situation où le choix m'est imposé. Un savant français avait imaginé une solution « scientifique » pour faire face aux situations de ce genre : une machine à décider. Cette machine consistait en une simple pièce de monnaie tournant sur un axe. Bref, il avait choisi de s'en remettre au « hasard ». Mais il est évident que le fait de s'en remettre au hasard dans une situation de ce genre n'est en aucune manière plus scientifique que de suivre les conseils d'une diseuse de bonne aventure. Les *signes* du hasard ne sont pas plus fiables que ceux du destin. Au contraire : il est possible que la diseuse de bonne aventure, si elle est doublée d'une bonne psychologue, m'amène à prendre

1. Max WEBER : *L'éthique protestante, op. cit.*

conscience du fait que, désirant A, je cherche à sous-estimer les risques que C ne se produise pas.

L'incertitude explique que les décisions à long terme puissent rarement être considérées comme rationnelles. L'élève qui commence à aménager ses études dans la perspective d'entrer dans la carrière médicale prend sa décision en fonction de la représentation qu'il peut avoir de la demande en médecins dans k années, lorsqu'il aura éventuellement terminé ses études de médecine. Cette représentation est à peu près nécessairement fausse dans la mesure où elle porte sur un avenir lointain et où elle préjuge de multiples décisions qui ne sont pas encore prises par les agents concernés. Dans un cas de ce genre, la décision reposera immanquablement sur une information étroite et valable sur le court terme : faire comme mon père/ne pas faire comme mon père, etc. La structure de la situation incite l'agent à se déterminer en fonction de ses goûts actuels autant qu'en fonction des conséquences lointaines de sa décision.

D'autres types d'actions rendent malaisée la définition même de la notion d'action rationnelle ou logique dans la mesure où elles entraînent simultanément des conséquences de signes opposés à des moments différents du temps. C'est le cas des comportements d'intoxication. L'alcoolique *sait* bien que s'il satisfait son désir maintenant et dans tous les « maintenant » qui vont suivre il est à peu près sûr de « s'en repentir ». Mais les « maintenant » de demain n'appellent pas de décision immédiate de sa part. Quant à la décision prise *hic et nunc*, elle n'a qu'une action infinitésimale sur son état physique futur. C'est pourquoi les campagnes d'information contre l'alcoolisme ne peuvent manquer de décevoir leurs promoteurs. Il est à la limite inutile d'informer l'alcoolique ; il sait déjà, mais ne veut rien savoir. Il a d'ailleurs d'excellentes raisons de ne rien savoir. S'il est un libéral passionné, son alcoolisation aura valeur de protestation contre les inadmissibles ingérences de l'autorité publique dans la vie privée des personnes. Ancien soldat, ayant conservé une notion sourcilleuse de l'honneur, il démontrera, en buvant, sa volonté de tenter le destin. Bernard Mottez a bien analysé ces « logiques » : « Assis à la table de jeu, le joueur pris par sa passion jouera. On n'affronte pas le hasard, le destin, par des petits calculs, des demi-mesures. On ne s'arrête pas à mi-chemin. C'est tout ou rien. Si le joueur perd, il est impossible, allant jusqu'au bout, qu'il ne finisse par gagner. Il suffit de le vouloir bien fort, de tenir, c'est un point d'honneur. S'il gagne, c'est à coup sûr un signe. Ayant forcé la chance, il doit tenter encore[1]. »

Certaines situations d'interdépendance ou d'interaction rendent également impossible la définition même de la notion d'action rationnelle ou logique. On a vu de nombreux exemples de ce cas de figure. Dans une structure de dilemme du prisonnier, la rationalité est par essence indéfinissable du moins par rapport aux acteurs eux-mêmes : en réalité, la bonne décision consiste à trouver une voie pour échapper à cette structure.

Ou bien considérons le cas de la situation illustrée par le graphique suivant (je laisse au lecteur le soin d'imaginer des exemples correspondant à cette structure) : la courbe P indique les bénéfices nets B que je retire de ma participation (P) à une action collective en fonction du nombre n des individus qui y participent. La courbe R indique mes bénéfices dans le cas où j'opterais pour la stratégie du retrait (R).Si je suis incapable d'apprécier le nombre des participants à

1. Bernard MOTTEZ : « Le médecin, le comptable et l'alcoolique », *Sociologie du travail*, 1976, pp. 381-393. Jean PADIOLEAU : « La lutte contre le tabagisme : action politique et régulation étatique de la vie quotidienne », *Revue française de Science politique*, vol. 27, n° 6, décembre 1977, pp. 932-959.

l'action collective, il m'est impossible de prendre une décision dont je sois assuré qu'elle est conforme à

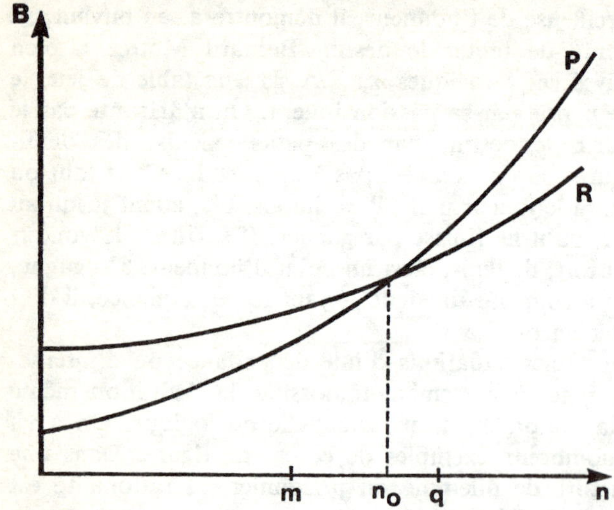

mes intérêts. Si le nombre des participants s'avérait inférieur à n_o, j'aurais avantage à y participer. Dans un cas comme celui-là la notion de rationalité apparaît comme *indéfinie* de par la structure même de la situation d'interdépendance.

Ce type de structure explique parfois l'apparente irrationalité et le caractère soudain de certaines explosions sociales : supposons que l'apparition d'un *signe* suggère à chaque individu en particulier que le nombre des personnes disposé à agir est, non pas voisin de m comme on le pensait, mais de q. Dans ce cas chacun se mettra en mouvement. L'ébullition succédera à l'apathie. On aura un cas typique de « prophétie créatrice ».

Bref, il n'est pas difficile de multiplier les exemples de situations où la notion même d'action logique apparaît, soit comme totalement dissoute, soit comme ayant la valeur d'un simple cas-limite. L'analyse microsociologique moderne de diverses classes de comportements et de situations remplit donc bien la tâche que Pareto avait fixée à la sociologie : analyser la logique des actions non logiques.

Une précision s'impose ici. Préfigurant ici bien des sociologues modernes, Pareto n'accorde qu'une importance marginale à un cas de figure qui tient une grande place dans la tradition marxiste : à savoir les situations où l'agent aurait une vision erronée de son intérêt. Ce cas de figure qui recouvre un des sens de la notion complexe d'aliénation, soulève des difficultés considérables : de quel droit le sociologue A, observant B, peut-il déclarer que l'intérêt de B consiste à rechercher l'objectif O_1, et non, comme le croit B lui-même, l'objectif O_2 ? De deux choses l'une. Ou O_1 et O_2 sont des objectifs intermédiaires. Dans ce cas A peut démontrer à B que O_2 n'est pas le bon moyen pour lui, B, d'obtenir ce qu'il veut. Ou bien O_2 est un objectif *final* que B juge inconditionnellement préférable. Dans ce cas, il est douteux que le sociologue puisse se substituer à B et énoncer qu'il (B) devrait préférer O_1 à O_2. Ce faisant, ou bien A exprime son propre point de vue (à la place de B je choisirais O_1), ou bien il s'accorde le droit de juger des intérêts de B *d'un point de vue supérieur*. Il est possible que ce *point de vue supérieur* ait un sens éthique ou politique. Il est douteux qu'il représente autre chose qu'un mirage, s'il s'agit de comprendre et de décrire le comportement de B.

Aussi faut-il se garder de rapprocher la notion paretienne des actions non logiques de la notion marxiste de fausse conscience. La première est scientifiquement féconde dans la mesure où elle indique en creux la nécessité pour le sociologue de recourir à un schéma plus général que celui de l'action rationnelle. La seconde est d'un intérêt scientifique aussi douteux que son intérêt politique et polémique est certain.

Le problème de Durkheim

Une autre limitation de la théorie de l'action utilisée notamment dans la tradition économique est son incapacité à rendre compte — ou plutôt son parti pris de ne pas chercher à rendre compte — des préférences des agents sociaux. Dans cette tradition, les préférences des acteurs et, par voie de conséquence, les objectifs qu'ils poursuivent, sont conçues, soit comme relevant de l'arbitraire individuel, soit comme explicables à partir d'une anthropologie essentialiste. En conséquence, ils sont jugés de peu d'intérêt par l'observateur et traités comme des données indispensables, mais qu'il suffit d'observer sans chercher à les expliquer.

C'est cette seconde limitation de la théorie classique de l'action que le programme de Durkheim s'est efforcé de dépasser, non sans donner lieu parfois à des malentendus[1].

Cet aspect du programme durkheimien peut être commodément résumé à travers sa discussion avec Spencer sur la division du travail. Pour Spencer, les progrès de la division du travail s'expliquent par les avantages évidents qui en découlent. Cette explication téléologique s'inspire directement des théories contractualistes du XVIIIe siècle : les individus se spécialisent, et acceptent de coopérer et d'échanger parce qu'ils y trouvent avantage. Dans une analyse utilitariste de ce type, les préférences individuelles sont traitées comme

1. Je prends la notion de « programme » au sens de Imre LAKATOS, in I. LAKATOS et MUSGRAVE (réd.) : *Criticism and the growth of knowledge*, Londres, Cambridge University Press, 1970.

des états de choses qu'il est inutile d'expliquer. Ne va-t-il pas de soi que l'individu recherche toujours le mieux-être ? Cet axiome une fois posé (et assimilé un peu trop rapidement au principe *the more, the better*), la division du travail s'explique aisément. Elle est le moyen par excellence de l'accumulation collective des biens.

Pour Durkheim, s'il est vrai que l'individu a tendance à rechercher le mieux-être, il est faux d'affirmer que cette proposition soit équivalente à l'adage *the more, the better*. Les taux de suicide sont plus élevés en période de boom économique. Ils ne sont pas plus élevés, au contraire, dans les pays pauvres que dans les pays riches. Ils ne sont pas plus élevés dans les classes sociales basses. Si on accepte de considérer le taux de suicide comme un « indicateur » inversé du « bien-être » moyen, de tels résultats démontrent la fausseté de l'adage utilitariste. Ainsi, il est illégitime de prétendre déduire les préférences des individus d'une anthropologie générale. L'abondance des biens n'est pas elle-même toujours perçue comme un bien par les agents sociaux. Cela dépend du contexte social dans lequel ils se trouvent.

L'autre objection sérieuse que, suivant librement Durkheim, on peut adresser au raisonnement de Spencer porte sur la fiction contractualiste. La division du travail ne peut être conçue comme le produit d'une décision collective. Il est vrai que, dans certains cas, l'Etat peut contribuer à la division du travail. Ainsi, il peut décider d'homologuer tel ou tel type d'emploi. Mais, même dans ce cas, il s'agit le plus souvent d'un enregistrement officiel de processus de spécialisation qui se sont formés au niveau de la société civile.

Une observation même superficielle du développement de la division du travail dans les sociétés modernes confirme donc bien qu'on doit traiter ce phénomène essentiellement comme le résultat non voulu de la juxtaposition d'actions individuelles, plutôt que comme un effet concerté. Pourquoi la division du travail s'est-elle développée de manière ininterrompue depuis les époques les plus récentes ? Nous avons eu l'occasion de rappeler la thèse fondamentale de Durkheim sur ce point. On peut la résumer brièvement en disant que la croissance de la densité morale a eu l'effet de modifier l'environnement social de chaque agent. A partir du moment où cet environnement fut plus dense, il devint plus facile et en même temps plus tentant et plus rémunérateur pour chacun de s'adonner aux activités dans lesquelles il pensait pouvoir mieux réussir. La densification sociale est donc la cause principale du processus qui conduit à la formation d'un marché des compétences.

Ce schéma théorique est d'une grande importance. Il implique une représentation et une théorie de l'action toutes différentes de celles de Spencer. Avec Durkheim, le sociologue s'efforce d'analyser l'effet de la structure et des changements de l'environnement sur l'action individuelle. Plus précisément, l'environnement est conçu comme contribuant à déterminer deux éléments essentiels du champ dans lequel est situé l'agent social, à savoir l'*univers des choix* offerts à l'agent et la *valeur* des objectifs qu'il est susceptible de se donner. Dans une société à faible division du travail, le même individu doit assurer simultanément les rôles X et Y. Lorsque la densité croît, une spécialisation devient possible. Par là un marché se crée. Le produit des activités de type X peut être échangé contre le produit des activités Y. Chacun de ces produits aura sa valeur. Cette valeur guidera les choix futurs. Ces choix futurs modifieront éventuellement, à leur tour, la valeur relative des activités en question.

Durkheim est probablement l'auteur qui a le plus directement contribué à développer cette dimension essentielle de la sociologie qu'est l'analyse des déterminants sociaux des valeurs. Mais il n'est assurément pas le premier. Rappelons sur ce point l'exemple déjà évoqué des analyses de Tocqueville. La centralisation administrative qui distingue la France d'Ancien Régime de l'Angleterre a pour conséquence, nous dit Tocqueville, que les charges royales y sont plus nombreuses. Pour employer un langage anachronique, la lourdeur de l'« appareil d'État », l'omniprésence et le pouvoir des « fonctionnaires » font que le service de l'État est considéré comme une tâche beaucoup plus prestigieuse et par conséquent est davantage convoitée en France qu'en Angleterre. Cette différence de valeur résulte elle-même des différences macrosociologiques que résume la notion de centralisation administrative.

Les idées de Durkheim ont donné lieu et continuent parfois de donner lieu à bien des malentendus. Mais on peut faire l'hypothèse qu'elles sont dues en grande part à des maladresses de langage. Une lecture superficielle de Durkheim peut donner l'impression que, comme dans les exercices les plus contestables du structuralisme moderne, l'individu y est écrasé par « la société ». En réalité, Durkheim voulait convaincre les spenceriens que l'action de l'individu n'a de signification que par rapport à un environnement ; et que, dans de nombreux cas, il doit raisonnablement considérer cet environnement comme un état de choses qui s'impose à lui. Je peux balancer pour savoir si je veux devenir médecin ou biologiste. La société, les « structures » sociales ne me dictent en aucune façon le choix que je dois faire. En revanche, je ne peux choisir le niveau de prestige social associé aux deux professions : leur *valeur* relative est un *fait* qui s'impose à moi et qui, par là, m'est extérieur. Mais cela ne veut pas dire que cette valeur soit déterminée dans on ne sait quel *ciel des idées* et doive être interprétée de manière essentialiste. En fait, elle est un résultat non voulu de la juxtaposition d'une multitude d'actions individuelles.

L'homo sociologicus

Cette discussion, ainsi que les nombreux exemples évoqués dans les chapitres précédents, nous permettent d'aborder la difficile question posée par Dahrendorf dans un texte remarqué, celle de l'*homo sociologicus*[1].

La théorie économique (comme la philosophie politique du XVIIIe siècle dont elle dérive) utilise un modèle simplifié d'agent économique, l'*homo oeconomicus*. Ce modèle repose sur le postulat fondamental selon lequel l'individu cherche, en fonction des ressources dont il dispose, à faire les meilleurs choix possibles du point de vue de ses préférences[2]. Et l'*homo sociologicus* ? On peut soutenir avec de bonnes raisons que l'*homo sociologicus*, même s'il n'a pas été explicitement décrit par la littérature sociologique, existe bel et bien. Je veux dire qu'il existe un relatif degré de consensus parmi les sociologues sur les propriétés fondamentales qu'il faut donner à l'agent social pour conduire une analyse sociologique.

Grosso modo, on peut avancer, suivant sur ce point la position très explicite de Pareto et Weber, que l'*homo*

1. Ralf DAHRENDORF : « Homo sociologicus : Versuch zur Geschichte, Bedeutung und Kritik der Kategorie der sozialen Rolle », in *Pfade aus Utopia*, Munich, Piper, 1967, pp. 127-194.

2. Cette description est naturellement simplifiée. Voir pour une version plus élaborée de l'*homo oeconomicus*, Herbert SIMON : « A behavioral model of rational choice », *Quarterly Journal of Economics*, 1952, 69, pp. 98-118. Il est également simplificateur de prétendre que les préférences sont toujours considérées par l'économiste comme données ou triviales. Voir par exemple C. VON WEIZSACKER : « Notes on endogenous change of tastes », *Journal of economic theory*, 3, 1971, pp. 345-372.

sociologicus doit être considéré comme un dépassement de l'*homo oeconomicus*. Réciproquement, l'*homo oeconomicus* tel qu'il est en général utilisé par l'économiste est conçu par le sociologue comme un schéma *particulier*, qui peut être utilisé à l'état pur dans l'analyse de certains phénomènes sociaux relevant de la zone d'intérêt du sociologue, mais non dans tous. Dans les autres cas, il est nécessaire de lui apporter un certain nombre de corrections ou de compléments. Essayons, sans prétendre à l'exhaustivité, de dresser une liste de ces corrections et compléments. Nous nous appuierons sur les exemples des chapitres précédents pour concrétiser ces notions abstraites.

1) Confronté à un choix, l'agent « social » ou l'*homo sociologicus* peut dans certains cas faire, non ce qu'il préfère, mais ce que l'« habitude », des « valeurs » qu'il aura « intériorisées » et, plus généralement, divers conditionnements (éthiques, cognitifs, gestuels, etc.) lui dictent de faire[1]. Considérons un exemple très simple. Il fait beau, je ne suis pas pressé, personne ne m'attend à la maison. J'aurais certainement plus de plaisir à rentrer chez moi à pied qu'à prendre le métro. Je prends pourtant le métro. Pourquoi ? Sans doute parce que je n'ai pas pensé, faute de l'avoir utilisée depuis longtemps, à la possibilité de rentrer chez moi par un autre moyen. L'observation démontre que « l'habitude » a bien dans certains cas l'effet de diminuer la probabilité pour l'agent d'être conscient de la multiplicité des voies qui lui sont ouvertes.

Le processus classique de l'intériorisation des valeurs peut entraîner des résultats semblables. J'ai intériorisé

1. Voir sur ce point que nous ne pouvons qu'évoquer superficiellement ici, le texte toujours instructif de Ralf LINTON : *The study of man*, 1936, traduction française, *De l'homme*, Paris, Éd. de Minuit, 1968. Voir aussi Peter BERGER et Thomas LUCKMANN : *The social construction of reality*, Londres, Doubleday, 1966.

une valeur V (ou une norme N) ; la situation dans laquelle je me trouve est telle que, si je n'avais pas intériorisé cette valeur ou cette norme, je ferais un choix plus conforme à mes préférences. Pour prendre un exemple innocent : j'ai intériorisé la norme « on doit jeter les vieux papiers dans les corbeilles publiques » ; aucune corbeille n'apparaît à l'horizon ; je traîne interminablement dans la rue des papiers sans valeur dont je n'arrive pas à me débarrasser.

La « force » de l'habitude, la profondeur à laquelle des valeurs sont intériorisées, sont évidemment *variables*. Si l'habitude implique par exemple l'acquisition progressive de montages intellectuels ou corporels, j'aurai sans aucun doute plus de peine à m'en débarrasser que s'il s'agit simplement de changer de trottoir ou de passer à un autre mode de transport. Si les valeurs intériorisées font partie d'un système général, d'une *Weltanschauung*, si j'ai l'impression qu'en les abandonnant je deviendrais autre que je ne suis, j'aurai bien entendu beaucoup plus de mal à m'en défaire que si je les ressens comme des préceptes sans grande importance.

Dans la *A la Recherche du temps perdu*, Proust crayonne le portrait d'un officier issu de la noblesse impériale, le capitaine de Borodino, qui illustre admirablement le phénomène de l'intériorisation des normes et valeurs[1]. Le capitaine de Borodino est si imprégné des valeurs qui avaient fait la gloire de la Grande Armée, qu'il se comporte comme ses aïeux auraient pu le faire à Wagram. Ce qui ne va pas sans colorer d'une certaine étrangeté les relations qu'il entretient avec ses compagnons de casernement.

1. Dans d'autres passages Proust suggère à l'inverse que l'intériorisation des normes et valeurs peut être fort sensible à l'environnement social et, par là, très fragile (cf. la volte-face du duc de Guermantes à propos de l'affaire Dreyfus ou de la marquise de Cambremer dans « ses passions » à l'égard de Chopin).

Naturellement, le mécanisme de l'intériorisation des valeurs a le maximum de chances de jouer correctement lorsque ces valeurs sont « renforcées » par l'environnement : l'entrepreneur américain du XIXᵉ siècle qui adopte les attitudes morales prônées par les sectes protestantes a toutes chances de voir ses affaires prospérer plus facilement[1]. La singularité comique du capitaine de Borodino provient quant à elle de son insensibilité au renforcement négatif de l'environnement.

De façon générale, la probabilité pour que le mécanisme de l'intériorisation des valeurs soit effectif est une fonction d'un certain nombre de variables. Notamment : de la difficulté plus ou moins grande avec laquelle l'agent social peut substituer une valeur V à une autre valeur ou ensemble de valeurs ; de l'effet de renforcement ou d'inhibition exercé par l'environnement ; de la *perception* par le sujet social de l'effet de renforcement ou d'inhibition de l'environnement, perception qui peut être plus ou moins claire et plus ou moins retardée[2].

Les « manières d'être » constituent un mécanisme important (à la fois parent et distinct de la classique intériorisation des valeurs) qu'il est nécessaire de prendre en compte pour expliquer l'apparente irrationalité de certains comportements. Je sais que je désire intensément X. Je sais en outre que pour obtenir X, je devrais à la minute présente me taire. Et il n'y a aucun doute pour moi que le plaisir que j'éprouverais en parlant serait très inférieur à celui que me procurerait X. Pourtant, je parle : je suis un bavard incorrigible. *Video meliora proboque, deteriora sequor*. Ce mécanisme est d'une

1. Max WEBER : *The protestant sects, op. cit.*

2. Le cas de figure où une structure d'interdépendance met un des acteurs (collectifs) dans une position telle que son intérêt particulier coïncide avec l'« intérêt général » est fondamental pour l'analyse des conflits sociaux et des idéologies.

importance incontestable en sociologie. Étant d'origine modeste je me comporte en « inférieur ». Non parce que je trouve ma condition désirable. Ni nécessairement parce que je ne dispose pas des ressources qui me permettraient de me comporter autrement. *Phédon* n'aurait après tout aucune difficulté de principe à se moucher ailleurs que « sous son chapeau » ou à s'asseoir dans le fond plutôt que sur le bord de son siège. Mais, explique La Bruyère : « Il est pauvre[1]. »

2) Le modèle classique de l'*homo oeconomicus* suppose que, sauf exception, la notion de meilleur choix possible est définie : en général, on admet que le sujet est capable de discerner dans l'ensemble A1, A2,...An des actions qui lui sont ouvertes, celle qui le conduit à des résultats qu'il considère comme préférables. Dans certains cas, il placera sur le dessus du panier non une, mais plusieurs actions, entre lesquelles il sera indifférent. Quelquefois aussi, les résultats seront incertains : l'action préférée pourra comporter des risques et entraîner par conséquent d'éventuels *regrets*.

Le modèle traditionnel de l'*homo sociologicus* (qui rencontre sur ce point des développements récents de l'économie) a tendance à insister sur le fait que de nombreuses situations, de par leur structure même, sont *ambiguës*. Je veux dire que la notion de meilleur choix y est *mal définie*.

On peut classer dans cette catégorie nombre de situations où des avantages à court terme sont achetés *à crédit* et remboursés dans le long terme. Les processus d'intoxication sont le produit de situations de ce type. J'ai fumé dix cigarettes. J'ai envie d'en fumer une

---

1. Ce type de mécanisme est exploré (sous le nom d'*habitus*) dans certains travaux de Pierre BOURDIEU et Jean-Claude PASSERON : *La reproduction*, Paris, Éd. de Minuit, 1970. Mais, s'il constitue une variable parfois importante dans la représentation de l'action, il n'est qu'une des variables d'un modèle plus complexe.

onzième. Il serait absurde de m'en priver puisque cela n'augmente que de façon infinitésimale les risques que j'encours à long terme. Ce type de structure peut également être observée dans les processus politiques. Responsable de la gestion d'un ministère, je peux être tenté d'augmenter les crédits de fonctionnement d'organismes dont j'ai la responsabilité aux dépens des crédits d'investissement. J'obtiendrai ainsi une « détente » sociale dans le court terme dont le prix sera acquitté dans le long terme, sans doute par un autre que moi. Variante de ce cas : je maintiens de nouveau, pour des raisons de détente sociale, un rythme de recrutement constant d'effectifs nouveaux aux dépens de l'investissement. Le prix sera à acquitter dans le long terme ou le moyen terme à la fois sous la forme d'une baisse de productivité et sous la forme de tensions sociales (lorsque le « personnel » découvrira avec la meilleure foi du monde qu'il n'a plus les moyens de travailler, il se posera très légitimement comme le défenseur de l'« intérêt général »). Dans tous les cas, le troc entre le long terme et le court terme est une redoutable tentation. Même lorsque l'agent social perçoit clairement les effets futurs de son action présente, il a toujours la ressource de la justifier par l'incertitude de l'avenir : « Le pire n'est pas toujours sûr », « le vent peut toujours tourner. »

Le cas du joueur est un peu différent de celui du fumeur. Plus précisément, la logique de l'intoxication combine deux aspects : troc d'avantages à court terme contre des désagréments à long terme et caractère *graduel* du processus (une cigarette de plus ne modifie ma « dette » à long terme que de manière infinitésimale). Le piège du *jeu* d'argent ne comporte que le deuxième de ses aspects : j'ai perdu une somme importante, je ne *peux* rester sur cet échec, je *dois* de nouveau « tenter ma chance ». La structure de la situation est telle que les décisions à court terme ont seules un sens pour le joueur. A moins qu'il ait pris la précaution préalable de se donner une *enveloppe*. Mais une telle précaution a quelque chose de sordide. Elle est peu compatible avec les qualités morales qui font la dignité du joueur.

Le jeu politique offre de multiples exemples des pièges du gradualisme ou, comme on dit parfois, de l'incrémentalisme[1]. Les « phares de l'actualité », la nécessité d'« éviter les vagues » donnent de lourdes primes à l'action politique comportant à *court terme* des conséquences positives. Plus haut, nous avons analysé un des exemples les plus classiques de ce type de processus : la crise internationale qui opposa l'Allemagne d'un côté, la Grande-Bretagne et la France de l'autre entre les deux guerres mondiales. Les régimes idéocratiques ont cet avantage que, fondés sur des utopies tenues pour inconditionnellement valides, ils doivent sous peine de perdre leur crédibilité démontrer qu'ils maintiennent constant le cap qu'ils se sont fixé pour le long terme. A l'inverse, les régimes démocratiques doivent convaincre le citoyen des effets positifs *présents* de leur politique. C'est pourquoi, face à Hitler, les nations occidentales étaient davantage exposées à succomber au charme de l'*incrémentalisme*.

Il faut mentionner une autre famille importante de situations structurellement équivoques au sens où la notion de meilleur choix y est mal définie. Il s'agit des situations où, en effectuant des choix raisonnables, les agents sociaux aboutissent à des résultats qu'ils sont amenés *à regretter*, unanimement dans certains cas, majoritairement ou minoritairement dans d'autres. Nous avons vu plusieurs exemples de situations de ce type

1. Voir Charles LINDBLOM : « The science of muddling through », *Public Administration Review*, 1959, 19, pp. 79-99 ; David BRAYBROOKE et Charles LINDBLOM : *A strategy of decision*, New York, The Free Press, 1963.

dans les chapitres précédents. Lorsque les chances de mobilité sociale augmentent, chacun est incité à « investir » pour améliorer sa condition. Mais si chacun fait de même il *peut* en résulter une augmentation de la proportion de ceux qui auront fait des efforts inutiles. C'est pourquoi les conjonctures objectivement les plus favorables peuvent s'accompagner d'un fort mécontentement collectif. Ce paradoxe a été décrit en des pages souvent admirables des auteurs aussi différents que Tocqueville et Durkheim[1]. Les paradoxes d'Olson entrent également dans cette rubrique. Il en va de même de bien des « contradictions » décrites par la littérature hégélienne et marxiste. Contentons-nous sur ce point de rappeler deux exemples. Le premier est celui de la loi de la baisse tendancielle du taux de profit qui combine le double piège de l'incrémentalisme et du « dilemme du prisonnier » : en agissant *hic et nunc* conformément à son intérêt de capitaliste, le capitaliste contribue de manière incrémentale à la destruction du capitalisme. Le second est celui de la fameuse dialectique hégélienne du maître et de l'esclave [2] : le maître ne peut dominer l'esclave qu'en reconnaissant son humanité. On ne domine pas un objet. Mais par là même, le maître reconnaît son identité avec l'esclave.

3) La tradition sociologique complète la théorie de l'action contenue dans le modèle de l'*homo oeconomicus* sur un troisième point essentiel. En général, l'économiste

1. Cf. chapitre IV.

2. Voir sur l'utilisation de Hegel par les historiens de l'esclavage, Jon Elster : *Logic and society, op. cit.*, p. 72 sq. A propos de la loi de la baisse tendancielle, on peut noter que Marx a eu le tort d'oublier que les capitalistes sont des acteurs dotés d'autonomie potentielle. En les traitant comme du « capital personnifié », il s'est privé de reconnaître que des acteurs pris dans une structure d'interaction fonctionnant comme un piège ont intérêt à imaginer des expédients leur permettant d'en sortir.

traite les préférences de l'agent social comme des états de choses qu'on peut, soit constater, soit déduire d'une anthropologie élémentaire. La perspective sociologique est plus générale. En d'autres termes, elle inclut cette manière de voir comme un cas particulier. Ainsi, Marx ne se soucie guère d'expliquer les préférences des capitalistes : il lui suffit de poser en principe qu'ils cherchent à servir au mieux leur intérêt individuel de capitaliste. Dans ce cas, l'analyse est entièrement conforme au schéma de l'*homo oeconomicus*. En revanche, le même Marx déborde ce schéma lorsqu'il s'efforce par exemple d'expliquer pourquoi une action collective a plus de chances d'apparaître chez les ouvriers que chez les paysans. En effet, l'analyse consiste alors à traiter les *préférences* des ouvriers et des paysans comme des variables *dépendantes*, dont l'état est en partie déterminé par la structure de la situation caractérisant respectivement les deux catégories sociales.

Cette « endogénisation » des préférences, qui consiste à traiter les objectifs et préférences des acteurs comme des variables en partie dépendantes de l'environnement et de la position des acteurs dans l'environnement, est une des caractéristiques essentielles de la tradition sociologique. Remarquons toutefois que, contrairement à une confusion courante, l'« endogénisation » des préférences n'implique en aucune façon une vision philosophique où l'*homo sociologicus* serait conçu comme privé de toute *autonomie*. Lorsque Tocqueville nous explique que la valeur sociale relative des emplois de fonctionnaires est plus grande en France qu'en Angleterre à la fin de l'Ancien Régime, il nous indique que les négociants ou propriétaires fonciers français et anglais sont situés dans des champs de décision dotés de caractéristiques différentes. Il ne nous dit pas que l'incidence des structures sociales et politiques sur le champ de décision des agents privent ceux-ci de leur autonomie.

Remarquons en outre que la structure des champs de décision peut être affectée non seulement par l'environnement mais par l'action de l'agent social lui-même. En laissant l'Allemagne occuper la Rhénanie, l'Angleterre et la France ont contribué à modifier la structure de leur propre champ de décision. En choisissant d'appeler au secours par une tentative de suicide, la femme provoque une restructuration du système d'interaction qui la lie à son mari[1]. En décidant de mettre fin à sa manie, le fumeur provoque une modification du comportement de son entourage. Auparavant, chacun mettait à sa disposition le cendrier, les allumettes ou les cigarettes qui lui manquaient. Maintenant, chacun s'efforce d'écarter de lui la tentation.

En résumé : sauf cas particuliers, les préférences des agents sociaux sont en général traitées par le sociologue comme une fonction de l'environnement et de l'histoire des actions passées de l'agent.

4) La tradition sociologique accorde une importance décisive aux phénomènes de rationalisation ou de pseudo-rationalité. J'hésite entre A et A' et m'estime incapable de choisir. Je découvre alors que A comporte un avantage subsidiaire auquel je n'avais pas pensé. En réfléchissant encore, je trouverais certainement des avantages subsidiaires à A'. Mais cette découverte me plongerait à nouveau dans l'incertitude. Aussi décidé-je de m'arrêter à A'. Cette rationalité n'est évidemment qu'une rationalisation. Rationalisation également que l'appel à l'autorité. X fait autorité en la matière. Il croit que A est préférable à A'. Je le crois aussi.

Je m'abstiendrai de m'avancer plus avant sur ce chapitre. Un développement complet comporterait un

---

1. Voir Jean BAECHLER : *Les suicides, op. cit.*

volume. Je me contenterai cependant de mentionner encore une proposition qui me paraît essentielle, à savoir que la distinction entre rationalisation ou pseudo-rationalité d'une part, rationalité de l'autre doit être conçue *plutôt* comme décrivant les deux pôles d'un continuum que les deux éléments d'une dichotomie. La *shadow-motivation* qui me permet de choisir A' à partir de tel avantage subsidiaire présenté par A' représente-t-elle une rationalisation ? Oui et non. Ma confiance en l'autorité morale de tel penseur X est-elle rationnelle ou non ? Non, car en toute rigueur, je devrais décider par moi-même si je dois croire A ou A'. Oui, car si j'essayais de me former moi-même une opinion, je ne pourrais consacrer au problème qu'un temps ridiculement faible par rapport au temps que X y a consacré. Il y a donc toutes chances que mon opinion ne puisse jamais être mieux fondée que la sienne. C'est pourquoi il n'est peut-être pas aussi scandaleux que le croyait Pareto que, sous la IIIe République, Anatole France ait fait figure de mentor politique auprès d'une partie de l'opinion française. Mon attachement à l'idéologie A fait que j'apprécie les mesures politiques qui me sont proposées moins en vertu de leurs conséquences éventuelles qu'en vertu de leur conformité avec A. Ce comportement relève-t-il de la pseudo-rationalité ? Oui (pour des raisons évidentes). Non, puisqu'il m'est de toute façon impossible d'étudier en détail toutes les mesures qui me sont proposées. En conséquence, mieux vaut pour moi disposer d'une grille d'appréciation globale que je révoquerai éventuellement en doute dans le cas où je la prendrais en défaut[1].

1. Anthony DOWNS : *An economic theory of democracy*, New York, Harper, 1957, qui reprend sur ce point (en le simplifiant) Pareto : *Traité, op. cit.*

5) Rappelons enfin pour mémoire un point longuement développé dans le chapitre III, à savoir que certaines des actions que considèrent les sociologues sont incluses dans le cadre normatif des « rôles ». Ces rôles peuvent être interprétés de diverses manières. Dans certains cas, ils peuvent être interprétés de manière rituelle. Mais le ritualisme n'est ni général ni nécessaire, contrairement à ce que suggèrent de pseudo-sociologues comme Marcuse ou Sartre (qui visent par là à « démontrer » que les sociétés industrielles transforment inévitablement les agents sociaux en automates).

Pour clore cette section, il n'est peut-être pas inutile de présenter sous une forme schématisée le système de variables que le sociologue est amené à considérer (au moins dans l'idéal), lorsqu'il s'efforce d'expliquer le comportement d'un acteur ou agent (ou d'une catégorie d'acteurs ou agents). Ce système comporte *grosso modo* les éléments et relations suivants :

— L'ensemble O des options O_1, O_2, ..., O_n ouvertes à l'agent ou à la catégorie d'agents A_i ;

— L'information I de A_i sur O, information qui peut dépendre de la position sociale P de A_i ;

— L'influence de l'environnement E sur O ;

— L'ensemble V des valeurs V_{i1}, V_{i2}, ..., V_{in}, de chacune des options pour A_i ;

— L'influence de l'environnement E sur V ;

— L'influence des ressources Q et, plus généralement, de la position sociale P de A_i sur V ;

— L'influence des dispositions d'esprit, attentes, habitudes, manières d'être, croyances H de A_i sur V ;

En résumé, il s'agit pour le sociologue de décrire O, I(P), O(E), V, V(E,P,Q,H).

Déterminisme et liberté

Les sociologues donnent parfois l'impression de concevoir l'agent social comme un sujet passif. Il est vrai que certains d'entre eux font explicitement de cette passivité de l'agent social une sorte d'acte de foi. Mais les analyses précédentes montrent que cette conception est loin d'être dominante dans l'histoire de la sociologie. Elle représente en réalité une sorte de caricature extrêmement appauvrie de la tradition sociologique, tradition dans laquelle l'*homo sociologicus* a toujours été considéré comme un acteur ou un *agent* à part entière. Plus explicitement, aucun des sociologues classiques n'a jamais conçu le sujet social autrement que comme un agent intentionnel doté d'une autonomie variable en fonction du contexte dans lequel il se trouve.

Naturellement, cette proposition ne signifie nullement que l'agent social soit libre au sens où il pourrait suivre son bon plaisir. Lorsqu'il est confronté à un choix, les options qui lui sont ouvertes peuvent être entièrement ou partiellement soustraites à son contrôle. Il en va de même de la *valeur* relative de ces options. Elle peut s'imposer à lui plus ou moins complètement. Je suis « libre » de décider de la valeur relative que j'attribue cet après-midi aux options qui me sont offertes, par exemple aller me promener ou continuer de rédiger ce livre. Je ne suis pas libre de décider du salaire que j'aurai si j'accepte l'emploi qui m'est offert par telle entreprise. Au mieux je pourrai, si la situation s'y prête, décider mon interlocuteur à faire monter le salaire qu'il me propose dans les limites d'une fourchette. En tout état de cause, je ne suis pas libre de déterminer la *valeur* relative du statut de cadre par rapport au statut de manœuvre. Ainsi, la gamme des options qui me sont offertes, la valeur des objectifs que je peux rechercher peuvent dans des limites variables selon les situations dépendre ou non de moi. Mon influence sur O et V est donc une question empirique. Seule l'observation permet de déclarer que dans une situation donnée un agent (ou une catégorie d'agents) n'a aucune influence (ou au contraire a une certaine influence) sur O et sur V, ou sur les deux ensembles ou sur des parties des deux ensembles.

Supposons que O et V, comme cela arrive souvent mais non nécessairement, soient entièrement soustraits au contrôle de l'agent social. Dans ce cas, la structure de O et V ne permettra cependant pas, dans le cas général, de prédire avec certitude le choix de l'agent. Même si O et V sont placés hors de son contrôle, il n'en résulte évidemment pas que la *pluralité* des choix soit par là même dissoute. Pour qu'une situation conduise à un choix prévisible avec certitude, il faut, non seulement que O et V soient hors de portée de l'agent, mais que V corresponde à une hiérarchisation claire et totale des objectifs O. Si V comporte deux éléments de même valeur situés au sommet de la hiérarchie, l'agent disposera de la liberté de l'âne de Buridan. Mais il se peut aussi que V soit partiellement indéterminé pour le sujet. Ou que certains éléments de V dépendent d'événements futurs et incertains. Si aucune de ces complications n'apparaît, si la hiérarchisation des objectifs est claire et totale on a effectivement affaire à une situation de *choix forcé*.

Les situations de choix forcé existent. Il n'est pas question de le nier. Mais elles représentent des cas limites. Y voir un cas typique ou général relève de l'ivresse métaphysique ou idéologique. Il est d'ailleurs intéressant de noter que, si les situations de choix forcé étaient générales, les comportements seraient entièrement prévisibles. De sorte qu'une vision déterministe de l'*homo sociologicus* conduit en bonne logique à une conception positiviste étroite de la sociologie.

Comme on l'a vu dans le schéma praxéologique précédent, les choix de l'agent dépendent non seulement de O et de V mais également de variables telles que sa position sociale, ses ressources ou ses actions passées. Si je suis bon danseur, je peux me risquer à ouvrir la danse. Sinon, il vaut mieux m'en abstenir. Si j'ai une certaine aisance, je peux raisonnablement acheter les toiles d'une jeune peintre. Sinon, il m'est recommandé d'utiliser mes ressources à d'autres fins.

Mais il faut se garder de franchir l'abîme qui sépare ces remarques banales d'une vision déterministe de l'*homo sociologicus*. Pour reprendre le langage du schéma d'analyse de l'action présenté à la section précédente, la connaissance des variables P, Q et H ne permet de prédire le choix de l'agent que dans des conditions particulières. C'est pourquoi les corrélations statistiques que le sociologue observe entre ces variables indépendantes et certaines variables dépendantes sont, de façon extrêmement générale, faibles, c'est-à-dire plus proches de leur minimum que de leur maximum. Jencks[1] a provoqué un effet de surprise lorsqu'il a montré que les relations entre le statut social du père et le niveau d'instruction du sujet observé, entre le niveau d'instruction du sujet et son revenu, entre le niveau d'instruction et le statut socioprofessionnel étaient toutes faibles. En réalité, il n'a fait que dire tout haut ce que tout le monde savait. Considérons la distribution de deux variables, l'origine sociale et le niveau d'instruction, que, pour simplifier, nous traiterons comme des dichotomies (variables à deux états). Chacun sait qu'une distribution de ce genre a toutes chances de se présenter comme dans le tableau suivant :

1. Christopher JENCKS : *Inequality*, New York, Basic Books, 1972.

		Niveau d'instruction +	Niveau d'instruction —	
Origine sociale	+	25	15	40
Origine sociale	—	25	35	60
		50	50	100

D'un point de vue *éthique*, une distribution comme celle-là peut très légitimement provoquer un sentiment d'intolérable injustice. Mais on ne doit pas confondre les registres du normatif et du positif. Or d'un point de vue positif, la corrélation entre origine sociale et niveau d'instruction qu'on observe ci-dessus est beaucoup plus proche de son minimum que de son maximum.

Cette situation est tout à fait typique. Même lorsqu'il a une information précise sur P, Q, H, V, O, il est rare qu'on puisse prédire le choix d'un agent particulier A_i sans courir de grands risques d'erreur. Dans la plupart des cas, la prévision du comportement individuel comporte une large marge d'incertitude. Cette incertitude reflète simplement le fait que, sauf dans des cas limites, la structure de la situation et les ressources du sujet (plus généralement les variables P, Q et H) ne suffisent pas à mettre le sujet dans les conditions d'un choix forcé.

Au niveau statistique, qui seul intéresse le sociologue, ce phénomène se traduit par la modération des corrélations qu'il est en général à même d'observer. Lorsqu'on observe une corrélation de 0,30 ou 0,40 par exemple entre la position sociale et telle variable dépendante, il est essentiel de ne pas interpréter cette corrélation *comme si* elle était égale à 1. On comprend que la tentation de faire *comme si* soit grande : la corrélation est facile à interpréter. La distance entre 0,30 et 0,40 et 1 est perçue comme un manque ou comme un trou noir. Le sociologue, n'ayant souvent rien à en dire, peut trouver intérêt à faire *comme s'il n'existait pas*. Mais s'il succombe à cette tentation, il finit par perdre l'essentiel, à oublier que le sujet social est un être agissant, à le représenter comme une simple mécanique et, ainsi, à tourner indéfiniment dans le cercle vicieux de la contradiction entre cette représentation et l'incertitude qui apparaît au niveau statistique. Car cette incertitude n'est pas qu'apparente. Plus précisément, elle résulte rarement du seul manque d'information de l'observateur, comme le démontre le fait que l'accumulation de l'information ne conduit souvent qu'à une réduction négligeable de l'incertitude.

L'objectivité en sociologie

Pour terminer, j'aborderai un dernier problème philosophique classique : celui de l'objectivité en sociologie.

Nous avons déjà eu l'occasion d'insister sur un point important. Comme Weber l'a montré, l'analyse sociologique comporte toujours un moment de *compréhension*. Plus précisément, nous avons vu qu'*expliquer* un phénomène social Y revient toujours à montrer qu'il résulte des actions d'un ensemble A d'acteurs ou agents sociaux. Mais comment en rendre compte, sinon en s'efforçant de les *comprendre (Verstehen)* au sens de Weber ? En d'autres termes le sociologue atteint la phase ultime de l'explication d'un phénomène social lorsque, ayant déterminé les caractéristiques des champs d'action dans lesquels sont insérés les agents qu'il observe, il peut émettre mentalement un jugement empathique de type : « A la place de Untel j'aurais peut-être agi de la même façon. »

Ce postulat de la *compréhension* a-t-il pour conséquence de frapper l'analyse sociologique d'un inéluctable subjectivisme ? Non, car il est souvent facile (la vie quotidienne nous offre de multiples confirmations de ce point) d'obtenir un accord unanime sur l'interprétation d'une action. J'observe que ce piéton regarde à droite et à gauche avant de traverser. Si j'interprète ce comportement comme une manifestation de prudence, il est vraisemblable que je ne serai contredit par personne. Mon interprétation est d'une solidité à toute épreuve. Elle est aussi peu douteuse que l'existence de la tour Eiffel. La notion de compréhension n'implique donc pas par principe celle du subjectivisme. Elle n'implique pas non plus que les intentions des acteurs ne puissent être reconstruites. Lorsque Tocqueville explique que les juristes ont tendance à être conservateurs lorsqu'ils se sentent proches du pouvoir et révolutionnaires quand ils s'en sentent écartés, il procède à la reconstruction des sentiments et intentions des acteurs. Lorsque, plus haut, nous interprétons les tableaux statistiques de Girard à partir de l'hypothèse d'une inégale appréciation des risques, coûts et bénéfices de l'éducation selon les classes sociales, nous procédons bien à une *reconstruction* de la subjectivité des acteurs. Cette reconstruction ne peut que gagner à une confrontation avec l'observation directe quand cela est possible. Quand cela n'est pas possible, il faut rechercher des moyens indirects de corroboration. L'observateur peut se tromper lorsqu'il interprète le comportement d'autrui. Je peux ne pas avoir eu accès à une information fondamentale et interpréter une action parfaitement raisonnée et délibérée comme un comportement d'étourderie. X a fait un important héritage (mais je l'ignore) et achète un objet dont il avait envie depuis longtemps (mais je l'ignore car, jugeant son désir irréalisable, il avait décidé de ne pas en parler) : bien que le connaissant de longue date j'interprète son comportement comme une « folie ».

Cette double démarche est admirablement illustrée par l'*Ethique protestante* de Weber. Pour démontrer sa thèse célèbre, Weber suggère implicitement à son lecteur d'essayer de se mettre à la place du croyant à qui sa foi enseigne que son destin dans l'au-delà est scellé de toute éternité et qu'il n'a aucun moyen de le modifier. N'est-il pas *compréhensible* qu'il recherche ici-bas des signes de son élection ? N'est-il pas *compréhensible* qu'il interprète le succès persistant de ses entreprises comme un signe favorable ? Mais Weber ne se contente évidemment pas de *proposer* cette interprétation. Il s'efforce aussi de la *confirmer* en montrant qu'elle permet de rendre également compte de tout un ensemble de phénomènes.

Ces exemples montrent que le caractère *compréhensible* de l'action n'implique pas qu'on ne doive pas, avant d'interpréter telle ou telle action, prendre des précautions dont tout scientifique s'entoure lorsqu'il cherche à expliquer un fait quelconque. Il est vrai que les *actions* constituent une catégorie particulière de faits, qu'elles contiennent une dimension *empathique*, qu'elles doivent être *interprétées*. Mais cette spécificité n'entraîne en aucune façon que l'observateur puisse s'abstenir de précautions qu'il doit prendre dans l'observation et l'analyse de *n'importe quelle catégorie de faits*.

Il est nécessaire d'insister sur ce point, car il a donné lieu à de nombreuses confusions. Sous couleur de rendre la sociologie scientifiquement respectable, certains sociologues ont cru devoir gommer ou minimiser la dimension interprétative de l'analyse sociologique[1]. Sous prétexte d'*herméneutique* et au nom du refus sourcilleux du « positivisme », d'autres sociologues paraissent quelquefois s'estimer dispensés de contrôler leurs informations, de tester leurs interprétations, et généralement de suivre les canons généraux de la méthode scientifique.

De tels glissements ne sont pas toujours la résultante de principes erronés. Ils se produisent souvent de façon accidentelle. Je me bornerai à cet égard à un exemple. Celui de l'étude classique du sociologue Ely Chinoy sur les ouvriers de l'industrie automobile[2]. Chinoy constate que les ouvriers qu'il a observés n'ont objectivement que des chances très faibles de promotion aux catégories intermédiaires de la hiérarchie. Malgré cela, ces ouvriers n'ont, en aucune façon, l'impression d'être bloqués dans une impasse. Au contraire, ils ont le sentiment de pouvoir progresser et même « réussir ». Sans doute n'ont-ils guère de chance de changer de catégorie. Mais ils peuvent espérer de modestes augmentations de salaire ou d'échelon. Ils n'ont guère de chance de passer à un palier de consommation supérieur, de changer réellement de mode de vie. mais ils ont de bonnes chances de pouvoir acquérir progressivement les biens de consommation convoités dans leur milieu. Au total, bien qu'étant dans une situation bloquée, ils ont le sentiment que la réussite est possible et que l'avenir est ouvert. Interprétation de Chinoy : ce sentiment ne peut être que

1. Durkheim qui, dans ses proclamations dogmatiques, prétend refuser toute « psychologie », suggère à chaque détour de ses analyses les médiations subjectives qui permettent d'« expliquer le social par le social ». Officiellement, Durkheim prétend n'avoir à connaître que de l'*individu* et non du *sujet*, de l'*agent* ou de l'*acteur*. Dans la pratique de ses analyses, il est infiniment plus nuancé.

2. Ely CHINOY : « The tradition of opportunity and the aspirations of automobile workers », *American Journal of Sociology*, 1952, 57, pp. 453-459.

le produit d'une *rationalisation*. L'avenir des ouvriers est *bloqué*. Ils le perçoivent comme *ouvert*. Pourquoi ? Parce que la société accorde une valeur prééminente à la réussite sociale : un individu ne peut s'accepter lui-même que s'il a l'impression d'avoir « réussi » ou d'être en voie de « réussir ». Lorsqu'il est placé dans une impasse, il faut donc qu'il *occulte* son échec (comme on dirait aujourd'hui). L'ouvrier de Chinoy opère cette occultation en accordant une importance démesurée aux augmentations de salaire qui lui sont consenties avec parcimonie et aux modestes « améliorations » de confort qu'il est capable de procurer à sa famille.

Il est difficile d'imaginer interprétation plus contestable. Bien sûr, la situation des ouvriers de la *General Motors* que Chinoy décrit n'a rien d'enviable. Mais cette proposition appartient à l'ordre de l'*éthique* et n'a rien à voir avec le problème posé : analyser les sentiments et comportements de ces ouvriers. Or si on examine la charpente de l'interprétation de Chinoy, on voit qu'elle s'appuie intégralement sur l'égocentrisme de l'observateur. Pour moi, Chinoy, professeur d'université, il est dérisoire de prêter attention à une augmentation de salaire de quelques cents ou au fait de pouvoir repeindre ma maison. Si on *croit* devoir y accorder de l'importance, il ne peut donc s'agir que d'un processus de *rationalisation*. A partir de ce point, la démonstration de Chinoy prend la forme d'un *cercle vicieux* parfait. Si parfait qu'il constitue une théorie irréfutable, complètement refermée sur elle-même et d'une étanchéité si complète qu'on ne voit pas comment la réalité pourrait la récuser[1]. Mais cette théorie est en même temps d'une

1. Le critère fondamental d'infirmabilité (*falsifiability*) qui selon POPPER : *The logic of scientific discovery*, New York, Harper, 1959, distingue théories métaphysiques et théories scientifiques n'est donc pas satisfait. Sur le critère de Popper voir Raymond BOUDON : *La crise de la sociologie*, Paris/Genève, Droz, 1971, p. 159 sq.

fragilité extrême, puisqu'elle repose sur le postulat selon lequel les augmentations de salaires ne méritent d'être prises au sérieux que lorsqu'elles atteignent un niveau comparable à celui dont bénéficient les professeurs d'université.

Cette théorie fournit un exemple parfait d'interprétation subjective. Elle a peut-être un intérêt du point de vue *éthique*. Elle est dépourvue de valeur du point de vue cognitif. Rien n'autorisait Chinoy à nier l'authenticité du sentiment de réussite éprouvé par les ouvriers qu'il a observés. La subjectivité des acteurs est *reconstruite* par le sociologue, mais de telle façon qu'elle reflète seulement sa propre subjectivité.

La théorie de Chinoy comporte une leçon fondamentale : elle illustre le risque qu'encourt le sociologue lorsqu'il croit que l'art de l'interprétation le dispense d'observer les règles de la méthode scientifique. Dans ce cas, il est à peu près assuré de décrire (éventuellement à son insu) ses propres croyances et passions sous couleur d'analyser une réalité sociale qui en fait lui échappe.

Post-scriptum

Qu'on me permette de le répéter : les exemples d'analyse sociologique que j'ai utilisés dans les pages qui précèdent ne constituent en aucune façon un échantillon représentatif de la production sociologique. Le lecteur qui souhaiterait trouver une carte détaillée des travaux sociologiques contemporains consultera avec profit S.N. Eisenstadt et M. Curelaru : *The Form of sociology, paradigms and crises*, New York, Wiley, 1976. Celui qui s'intéresse à l'histoire de la sociologie consultera de Raymond Aron : *Les Étapes de la pensée sociologique*, Paris, Gallimard, 1967 ; de Robert Nisbet : *The Sociological tradition*, New York, Basic Books, 1966.

Ici, je me suis attaché, le lecteur l'a compris, à décrire la nature de la connaissance sociologique, telle qu'elle ressort, non d'une classification *a priori* des sciences, mais des travaux des sociologues eux-mêmes. On a vu en particulier que la sociologie, bien que distincte de l'économie et de l'histoire, entretient des liens à la fois privilégiés et spécifiques avec ces disciplines. Avec l'économie, elle partage une méthodologie individualiste. Mais elle se détache de cette discipline pour rechercher une théorie générale de l'action. Elle a en commun avec l'histoire de travailler sur une matière brute composée d'obets singuliers. Elle s'en sépare en ce que les objets singuliers sont pour elle l'occasion d'identifier des structures générales.

Mais j'ai également cherché à donner au lecteur le sentiment que la sociologie est une discipline ouverte. Au cours des dernières années, elles s'est dotée d'outils d'observation et d'analyse plus puissants. Des progrès ont été accomplis sur le terrain de la théorie sociologique. Dans certains domaines, la recherche sociologique apparaît comme cumulative. Malgré cela, de larges zones d'ombre subsistent. Ainsi, un phénomène aussi important que celui des idéologies reste dans une large mesure une *terra incognita*. Dans ce domaine comme dans d'autres, le progrès des connaissances dépend d'une condition essentielle : que le sociologue accorde une attention constante à la complexité du jeu entre l'autonomie des agents et les contraintes des structures.

Index des noms propres

Index des thèmes

Critiques et commentaires [1]

1. Cette revue de presse a été établie pour la présente édition. (N.d.E.).

La liberté et ses pièges

L'homme (en société) est libre, pourtant il est dans les fers (de l'action collective). Raymond Boudon renouvelle à sa manière le paradoxe de J.-J. Rousseau en développant une analyse sociologique dont les sujets sont à la fois libres et conscients de leurs actes individuels et inconscients des effets collectifs que provoque leur agrégation. Cette idée fondamentale qu'il avait déjà brillamment illustrée dans ses deux précédents ouvrages[1], Raymond Boudon la reprend dans une perspective générale dans *La Logique du social*, son dernier livre, qui se présente comme une introduction à l'analyse sociologique. Un ouvrage important qui permet à l'auteur de faire la théorie de sa pratique tout en la rattachant aux grands sociologues du passé (Tocqueville, Marx, Durkheim...) et de battre à nouveau en brèche le sociologisme et ses diverses variantes.

Pour expliquer les phénomènes sociaux, Raymond Boudon propose d'utiliser essentiellement trois clefs : les intentions des sujets sociaux, les contraintes de la situation où ils se trouvent, les effets émergents ou pervers nés de l'agrégation de leurs actions. Les « individus » (personnes ou groupes dotés d'instances de décision collective) agissent ou réagissent en fonction des données de la situation, c'est-à-dire de la structure de l'environnement social et leur position au sein de cette structure. Ces données sont selon les cas plus ou moins contraignantes mais elles laissent très généralement au sujet une marge d'autonomie.

Raymond Boudon développe ici une distinction très éclairante entre les systèmes fonctionnels (ou systèmes de rôles) et les systèmes d'interdépendance. Nombre de sociologues voient dans l'individu seulement un acteur, soumis à rôle social et dépossédé de toute liberté. Or, en fait, non seulement au sein des systèmes de rôles, les acteurs bénéficient, grâce à la complexité, l'ambivalence, l'imprécision des règles qu'ils sont censés suivre, d'une certaine liberté de choix — les universitaires par exemple peuvent jouer du caractère composite (enseignant-chercheur) de leur rôle social — mais encore les individus sont engagés quotidiennement dans de nombreuses activités sans que leurs comportements leurs soient dictés par un rôle à suivre. Leurs actions s'inscrivent alors dans un simple système d'interdépendance : un embouteillage résulte d'un faisceau de choix individuels, malheu-

1. *L'inégalités des chances*, A. Colin, 1973, *Efffets pervers et ordre social*, P.U.F., 1977.

reux certes mais libres (nulle norme sociale n'a indiqué aux automobilistes l'itinéraire à suivre).

L'existence de ces systèmes d'interdépendance interdit que l'on puisse assimiler la société à une organisation, alors qu'elle est un ensemble complexe et composite qui se modifie et se perpétue par des processus où interviennent des myriades d'actions individuelles autonomes. L'analyse très riche que Raymond Boudon fait des processus de changement social est sans doute la meilleure illustration possible de la formule marxiste : « *Les hommes font leur histoire mais ils ne savent pas qu'ils la font*. »

La Logique du social présente donc, comme l'auteur le dit lui-même, un « *point de vue* » sur le social. Un point de vue, sans aucun doute extrêmement fécond, et les précédents ouvrages de Raymond Boudon, comme les nombreux exemples cités en témoignent (l'auteur, en effet, ne se cantonne pas dans l'abstraction et pratique un va-et-vient constant entre analyse théorique et analyse empirique). Un point de vue exposé avec un grand sens pédagogique et une grande force logique : Raymond Boudon excelle en particulier à réduire des interprétations compliquées à un ensemble des propositions simples et à tirer l'essentiel des différents auteurs dont il propose parfois des lectures nouvelles (Rousseau, Hegel, Marx).

Mais peut-être cependant un point de vue qui ne recouvre pas toute la réalité sociale. *L'homo sociologicus* que présente l'auteur est une version raffinée, complétée, nuancée de *l'homo œconomicus* mais les sujets sociaux ne sont-ils pas en réalité plus malléables et plus complexes ? L'on aurait aimé en particulier des développements plus nourris sur la détermination, les préférences. Qu'est-ce qui fait courir les hommes ? La puissance des rites et des idées, la pression des autres et de leur exemple ne débordent-elles pas fréquemment les considérations stratégiques.

L'Homo sociologicus de Raymond Boudon ne se rapproche-t-il pas surtout de l'homme des temps modernes contraint d'utiliser sa propre boussole (ou à prendre comme guide ses proches) parce que la société ne lui montre plus guère les voies à suivre ? Sans doute le sociologue doit-il accorder une « attention constante à la complexité du jeu entre l'autonomie des agents et les contraintes des structures », mais doit-il s'en tenir là s'il veut expliquer par exemple la construction des cathédrales ou plus près de nous le renversement du chah ?

Philippe BENETON, *Le Figaro*,16 mars 1979.

Contre le sociologisme

Sous forme d'une introduction à l'analyse sociologique, Raymond Boudon tente en 270 pages, dans *La logique du social*, de faire le point théorique et pédagogique de sa pratique sociologique, déjà largement développée dans deux importants ouvrages : *L'Inégalité des chances* et *Effets pervers et ordre social*.

À partir d'une relecture des pères fondateurs de la sociologie : l'Italien Pareto et le Français Durkheim, R. Boudon propose une réflexion sur la connaissance sociologique par une description de l'objet de cette science, suivie d'une introduction à l'analyse statique des structures sociales, puis à l'analyse dynamique de celle-ci : le changement social.

À la base, « la sociologie est fondamentalement, à l'instar de l'histoire, une discipline dont la vocation latente est de retrouver des structures générales à partir de l'analyse de phénomènes singuliers » ; l'analyse sociologique de l'auteur prend comme principe que les sujets sont libres et conscients de leur action individuelle mais inconscients des effets collectifs que provoque leur agrégation (ainsi, un certain nombre d'automobilistes subissent-ils, dans l'embouteillage, l'effet collectif d'une somme de choix individuels). On pense aux sauvages de J.-J. Rousseau.

Cependant, à l'opposé de ce que propose le sociologisme et ses variantes (hyper-fonctionnalisme, hyper-culturalisme, et réalisme totalitaire) qui tendent à faire de tous les comportements sociaux le résultat de l'unique structure organisée des systèmes d'interactions, Raymond Boudon reconnaît aux sujets sociaux une marge d'autonomie qui résulte d'une partielle inadéquation entre la structure de l'environnement social et la position de chacun au sein de cette structure. Prenant un exemple au sein d'un système de rôles (ou système fonctionnel), l'auteur montre comment le jeu sur le caractère ambivalent (enseignant-chercheur) de la fonction d'enseignant universitaire aux États-Unis, explique le mécontentement des étudiants des plus prestigieuses universités et la crise universitaire qui suivit au cours de la dernière décennie. De même, au sein des simples systèmes d'interdépendance (type embouteillage) où les actions individuelles peuvent être analysées sans référence à la catégorie des rôles, une marge d'incohérence subsiste qui fait de la société tout entière une masse complexe et vivante, en perpétuel changement. La combinaison des intentions des individus, des impératifs de leur situation et des effets induits issus de l'agrégation de leurs actions, permet d'expliquer les phénomènes sociaux. Une théorie du changement social s'élabore qui explique les processus reproductifs, cumulatifs ou de transformation des structures sociales à partir des modifications ressenties par les trois éléments précédemment distingués.

En multipliant les exemples (le fumeur, l'ivrogne...) et les références méthodologiques (Tocqueville, Marx, Weber...) R. Boudon lie heureusement théorie et analyse empirique, ce qui fait de *La Logique du social* un ouvrage véritablement pédagogique, vivant, de lecture aisée.

Néanmoins on ne saurait oublier, et l'auteur lui-même se charge de le rappeler, qu'il ne s'agit que d'un « point de vue » sur le champ de la sociologie. On aurait aimé voir traitées les manifestations spirituelles des sociétés : mythes, croyance, idéologies ; même si R. Boudon avance déjà qu'« elles ne sont intelligibles qu'à partir d'une analyse de la structure du système d'interaction dans lequel elles apparaissent ». Peut-être cela constitue-t-il l'objet d'un prochain ouvrage ? On peut, dans une même optique, se poser la question de l'utilité de l'*homo sociologicus* (dont l'auteur est amené à parler à la fin du livre) ; sorte d'*homo economicus*, il est si perfectionné que son irrationalité prévue et préservée (force de l'habitude, ambiguïté du choix, incertitude sont des variables « intégrées ») risque, nous semble-t-il, d'en faire un instrument aussi peu efficace que son collègue de la science économique. Il manque, on y revient, une dimension spirituelle à cet individu-type. Si l'*homo economicus* est inopérant (ou presque), faute d'intégrer dans son modèle la force des phénomènes sociaux, l'*homo sociologicus* manque pour sa part de passion. Or déjà une autre science sociale, l'histoire, s'intéresse aux passions humaines comme chemin d'investigation (Th. Zeldin)... Si l'auteur reconnaît — c'est important — une certaine liberté de choix aux sujets sociaux, sans doute serait-il intéressant de connaître la façon dont ceux-ci l'exercent. Peut-être aussi ceci déborde-t-il du point de vue de Raymond Boudon.

Laurent CHARREYRON, *Futuribles*, n° 24, Juin 1979.

Un modèle irrecevable

Raymond Boudon n'est pas un sociologue tapageur, ses travaux n'ent sont pas moins importants.

Il nous propose avec *La Logique du social* un modèle général d'explication sociologique fondé sur ce qu'il appelle « *l'individualisme méthodologique* ». Que recouvre ce concept ? R. Boudon nous l'explique : « *Le sociologue moderne considère en général — même si ce postulat reste parfois implicite — que le changement social, même au niveau macrosociologique n'est intelligible que si l'analyse descend jusqu'aux agents ou acteurs sociaux les plus élémentaires composant les systèmes d'interdépendance auxquels il s'intéresse* » (p. 137).

Quoique la tentative de généralisation soit pour le moins abusive — un P. Bourdieu, par exemple, se laisserait-il enrôler parmi les individualistes méthodologiques ? — la remarque n'est toutefois pas dénuée de pertinence ; nombreux sont ceux qui, sans le dire, et parfois, ce qui est plus grave, sans le savoir, participent de la même démarche que Boudon.

Reste maintenant à examiner ce que Boudon veut dire lorsqu'il parle de systèmes d'interaction. Il le précise notamment page 43 : « *Les atomes logiques de l'analyse sont constitués par des individus actifs cherchant à atteindre certains objectifs dans le système d'interaction auquel ils appartiennent.* » Autrement dit, l'effet social résulte de l'agrégation des actions individuelles. Bien sûr, cette combinaison n'est pas une simple addition ni une simple multiplication. Des effets non voulus par chacun des acteurs découlent de la combinaison de leurs auteurs, « *comme un phénomène émergent résultant de l'agrégation d'actions intentionnelles* » (p. 185). R. Boudon propose divers modèles d'analyse de ces effets émergents, certains inspirés de la théorie des jeux. Il rend un juste hommage à J.-J. rousseau, qui est en quelque sorte une des « pères » de cette théorie, en rappelant le dilemme du chasseur : deux chasseurs ont l'habitude de chasser individuellement le lièvre. Ils s'entendent pour chasser le cerf qu'ils ne peuvent capturer qu'en conjuguant leurs efforts. Ils sont l'un et l'autre à l'affût. Passe devant le premier un lièvre. Le chasseur maximiserait ses bénéfices en laissant passer le lièvre et en guettant le cerf. Mais si l'autre chasseur abandonne son poste et tue un lièvre il aura tout perdu. Le premier chasseur tuera donc le lièvre, ce qui est contraire à son intérêt puisque ce faisant il abandonne le cerf. Son attitude est néanmoins « rationnelle » puisque de son point de vue individuel il équilibre au mieux risques et profits. Il n'est pas inutile de rappeler cet exemple car il est indicatif de la philosophie générale de la théorie de Bourdon.

À ce stade, deux remarques s'imposent.

1. On ne peut rejeter les thèses de Boudon. En effet, elles rendent compte d'un aspect non négligeable de la réalité et constituent un instrument d'analyse qui en bien des cas peut se révéler efficace. Rappelons ici sa théorie de « l'effet pervers »[1] qui consiste à mettre en lumière les résultats non voulus d'une décision, voire même contraires à l'esprit de cette décision. Boudon donne dans l'ouvrage précité l'exemple de l'université : l'augmentation du nombre d'étu-

1. *Effet pervers et ordre social*, P.U.F. 1977.

diants ne se traduisant pas par une accession de l'ensemble des diplômés à des postes qualifiés et responsables se traduit « paradoxalement » par une augmentation du mécontentement.

Et l'individu ?

2. Le modèle de Boudon, en tant que schéma d'explication générale est tout à fait irrecevable. Il conduit d'ailleurs à des paradoxes que l'on pourrait volontiers qualifier d'effet pervers.

Ainsi l'individualisme de R. Boudon l'amène-t-il en fait à nier les éléments essentiels d'une théorie de la personnalité. Il écrit en effet : « *Le fait que de nombreux exemples d'analyse sociologique recourent implicitement à une méthode de type introspectif pour décrire le comportement des acteurs comporte une importante conséquence. Il indique que le sociologue se donne le droit de recourir à une psychologie universaliste. L'applicabilité de la méthode introspective suppose, en effet, que l'observateur puisse légitimement se substituer à l'observé* » (page 63).

Il suppose d'autre part que l'auteur a toujours une vision claire de sa situation et agit en toute circonstance selon ses intérêts. (Voir par exemple p. 232.) Ainsi aurait-on une sociologie fondée sur un individu débarrassé d'idéologies, de l'inconscient... Tout est fondé sur l'existence d'un *homo sociologicus* abstrait. L'aspérité du modèle peut bien être tempérée par l'affirmation selon laquelle « *la rationalité des agents sociaux est de type complexe : ainsi, leur estimation de la valeur des stratégies alternatives dépend partiellement de croyances plus ou moins solidement fondées* ». Mais alors, comment l'observateur peut-il « légitimement se substituer à l'observé » ?

La remarque est importante car l'évacuation de l'analyse de classe de la société est justifiée par l'individualisme. Or Boudon ne peut fonder son individualisme que sur une mutilation de l'individu.

Significatifs aussi les reproches qu'il adresse à Marx. Reprenant la théorie de la baisse tendancielle du taux de profit, il indique que « *la mise en évidence d'un état limite n'implique pas la nécessité de sa réalisation* » (p. 102) ; de là il tire la conclusion que le matérialisme de Marx est « mécaniste ».

Il reprend plus loin sa critique : « *Il en va de même des processus cumulatifs. Ils ne sont tels que conditionnellement. L'erreur de sociologues comme Comte ou Marx est d'avoir donné à certaines des lois historiques qu'ils ont prétendu établir le statut de processus cumulatifs inconditionnels, alors qu'il ne pouvait s'agir que de processus conditionnellement cumulatifs.* » (p. 169). Outre le fait que mettre Comte et Marx dans le même sac est, pour le moins, hâtif et mériterait meilleure démonstration, on peut remarquer que ce vieux reproche de « mécanisme » peut difficilement s'appliquer à Marx. Que de nombreux travaux marxistes soient justiciables de ce qualificatif est une autre affaire. Force toutefois est de constater qu'ils donnent quelque crédit à l'appréciation de Boudon. Et, au fond, la meilleure réponse à sa critique réside dans le développement de ce qui constitue « l'âme » du marxisme : la dialectique.

Michel JOUET, *France Nouvelle*, 3 novembre 1979.

« *Un-French* »

The Logic of social Action : An Introduction to sociological Analysis. By Raymond Boudon. Translated by David Silverman with the assistance of Gillian Silverman. Boston : Routledge & Kegan Paul, 1981. Pp. xviii + 190. $17.95 (cloth) ; $9.95 (paper).

Raymond Boudon, a professor of sociology at the University of Paris, is a methodological individualist. It is now 40 years since F. A. Hayek coined the term "methodological individualism", which Karl Popper soon adopted. Popper agreed with Hayek that social phenomena have to be explained in terms of actions by individuals, that "the 'actions' of collectives, such as states or social groups, must be reduced... to the actions of human individuals" (*The Open society and Its Enemies*, 3d rev. ed. [London : Routledge & Kegan Paul, 1957], 2 : 91). Both Hayek and Popper have emphasized that the interaction between a number of individuals may well have consequences which no one intended or even expected. Hayek picked out from Adam Ferguson's *Essay on the History of Civil Society* (Edinburgh : Edinburgh University Press, 1966) the phrase "the result of human action but not... of juman design" (p. 122) and used it as the title for an essay in which he referred to such famous examples as Mandeville's "private vices, public benefits" and Adam Smith's "invisible hand". Popper went so far as to suggest that it is these unintended results of human interaction that form the subject matter of all social science.

In modern game theory we have a useful tool for analyzing the interaction of two or more actors and for explaining not only how unintended "public benefits" may emerge but also how seemingly rational choices on the parts of individuals may yield results that are disadvantageous to everyone involved, as, for example, in the so-called Prisoner's Dilemma situations. Recent works of importance in this field are Thomas C. Schelling's *Micromotives and Macrobehavior*

(New York : Norton, 1978) and Jon Elster's *Ulysses and the Sirens* (New York : Cambridge University Press, 1979). This kind of analysis seems able to produce results that are both surprising and convincing, and its application in sociology promises to help this discipline to transcend commonsense understanding and thereby earn the right to be called a science.

Boudon's book, which was first published as *La Logique du social* en 1979 (Paris, Hachette), represents the kind of sociologizing that results from following the program of methodological individualism and exploring the unintended results of human interaction. The author is well known for his work in methodology (see, e.g., his *The Logic of Social Explanation* [Harmondsworth, Middlesex : Penguin, 1974]) and for his studies of social mobility and higher education in France (see his *Education, Opportunity, and Social Inequality* [New York : Wiley, 1974]). It was during the latter studies that he encountered phenomena which resulted from government action but which did not at all match the intentions or expectations of the government. He managed to explain such malfunctions by constructing models to show how the outcome of each individual's choice depended on what others chose. This led him to look for similar phenomena in other areas. He found that classical sociologists like Marx, Tocqueville, and Durkheim had been attentive to paradoxes of this kind, although they did not always analyze them correctly. In 1977 he collected a number of his own papers on what he had come to call "perverse effects" in a volume entitled *Effets pervers et ordre social* (2d ed. [Paris : Presses Universitaires de France, 1979]). In a foreword to the second edition he suggests that perhaps "emergent effects", "effects of composition", and "dialectical effects" are better terms than the one used in the title.

The Logic of Social Action is less specialized, attempting to show how an individualistic approach can illuminate all kinds of social phenomena, unique as well as recurring, dynamic as well as static. The main thrust of the arguments is, however, the same as in the previous work, which to my knowledge has not yet been translated into English, although it deserves to be.

In the first chapter, the views of Pareto and Durkheim are taken as starting points for an attempt to answer the question, What is sociology ? Here and elsewhere in the book we meet an interpretation of Durkheim which presents him as so much less of a holist than is usual that it looks unnatural or forced. Since the purpose of the book is not to present the thoughts of the sociological classics, let us not quarrel with the high-handedness of such interpretations. The outcome of the first chapter is a set of propositions to the effect that "the phenomena in which sociologists are interested are conceived as able to be explained by the structure of the system of interaction in which these phenomena emerge", that "the logical atom of sociological analysis is... the individual actor" who acts "in a context of constraints", and that "sociology must, in numerous cases, use more complex schemes of analysis of individual action than those used, for example, by economists" (pp. 16-17). This last point means that rationality in actions turns out to be a rather ambiguous notion (p. 150).

The second chapter gives examples of concrete historical events which can be explained sociologically by game-theoretical models such as "the Prisoner's Dilemma" and "chicken". In subsequent chapters, too, the author arrives at his general principles by examining concrete examples, some from his own research, others from that of other sociologists, classical or contemporary. This makes the book comparatively easy to read, as behooves an elementary introduction. While chapters 3 and 4 deal with social systems and chapters 5 and 6 with social change, the last two chapters, 7 and 8, go into epistemological questions on which the author has important and reasonable things to say, but he has so little space to say them that his points are often presented without the necessary nuances, qualifications, and discussions.

In the treatment of social systems Boudon distinguishes between those in which individuals have specific roles ("functional systems" — a rather misleading designation) and those in which this is not the case ("interdependent systems" — this should really have been "systems of interdependence"). This distinction is of course one of degree, and it raises important issues concerning the elements of the model of the actor : What counts as constraints, and what enters into the motives, values, or aims of the actor ? There are always norms limiting his choice of means for reaching his goals, and some of them, at least, will be interiorized. Boudon seems to include these with the external constraints, but don't they belong, rather, to the elements determining the choice within the area of freedom left open by the constraints ? A full explanation, then, should include an account of why the actor has the norms, motives, values, or aims that make him choose the actual action. In many cases — too many ? — these are taken as given, which often means that we attribute only simple selfish motives to actors. Also, if one takes social structures as constraints as Boudon repeatedly urges us to do, is not the translator right in claiming in his introduction that "as a good methodological individualist" Boudon should have "referred such constraints back to the perception of individuals" (p. xiii) ?

In order to solve what the translator calls the problems of the social action perspective (p. xii), one has to introduce a theory of motivation that takes account of normative factors. The translator, the British sociologist David Silverman, has in *The Theory of Organisation* (London : Heinemann, 1970) adopted a point of view similar to that of Boudon — he calls it "the action approach" — and although he does not think that his French colleague has solved the said problems, on can understand why he has found the book worth translating. In particular, the chapters on social change contain interesting and original analyses, although they may be rather difficult for the kind of reader the book aims at.

The Logic of Social Action is meant to be used for elementary, introductory courses. Its contents, however, do not match those of the usual under-graduate course on social theory, nor does it pretend to give an overall view of sociological work. Rather, it is intended for courses that, in the words of the translator, are concerned with teaching "an ability to reason sociologically" (p. vii). It has many merits that might make an American teacher want to try it for a course in sociological analysis, but there are shortcomings too. It is somewhat uneven, linguistically it bears the stamp of being a translation, and references in the notes are given to French editions when these exist. Will not the American student or teacher who wants to follow up on a point briefly treated in the text feel frustrated by being referred to « t. 1, p. 22 » of *Economie et société* by Max Weber or to *La Foule solitaire* by David Riesman ? Can he not reasonably demand to be given page numbers in Michel Crozier's *The Bureaucratic Phenomenon* instead of those in the French original ? It is a pity that Silverman and his wife, who assisted him, have not taken the trouble to anticipate such demands on the part of the English-speaking public for which he claims that « this French book is particularly appropriate » (p. xiii). Silverman even suggests that the tone of the book is « un-French » ; Boudon owes more to Anglo-American traditions than to Continental sociology such as structuralism and critical theory. But why should he go out of his way to discuss such trends, with which he has little or no sympathy ? One of the main attractions of *The Logic of Social Action* is the way in which it persistently explores the viability and fruitfulness of a single approach.

Mogens BLEGVAD
University of Copenhagen
American Journal of Sociology, Volume 88, Number 6.

Contre-courant :

Raymond Boudon, un sociologue qui croit à l'individu

En refusant les théories générales et en mettant l'accent sur le rôle des individus, Raymond Boudon va à contre-courant des tendances dominantes dans la sociologie française. Cette position marginale le conduit à porter un jugement sévère sur l'Université et l'intelligentsia.

Esprit incisif, tendance au paradoxe, prédilection pour l'analyse philosophique : Raymond Boudon n'est pas un sociologue comme les autres. Son œuvre importante lui a valu une large réputation, tant en France — où il est professeur à l'université de Paris IV — qu'à l'étranger : il a enseigné, entre autres, à Harvard et à Stanford aux États-Unis, à Santiago-du-Chili, à Stockholm et à Genève. Mais le fait qu'il aille presque toujours à contre-courant des théories à la mode, joint à son anticonformisme naturel, explique qu'il soit parfois considéré comme un « marginal ».

Ses premiers travaux ont porté sur les problèmes d'éducation dans la société française des années 1960 (*L'Inégalité des chances*, Colin, 1973). Mais il s'est également intéressé aux mécanismes du changement : ceux-ci constituent l'objet de ses deux derniers livres, *Effets pervers et ordre social* (P.U.F., 1977) et *La Logique du social* (Hachette, 1979). Il prépare actuellement un *Dictionnaire de la sociologie*, en collaboration avec François Bourricaud.

Ce qui caractérise la sociologie telle qu'il la pratique, c'est l'attention particulière portée à l'individu — ce qu'il appelle son « *individualisme méthodologique* ». Ennemi des généralisations hâtives, persuadé que toute théorie qui prétendrait donner une explication globale des sociétés humaines est inéluctablement vouée à l'échec, partisan d'un déterminisme « bien tempéré », Raymond Boudon pense que l'objet de la sociologie doit être l'*homo sociologicus* — l'acteur individuel — tout comme l'*homo œconomicus* était celui de l'économie classique. Cela ne l'empêche pas d'utiliser des modèles formels, de type logico-mathématique, pour rendre compte des faits, ni même de formuler certaines généralisations théoriques : mais celles-ci doivent rester, selon lui, des « plaques » de rationalité qui ne forment pas nécessairement système.

« Commençons par définir cet « individualisme méthodologique » dont vous faites le principe fondamental de votre philosophie sociale, En quoi consiste-t-il ?

— Pendant longtemps on a cru que les phénomènes macroscopiques, c'est-à-dire les phénomènes observables au niveau d'une société dans son ensemble, se suffisaient à eux-mêmes, qu'on pouvait les expliquer les uns par les autres, les « structures » sociales permettant d'appliquer par exemple les taux de criminalité ou les phénomènes de repésentation collective. Mais il n'en est rien. Tout ce qui se passe dans une société — qu'il s'agisse d'un événement, d'une tendance ou d'une corrélation, — bref toute catégorie de phénomènes observables ne peut se comprendre ou s'expliquer que si l'on part des acteurs individuels qui sont à l'origine de ces phénomènes.

» Je prendrai deux exemples pour illustrer mon propos. Le premier nous est fourni par la question que pose Tocqueville : pourquoi l'agriculture capitaliste s'est-elle développée, au dix-huitième siècle, avec beaucoup plus de lenteur en France qu'en Angleterre ? Il s'agit là d'un processus macroscopique. Pour en rendre compte, Tocqueville revient au système d'incitations pesant sur les individus : d'abord, la monarchie française, centralisée et bureaucratique, a sécrété une classe de fonctionnaires qui ont délaissé la terre, ensuite, l'exemption de la taille pour les citadins a conduit les gens à s'installer de plus en plus nombreux en ville...

» Autre exemple : pourquoi le socialisme ne s'est-il pas développé aux États-Unis ? se demande Sombart dans un livre célèbre. Il s'agit de nouveau d'un phénomène macroscopique. Sombart l'explique par le fait que les États-Unis sont restés pendant longtemps un pays de frontières : si l'on n'est pas satisfait de sa condition dans un endroit donné, on peut aller ailleurs. Donc, les gens préfèrent adopter une stratégie de sortie individuelle, plutôt qu'une stratégie de protestation collective. Comme vous le voyez, il faut sans cesse revenir à la façon dont les gens se comportent à l'intérieur d'un environnement déterminé ; étudier quelles contraintes traversent cet environnement et voir quelles peuvent être les réactions subjectives des acteurs à ces contraintes.

Groupes et classes

— Vous semblez penser — ce qui est paradoxal chez un sociologue — que le groupe n'a pas d'existence indépendamment des individus qui le composent. Allez-vous jusqu'à récuser la notion même de classe sociale ?

— Attention ! je dis qu'il ne faut pas réifier le groupe, mais je ne prétends pas qu'il n'existe pas indépendamment des individus. En fait, tout dépend de quel type de groupe on parle. Le groupe des « gens-qui-ont-le-même-âge » n'a évidemment pas d'existence indépendante, c'est un groupe purement nominal. De même, un groupe de gens ayant des intétérêts convergents n'est encore, comme le dit Dahrendorf, qu'un groupe « latent » : l'intérêt est latent dans le groupe, mais il ne suffit pas, par lui-même, à ce que le groupe aille plus loin. Un exemple : aux États-Unis, lorsque la nourriture est devenue industrielle et a commencé à se dégrader, les gens auraient eu intérêt à réagir. Mais le groupe des consommateurs était beaucoup trop vaste : il n'a pas pu agir en tant que groupe, il a fallu que des intermédiaires agissent pour lui. Inversement, si l'on considère un tout petit groupe, doté d'une forte cohésion, il est beaucoup plus susceptible d'agir collectivement.

» Bref, pour qu'un groupe existe en tant que groupe, il faut des conditions structurelles très précises. Or la notion de classe en général n'est pas précise. Je ne récuse pas cette notion : tout le monde sait bien qu'on peut distinguer des classes dans la plupart des sociétés. Ce que je récuse, c'est l'usage « globalisant » (ou, si vous préférez, « hostile ») qui en est fait parfois ; c'est l'attitude qui consiste à traiter la classe sociale comme un sujet individuel.

— *Et la lutte des classes ?*

— Je ne rejette pas non plus la notion de lutte des classes : d'ailleurs, tous les sociologues y recourent, y compris Tocqueville et Pareto. Mais ils l'utilisent avec prudence, et seulement à propos de conjonctures historiques précises. Pour Tocqueville, elle est un moteur de changement social, mais un moteur parmi d'autres possibles. Chez Marx, en revanche, elle devient (en théorie) l'unique moteur de tout changement. Mais Marx l'emploie parfois en un sens complètement métaphorique, qui n'a plus rien à voir avec ses schémas habituels. Par exemple lorsqu'il dit que l'afflux de métaux précieux en Europe consécutif à la découverte du Nouveau Monde entraîne une dévaluation de la rente foncière, qui à son tour provoque l'appauvrissement des féodaux et la disparition du féodalisme : le processus qu'il décrit là n'est pas une lutte de classes au sens propre, c'est plutôt ce que j'appellerais, après d'autres, un effet « pervers ».

— *C'est-à-dire* ?

— On appelle « effets pervers » des effets — individuels ou collectifs — résultant de la juxtaposition de comportements individuels, sans être inclus dans les objectifs recherchés par les acteurs ; bref, des effets non intentionnels. Ces effets jouent un rôle considérable dans les changements sociaux. Je suis persuadé, d'ailleurs, que Marx, qui était bien au courant des conséquences économiques de l'inflation du seizième siècle, savait parfaitement que la lutte des classes n'est pas l'unique moteur de changement. Il se rendait bien compte, d'autre part, que la présence d'un intérêt commun ne suffit pas à déclencher une action collective : sur la notion de « conscience de classe », par exemple, il était très nuancé.

» On a beaucoup schématisé les positions de Marx, qui sont relativement complexes. Il y a chez lui coexistence de modes de pensée très différents, parfois inconciliables. Par exemple, il était très imprégné non seulement de l'économie politique anglaise, mais aussi de la philosophie empiriste du sujet : ce qu'il dit de la baisse tendancielle du taux de profit est tout à fait dans le style de Ricardo et de Smith. Il s'agit là, d'ailleurs, d'un effet typiquement pervers : en croyant développer ses investissements et accroître son profit, une classe — celle des capitalistes — s'autodétruit. Une telle théorie — d'ailleurs fausse, mais intéressante par le mode de raisonnement — ne repose pas sur la notion de « lutte des classes » au sens propre. Il faudrait aussi distinguer, chez Marx, entre ses écrits scientifiques et ses écrits polémiques : ceux-ci sont évidemment beaucoup moins nuancés que ceux-là.

Simplisme

— *L'individualisme méthodologique que vous défendez semble donc se rattacher à la philosophie politique classique, celle qui va de Locke à Rousseau, Smith et Tocqueville. Revendiquez-vous cette filiation ?*

— J'éprouve effectivement une vive sympathie pour ces auteurs, et en particulier pour l'œuvre de Rousseau : il y a chez lui une réflexion novatrice sur le droit politique, fondée sur une méthodologie authentiquement individualiste. Ses modes d'analyse sont souvent très proches de ce que l'on appelle aujourd'hui la théorie des jeux — comme j'ai tenté de le montrer à propos du récit de la partie de chasse qui joue un rôle essentiel dans le second *Discours*.

» La tradition qu'il a inaugurée continue évidemment chez Smith, chez Tocqueville et — pour une large part, ainsi qu'on vient de le voir — chez Marx. Mais il y a eu, au XIXe siècle et à la suite du romantisme, une réaction très vive contre la philosophie des Lumières, contre l'individualisme ; or la naissance de la sociologie est très liée à cette réaction : voyez l'influence que la pensée de Bonald a exercée sur Comte, et celle de Comte sur Durkheim.

» Au début du XXe siècle, la pensée individualiste réapparaît chez Max Weber — qui déclare à la fin de sa vie que la sociologie doit « *écarter le spectre des conceptions collectives* » et « *adopter des méthodes strictement individualistes* » — puis chez les fonctionnalistes : le plus proche de Weber, parmi ces derniers, serait à mon avis

Merton. Enfin, parmi nos contemporains, je me sens très proche de gens comme Crozier en France ou Dahrendorf en Allemagne.

— *En revanche, vous vous sentez opposé aux sociologies « holistes », qui ont tendance à traiter l'individu comme négligeable, à le considérer comme entièrement déterminé par les structures sociales qui l'environnent ?*

— Je trouve en effet le holisme un peu trop simple — et même simpliste. Prenons le structuralisme, par exemple : il s'emploie à dégager les structures, c'est-à-dire à forger des typologies. Mais ces typologies — qui sont peut-être utiles en linguistique — ne servent plus à grand-chose quand il s'agit d'expliquer des sociétés vivantes, complexes, en perpétuel changement. En fait, l'attitude structuraliste ne date pas d'hier : on la trouve déjà chez Durkheim, par exemple. C'est elle qui conduit Durkheim à opposer globalement les sociétés traditionnelles aux sociétés modernes : or cette typologie, qui n'est pas absurde en soi, le devient rapidement lorsqu'on veut y faire entrer de force toutes les sociétés réelles...

D'une façon générale, le structuralisme se caractérise par les deux traits suivants : 1) importance primordiale accordée aux typologies ; 2) idée que les structures sont tout, qu'elles ne laissent aucune marge de manœuvre aux individus. J'ajoute que ces deux traits se retrouvent également dans le sociologisme marxisant. En un mot, donc, ce que je reproche à la fois au marxisme et au structuralisme, c'est de nier la liberté des individus — ou plus exactement leur autonomie, terme que je préfère à celui de liberté. À mon avis, si l'on oublie de tenir compte, dans l'étude d'un système social, de l'autonomie des individus, c'est-à-dire du caractère relativement ouvert de leur champ d'action, il y aura tout simplement des choses qu'on ne pourra pas comprendre. Cette proposition comporte d'ailleurs un corollaire épistémologique essentiel, à savoir que l'intelligibilité des phénomènes sociaux suppose l'abandon d'une vision trop rigoureusement déterministe du social.

— *Votre défense de l'individualisme méthodologique a pu passer, aux yeux de certains, pour une défense de l'individualisme politique et du libéralisme classique. Cette connotation ne vous gêne-t-elle pas ?*

— Le risque de voir interpréter mon propos en un sens directement politique existe évidemment. C'est pourquoi je tiens à préciser que tout ce que j'ai dit jusqu'ici se situe à un niveau épistémologique, non au niveau moral ou politique. Je me borne à soutenir que, pour comprendre un phénomène social, il est indispensable de revenir à l'agrégation des actions individuelles qui l'ont produit, c'est-à-dire de le considérer comme le résultat de l'action d'un nombre souvent considérable de personnes. Quant aux choix politiques, j'estime qu'ils relèvent du domaine privé : on ne peut les déduire directement de postulats épistémologiques. Reste évidemment qu'il est difficile d'insister sur la complexité des effets produits par l'agrégation des actions individuelles sans être sensible aux risques que comportent les projets globaux de réforme sociale.

L'esprit littéraire

— *Quoi qu'il en soit, vous vous êtes trouvé lié à de fréquentes polémiques, surtout dans le milieu universitaire français. Cela vous a-t-il amené à prendre quelque distance par rapport à ce milieu ? Le fait d'avoir beaucoup enseigné à l'étranger vous a-t-il également conduit à jeter, sur l'Université française, un regard différent ?*

— Là aussi, on pourrait faire une analyse de la situation en termes d'acteurs individuels. Il existe, en France, une centralisation culturelle très supérieure à ce qu'on peut observer dans d'autres pays. En Allemagne, il y a un style de sociologie à Francfort, un autre Hambourg. Aux États-Unis, vous avez un système universitaire très différencié, complexe, finement hiérarchisé. Ce système a pour effet de maintenir le chercheur à l'intérieur de l'appareil, dans le cercle de ses pairs : chaque chercheur s'adresse à la communauté des autres chercheurs et, sauf cas relativement isolés, tiendrait pour inutile, voire dangereux de s'adresser à un public plus vaste. Et le système, en tant que tel, se charge de gratifier les individus : une récompense fortement recherchée — et possible grâce à la grande mobilité interne — consiste par exemple à être admis dans une université plus prestigieuse que celle où l'on se trouve...

— *Tandis qu'en France...* ?

— Tandis qu'en France le système est peu différencié, très centralisé, relativement immobile : il offre donc peu de ressources symboliques. Alors l'intellectuel est conduit à chercher sa récompense en prestige auprès d'un public plus vaste. Quelquefois, l'innovation passe par là, mais pas toujours. On peut ajouter un corollaire : à partir du moment où vous vous adressez non à vos pairs mais à un large public, il y a incitation à produire des théories plus générales. Certaines sont bonnes ; mais la plupart sont destinées à disparaître très vite. Bref, le système de marché crée le vedettariat, le phénomène des « maîtres penseurs ». Et ce phénomène est tellement accusé, chez nous, qu'il empêche certains travaux de grande qualité d'être connus, voire d'être publiés, parce qu'ils procèdent de manière rigoureuse, méthodique, parfois un peu lourde — et que l'« esprit littéraire », dont Tocqueville remarquait déjà l'importance en France, en est absent...

— *Estimeriez-vous l'esprit littéraire incompatible avec l'activité du sociologue ?*

— Entendons-nous : si vous vous placez au niveau de l'analyse des micro-rapports entre individus — comme le fait par exemple le sociologue américain Ervin Goffman dans *Asiles*, — il est évident qu'il vaut mieux avoir des dons littéraires pour les décrire. En revanche, au niveau macroscopique, ces dons sont moins nécessaires. Il vaut même mieux, dans une analyse macrosociologique, que l'aspect psychologique ne soit pas trop complexe. Marx, par exemple, caractérise le capitaliste de façon très simple : il dit que c'est quelqu'un qui recherche la maximisation du profit, et cela suffit. De même Max Weber, lorsqu'il étudie la prolifération des sectes protestantes aux Etats-Unis : il se borne à noter que, dans une société mobile, où les gens sont méfiants, le fait d'appartenir à une secte rassure les autres et facilite ainsi les relations qui, comme les relations commerciales, supposent la confiance. Le ressort psychologique est rudimentaire, mais l'analyse est brillante — dans la mesure où elle permet de reconstituer l'ensemble du système d'interaction et de mettre en évidence un effet, qui peut paraître paradoxal, de renforcement mutuel entre la religion et le développement des transactions commerciales.

— *La sociologie a connu, en France, une grande vogue à la fin des années 60. N'y a-t-il pas, aujourd'hui, un reflux ? A quoi l'attribuez-vous, et comment voyez-vous l'avenir des études sociologiques chez nous ?*

— On observe incontestablement un reflux. Ce reflux paraît positif dans la mesure où il indique une érosion des grandes théories qui, sur la foi d'observations souvent fragiles, prétendirent enfermer la complexité des systèmes sociaux dans quelques propositions sommaires. Il me paraît évident que ces derniers sont d'un niveau de complexité au moins égal à celui des systèmes vivants. Il en résulte que le progrès de la sociologie passe davantage par l'analyse des phénomènes et de processus partiels que par un effort pour construire d'impossibles théories générales.

»Je ne crois pas que les progrès actuels de la biologie soient dus à des théories traitant de l'organisme en général. De même, je crois que les apports passés et l'avenir de la sociologie sont plutôt dans l'observation et l'analyse attentive de phénomènes et processus partiels et dans ce que, parodiant Popper, on peut appeler le « *peacemeal theorizing* », c'est-à-dire la construction de modèles à ambition limitée, beaucoup plus difficiles à élaborer que les théories à ambition générale.

»Ces principes ne sont d'ailleurs pas nouveaux. Ils sont ceux des grands sociologues classiques, comme Weber. En les retrouvant, la sociologie peut espérer recouvrer la respectabilité scientifique au prix de laquelle elle est tentée, dans certaines conjonctures, d'accéder à un éphémère succès social. Quant à la notion de théorie générale, elle ne peut être définie que de manière critique : sa vocation est de dissiper les explications simplistes et imaginaires des phénomènes sociaux. »

Entretien avec Christian Delacampagne,
Le Monde,
27 septembre 1981.

Table des matières

Imprimé en France, par l'imprimerie Hérissey à Évreux (Eure) - N° 65366
HACHETTE/PLURIEL - 79, bd Saint-Germain - Paris
Collection n° 24 - Édition n° 02
Dépôt légal : 1329 - Juin 1994
ISBN : 2.01.009802.1
ISSN : 0296-2063

27.8417.1